철학·도덕 교육의 교수법

– 철학함으로 도덕 가르치기 –

Johannes Rohbeck 지음

변순용 옮김

어문학사

이 책을 번역하게 된 동기는 우선 철학 교육이나 도덕 교육의 방법론에 평소에 관심이 있었고, 그리고 어린이 철학 교육을 통해 비판적 사고나 분석적 사고보다는 철학적 상상력의 중요성을 강조하면서도 그 구체적인 방법에 대해 늘 고민하고 있었다. 철학과 윤리학을 강의하면서 학문의 내용에 치중하다 보니까 점점 현실 속의 구체적인 삶과의 괴리를 느끼게 되는 경우가 많았다. 강의를 통해 지식의 내용을 풍부하게 할 수는 있을지 몰라도 이것을 나의 삶의 현장에서 어떻게 적용해보고 실천해볼 수 있을까에 대하여 늘 고민하게 된다. 철학과 윤리학은 결국 나와 우리의 삶에 대한 학문이며, 그런 앎이어야 한다고 생각했다.

과연 삶의 방향성(Orientation)의 물음에서 인간의 실천(praxis)을 묻는 철학과 윤리학을 어떻게 가르쳐야 할까? 과연 이러한 앎이 내 삶에 어떻게 영향을 미칠 수 있을까? 현재 한국의 교육제도 내에서 철학과 윤리학의 내용을 담고 있는 도덕과 교육에서는 어떻게 이를 가르칠 수 있을까? 이런 물음에 대해 고민하면서 결국 소크라테스를 다시 읽어보게 되었다. "도덕이라는 것이 가르쳐질 수 있는 것인가?"라는 물음은 소크라테스가 프로타고라스와 메논과의 대화에서 지속적으로 제기했던 물음이다. 이 대화에 대한 해석은 매우 다양하겠지만, 결국은 도덕에 대한 앎의 문제로 귀결된다. 여기서의 앎은 현재 도덕 교육에서 논의되고 있는 '지, 정, 행(또는 의)의 삼분설(三分說)'에서의 '지'와는 전혀 다른 차원이다. 다시 말해 '지, 정, 행을 아우르는 지'라고 생각한다. 그러나 이러한 포괄적인 '지'는 불행히도 인간의 '지'로는 알 수 없는 '신적인 것'으로서의 '지', 그리고 플라톤에 와서는 이데아로서의 '지'가 되어 버린다. 그리고 인간이 추구해야 하는, 그래서 목적으로 삼아야 하는, 그렇지만 도달이 불가능한 '지'가 되어 버리는 문제점을 드러낸다. 오히려 역설적으로 소크라테스의 이러한 이상적이며 포괄적인 '지'에 실망하게 될 때, 프로타고라스의 앎의 개념이 설득력 있게 다가올 수도 있다. 손에 잡을 수 없는 '지'보다는 우리 손에 잡힐 수 있는 '지', 그것이 비록 절대적이지는 않더라도, 우리의 삶에 직접적인 영향을 미칠 수 있는 그런 '지'에 대한 주장이 가질 수 있음 대신에 가지려 노력함을 강조하는 그러한 '지'보다 설득력을 가질 수 있기 때문이다. 그러나 이러한 실제적인 '지'의 상대주의적인 약점이 걸리게 된다. 결국 도덕 교육에서 추구하는 '지'는 상대주의적이고 실제적인 '지'와 절대주의적이고 포괄적인 '지'의 사이에 위치할 수밖에 없게 된다.

철학 교육의 방법에 있어서 칸트와 헤겔은 서로 강조하는 방법이 다르다. 칸트와 헤겔은 오랫동안 대학에서 철학을 가르치고, 특히 헤겔은 김나지움에서도 철학을 가르친 경험이 있다. 이들의 철학 교육에 대한 관점은 방법으로서의 철학, 즉 철학하기를 가르쳐야 한다는 것과 내용으로서의 철학을 가르쳐야 한다는 것에 대한 주장에서 입장 차이가 드러난다. 칸트는 자신의 교육학 관련 강의에서 아이들의 이성으로부터 인식을 끌어낼 수 있는 소크라테스적인 대화의 방법을 제안한다. 이성의 인식을 이성 안으로 끌고 들어가는 것이 아니라 이성으로부터 가지고 나오는 것이라고 본다. 칸트적인 의미에서 철학수업의 본질적인 과제는 '학생이 사색적인 사유를 할 수 있도록 안내'하는 것이다. 칸트는 학생들이 사상을 배워서는 안 되며 사유하기를 배워야 한다고 주장한다. 그렇지만 헤겔은 마치 누군가 작은 탁자를 만드는 것을 배웠다하더라도 그것으로 학생들이 의자, 문, 옷장까지 만들 수는 없을 것이며, 철학의 내용을 배우는 것이 아니라 철학하기를 배워야 한다는 주장은 마치 여행하는 지역의 도시, 강, 나라, 사람 등을 알지 못한 채 여행을 하는 것과 마찬가지라고 비판한다. 그래서 헤겔은 '사유 없이 생각할 수 없으며 개념 없이 파악할 수 없다. 사상을 머릿속에 넣으면서 사유하기를 배우는 것'이라고 주장한다.

이상의 논의를 도덕 교육에 대한 논의로 돌려보면, 칸트는 덕목에 대한 것을 배운다고 해서 도덕적으로 사고하기를 배우는 것은 아니며, 도덕적으로 사고하기를 배워야 한다고 보는 입장이라고 본다면, 헤겔은 덕목을 배우면서 도덕적인 사고를 배우게 된다는 입장이다. 철학과 철학하기가 구분될 수 있다면, '도덕적 내용으로서의 덕목'과 '도덕적으로 사고하고 실천하기'도 구분되어야 할 것이다. 그렇지만 이러한 구분은 다시 통합의 계기로서 작용해야 하며, '도덕적 내용으로서의 덕목'과 '도덕적으로 사고하고 실천하기'가 변증법적 과정을 거쳐 보다 통합적인 철학 및 도덕 교육을 구성하는 기초로 작용한다. 그래서 형식 없는 내용이나 내용 없는 형식이 아니라 내용과 형식의 결합을 통해서, 즉 '도덕 없는 도덕함' 혹은 '철학이 없는 철학하기'나 '도덕함 없는 도덕' 혹은 '철학하기가 없는 철학'이 아니라 '도덕과 도덕함' 그리고 '철학과 철학하기'의 통합이 중요하다. 이러한 통합은 방법론, 즉 여기서는 교수법을 통해서 가능하다고 생각되며, 이런 맥락에서 이 책을 번역하게 된 것이다.

끝으로 이 책을 같이 읽어 준 서울교육대학교 윤리교육과 학생들과 대학원 선생님들, 그리고 어려운 여건에서도 출판을 기꺼이 맡아준 어문학사에도 심심한 감사의 마음을 전한다.

2016년 세밑의 사향골에서

저자 서문: 매개와 변형

국제학업성취도평가(PISA) 연구에 대한 매우 다양한 반응에도 불구하고 거의 모든 전문가들이 일치하는 의견이 있다. 그것은 바로 교사양성에 보다 많은 교육학이 필요하다는 것이다.[1] 독일 학생들이 읽기 능력 시험에서 받은 나쁜 결과들은 교사들에게도 좋지 않은 점수가 되었다. 다른 나라의 교사보다 훨씬 더 장기간 대학에서 교육받았지만 자기들의 지식을 학생들에게 전달하는 능력에서는 뛰어나지 못하다. 교사교육에서 교육부분이 중요하다는 요청은 교사교육에서 전공학문과 관련된 것을 제외해야 한다는 요청과 같이 제기되곤 한다. 학교에서는 전공학자들에게 물어지는 것이 아니라 교사들에게 물어진다. 결코 적지 않은 비평가들의 이해 속에는 교육적인 적성과 전공학문적인 적성이 서로 배타적인 것처럼 보인다. 자기 전공에 대한 애정을 가진 교사를 빌레펠더(Bielefelder) 지역의 교육연구자인 틸만(Klaus-Juergen Tillmann)은 '2, 3시간의 자기 전공관련 수업시간

---

1 이 문장의 출처는 다음과 같다: J. Rohbeck und L. Steinbruegge, "Wie kann man das Lehren lehren? Zur Funktion der Fachdidaktik in der Lehrerausbildung," in: *Forschung und Lehre*, Heft 11(2002), S. 591–593.

에 대한 동경만을 가지고 있는 장애가 있는 전공학자'라고 악의적으로 부르기도 한다.[2]

이러한 제안들에 대한 만장일치는 지금의 상황에서 볼 때 놀라운 일이다. 학부모들은 교사가 학창시절에 전공학문만 공부할 뿐 교육학 관련 공부를 하지 않았다는 인상을 가지게 되었다. 그러나 실제로는 정반대이다. PISA연구에 참여했던 대부분의 다른 나라와 비교해볼 때, 독일의 경우 교사가 되기 위한 공부에서 교육학과 관련된 부분들이 평균 이상이다. 거의 모든 주에서는 정교사가 되기 위해서는 전공 공부 외에 교육학분야에서 특별한 시험을 쳐야 한다. 그리고 대부분의 독일 대학의 홈페이지를 살펴보면 전문성을 갖춘 교수들이 참여하는 교육연구소들이 얼마나 큰 규모인지 알 수 있다.

페스탈로찌(Pestalozzi)와 프뢰벨(Froebel)의 교육학을 가지고 있는 민족이 자녀들을 위한 수업에 좋은 영향을 주지 못하는 이유는 무엇인가? 아마도 PISA에서 테스트된 능력이 아이를 위한 학문뿐만 아니라 교사들을 위한 학문이어서일까? 교육학의 문제가 아니라 교수법의 문제이다. 후자가 지금의 논의에서 교육학이라고 말해진다는 사실은 이 나라에서 발전하지 못한 가장 최악의 문제의식임을 입증한다. 더 심각한 것은 교수법(Didaktik)이라는 용어가 등장한다 해도 교과교수법(Fachdidaktik)이라는 용어는 극히 드물다는 것이다.

---

2 Der SPIEGEL 25/2002 vom 17.06.2002, S. 61 참조.

교과교수법의 의미

피사에서 요구하는 학문들이 있다. 무엇보다도 우리 학생들은 특정한 지적 능력을 테스트하는 과제에 있어서 매우 낮은 점수를 받았다. 예를 들어 텍스트나 다이어그램 혹은 통계로부터 정보를 찾아내고 이로부터 결론을 추론해 내는 능력이나, 혹은 설명하거나 이를 통해 예측하기 위하여 자연과학적인 사실에 대한 앎을 재현해내거나 이러한 앎을 응용할 수 있는 능력이다. 학생에게 이런 능력을 전달해주는 교사는 이것을 빈 공간에서 하는 것이 아니라 특정한 주제들, 즉 국어수업에서는 뵐(Heinrich Boell)에 대한 짧은 역사나 지리수업에서 기후에 대한 통계, 그리고 물리수업에서는 자기장에 대한 실험과 같은 주제 속에서 한다. 이 과제를 하기 위해서는 그때그때의 교과목의 분야의 구체적인 내용들이 교수법적 측면에서 변환되어서 학생이 이해할 수 있고 배울 수 있어야 한다.

이것은 교육학만 가지고는 그리고 일반적인 교수법만으로는 이뤄질 수 없다. 교육학과 일반교수법은 표면적으로는 전공들과 대치되는 것으로 생각된다. 왜냐하면 개혁의 제안들은 대체로 일반 교수법과 관련되기 때문이다. 그래서 고전적이고 권위적인 교사의 수업 대신에 집단 과제나 프로젝트가 들어서고, 물으면서 전개되지만 결국은 교사가 미리 머릿속에 생각하고 있던 것들이 나오는 수업의 대화 대신에 학생의 개별학습이 들어서게 된다. 그리고 먼지나는 책들에 대한 앎의 자리에는 새로운 미디어와 연계된 혁신적이고 미래지향적인 과정이 들어서게 된다. 정보기술의 최근의 발전은 논외로 두더라도 (서)독일의 교사교육은 20여 년 동안 변한 게 없다. 학생지향의 수업이 중요하다는 인식이 오랫동안 교실에 들어가 보지 못하고 단지 자신들의 학창시절에 비추어 말하는 매스컴에서는 공공연해지고 있다. 그리고 대부분의 전문가들도 '자유로운 대화의 나라'에서 상호적이며 개별적인 수업스타일이 프랑스나 이탈리아보다 널리 확산되고 있음을 알고 있다. 피사는 바로 이런 일반적인 수업과정이 좋은 학습결과를 보장해 주지 못한다는 것에 대한 좋은 증거가 된다. 그래서 이와 같은 과거와 현재의 흐름들 위에서 미래의 희망을 설정하는 것이 특히 새로울 것도 없다.

오히려 학문적 앎[학문지식]과 수업교과[교과지식] 사이의 매개의 형식이 발견되어야 한다. 텍스트의 구조들이 읽기와 쓰기의 방법 속에서 어떻게 변형되어야 할까? 역사 수업에서 역사적인 사건들에 대한 이해가 어떤 역할을 할까? 자연과학적인 실험과 설명의 특징들이 학생들의 실제에 있어서 어떻게 전수될까? 윤리적인 논증들이 어떤 방식으로 전달되어야 도덕적인 논쟁의 물음에서 판단력으로 이끌 수 있을까? 이런 물음들에 답하기 위해서는 교과교수법이 효과적인 매개가 된다. 교과교수법의 과제는 학문의 특정한 내용과 방법을 수업의 형태로 변형시키는 데에 있다.

이 분야가 잘 알려지지 않은 것은 이 분야 전공자들이 멸종위기에 처해 있기 때문이다. 학문의 전체적인 영역을 위해 몇몇 자리를 교과교수 영역의 전공자들에게 할애한 연구소나 대학들은 적어도 표면적으로는 매우 관대한 것이다. 그리고 물론 여기서 교수 자리를 말하려는 것도 아니다. 이러한 과제는 자신의 여가시간에 학생들에게 미래의 직업을 위해 준비시키려고 하는 교사에게는 사소한 일이 될 것이다. 이러한 전문가들은 교과학문에 대한 이해에 따라 그 학문의 연구 성과들을 전달하기에 적절한 매개체를 만들어야 한다.

이러한 불일치의 근거는 상당부분 독일 학문의 전통과 관련이 있다. 학교와 대학은 독일에서는 서로 완전히 다른 세계이며, 이 두 세계 간의 연결점이 없다. 대다수의 독일 교수들은 자신들의 연구 내용 중에 무엇이, 그리고 어떻게 학교의 수업과 교과서에 반영되는지에 대해 거의 관심이 없다. 마찬가지로 대학에서 교과교수법을 전공한 사람들은 마치 다른 별에서 온 사람처럼 취급되기도 한다. 간간히 이들은 가운데를 생략하거나 자리를 삭제하는 형식으로 '실천가'보다는 '연구자'의 자만심을 느끼기도 한다. 학문영역의 대표자와 교과교수법 전문가들 사이의 협력은 이뤄지지 않는다.

이러한 편견은 교수법의 역할이 학문의 '환원(Reduzierung)'이거나 '기초화(Elementarisierung)'라고 이해하는 데에서 발생한다. 교수법 영역 안에서조차 이러한 구식의 이해가 퍼져 있다. 학생들에게 전달되어야 할 것은 기초 지식(Basiswissen)이면 충분하다고 보는 생각이 나타났다. 이미 학교 수업에서 실제로 다뤄져야 할 내용은 '기본적인' 교과지식이면 충분하다고 생각하는 사람들도 생겨났다. 이를 논쟁적으로 형식화해보면, 교사는 자신의 앎을 수업목적에 맞게 '환원'해야 하는가, 아니면 이러한 앎을 전혀 가지고 있지 않은 것처럼 해야 하는가이다. 이 경우 사용할 수 없는 모든 앎은 비록 방해가 되지 않는다 하더라도 불필요한 것처럼 보인다. 기본적으로 이러한 입장의 배후에는 교사교육이 학문을 공부하는 과정으로부터 분리되어야 한다는 요청이 있다. 지금까지의 논의를 토대로 해서 피사 연구

에 대한 반응이 잘못된 교수법화(Didaktisierung)의 방향으로 흘러갈까 우려
된다.

매개로서의 철학 교수법

교과교수법의 과제가 일반적으로 학문과 수업의 매개(Vermittlung)라
고 정의될 수 있다면, 원칙적으로 이것은 철학에도 해당된다. 그렇지만
철학의 고유성이 분명하게 확립되어 있지 않고 끊임없이 자기를 성찰하
는 것이기 때문에 이 영역에서는 특수한 문제가 생긴다. 이러한 특수함으
로 인해 두 가지 입장이 생기는데, 첫 번째는 철학의 교수법이 불필요하
다는 것이고, 두 번째는 교수법을 철학의 본질로 설명하는 것이다. 고유
한 교과교수법의 매개 기능을 정당화하기 위해서 여기서는 철학과 그것의
교수법을 원칙적으로 구분할 것이다. 여기서 매개는 보다 정확하게 변형
(Transformation)인데, 철학의 교수법적 잠재성을 찾아내고 철학을 수업의
과정에서 실현할 수 있도록 형식을 전환하는 데 있다.

철학을 수업에서 전달하는 것을 목표로 삼는다면, 우선 앎의 매개 형식
(Wissensvermittlung)을 이해해야 한다. 그리고 철학적인 사유를 이해시키고
역으로 철학적인 전통에서 나오는 개념과 논증들을 이해하거나 스스로 철
학하는 것을 배우도록 해야 한다. 철학하기를 배우거나 가르칠 때 한편으
로는 철학 이론들의 역사적 내용을, 다른 한편으로는 학생들의 흥미를 매개
하는 것이 매우 중요하다. 이런 관계를 철학의 전문가와 비전문가의 긴장
이라고 할 수 있는데, 이것은 철학이 그 전개과정에서 제도화된 교과로 발

전하면서 동시에 자신의 요청에 의해 특정 교과가 아니라는 데 있다.[3] 왜냐하면 철학은 학문적인 특정 영역에서는 매개될 수 없는 삶의 방향 설정에 대한 일반적인 요청에서 생겨나기 때문이다. 철학수업이 이러한 이중성에서 시작한다면, 일단은 철학의 비전문적인 측면이 허용되어야 한다. 철학수업은 그래서 철학적인 대답을 요청하는 방향 설정의 물음뿐만 아니라 문제 설정을 요구하며 이미 현존하는 세계관과 관련이 된다. 수업에서 철학은 이런 외적인 관계, 즉 고유한 분야의 사유를 철학 외적 내지 철학 이전의 사유와 연결시키는 것을 시도해야 한다. 그렇게 근본적으로 제기된 매개의 문제를 철학적인 수단으로 다룰 수 있는 가능성이 결코 제외되는 것은 아니다.

이전의 철학 교수법에 대한 논쟁을 일일이 반복하지는 않겠지만, 여기서 철학과 수업의 실천을 매개하는 세 가지 유형을 구분하고자 한다.

첫 번째 매개 형식에서는 우선 학문영역으로서의 철학에서부터 시작하는데, 역사적인 전통과 현재의 체계에서 어떻게 형성되었는가를 다루는 것이다. 이 경우에 철학수업은 철학의 '복사(Abbild)'이기 때문에, 논쟁적으로 표현하자면, '복사의 교수법(Abbilddidaktik)'이라고 말한다. 이 형식을 정당

---

3 Theodor W. Adorno, *Philosophische Terminologie*, Bd. 1, Frankfurt/M. 1973, S. 9; Helmut Holzhey/Walter Ch. Zimmerlie(Hg.), *Esoterik und Exoterik der Philosophie*, Basel, Stuttgart 1977; Peter Heintel/Thomas Macho, "Konstitutive Philosophiedidaktik", in: *Zeitschrift fuer Didaktik der Philosophie*, 5. Jg.(1983), Heft 1, S. 3ff.; Ekkehard Martens/Herbert Schnaedelbach, "Zur gegenwaertigen Lage der Philosophie", in: Dies. (Hg.), *Philosophie. Ein Grundkurs*, Reinbeck 1983, S. 12ff.

화하는 것은 과거에도 그리고 현재까지 매우 다양하다. 이러한 입장은 가장 완고하게 철학의 '일(Sache)'은 철학 자체를 위해서이며 이미 그 안에 고유한 교수법을 가지고 있다고 여긴다. 철학이 다른 학문분야와 구별하여 명확하게 구분되는 대상영역을 가지고 있지 않으며 그래서 그 과정이나 과정의 산물에서 나눌 수 있는 것이 아니기 때문에 철학수업에서는 이미 주어진 사태에 대한 매개가 중요하지 않다고 주장한다. 이런 이유들로 인해 철학은 특별한 '매개'를 필요로 하지 않으며, 이것은 궁극적으로는 교수법을 불필요하게 만든다.[4] 철학과 그것의 교수법을 이렇게 동일시하는 것은 결국 매개의 문제를 없는 것으로 만들어 버린다.

두 번째 매개 유형의 대변자는 이러한 동일성을 역으로 바꾸려 하면서 수업실천의 측면에서 정당화하려 한다. 여기에 속하는 구성주의 테제(Konstitutionsthese)는 철학의 교수법이 '구성적'이어야 한다는 것을 의미한다.[5] 소크라테스처럼 순전히 철학적인 것으로 여겨지는 대화의 개념이 기본적으로 깔려 있다. 철학의 본질을 대화로 규정하고, 대화가 동시에 교수법의 원칙이라면, 이 두 가지 요소[철학과 교수법]가 하나의 직접적인 통일

---

4 Adorno, Philosophische Terminologie, Bd. 1, a.a.O. (Anm. 3), S. 62f.; Friedrich Kambartel, "Thesen zur didaktischen Ruecksichtnahme", in: *Zeitschrift fuer Didaktik der Philosophie*, 1. Jg.(1979), Heft 1, S. 15f.; 이에 대한 비판으로는 Ekkehard Martens, *Dialogisch - pragmatische Philosophiedidaktik*, Hannover 1979, S. 9f.; 보다 자세하게 다룬 것은 Johannes Rohbeck, "Philosophieunterricht als Problem der Vermittlung", in: Wulff D. Rehfus/Horst Becker (Hg.), *Handbuck des Philosophie - Unterricht*, Duesseldorf 1986, S. 115f. 참조.

5 Heintel/Macho, Konstitutive Philosophiedidaktik, a.a.O.(Anm. 3); Martens, *Dialogisch-pragmatisch Philosophiedidaktik*, a.a.O.(Anm. 4), S. 68 ff; Rohbeck, "Philosophieunterricht als Problem der Vermittlung", a.a.O.(Anm. 4), S. 116.

이 되어 버린다. 그래서 매개의 문제는 구성주의적으로는 제외되어 버린다. 왜냐하면 교수법이 대화를 통한 철학으로 동일시되기 때문이다. 그렇지만 매개의 문제는 현장에서 제기되고, 학생과 교사의 실제적인 수업의 대화에 철학의 저자들이 '대화상대자'로 참여하는 방식으로 해결된다. 이러한 개방성은 결국 철학적 전통에 하나의 가교를 제안할 수 있도록 해준다. 이런 의미에서 철학의 교수법도 매개의 이론으로 다시 등장하게 된다.

교수법적 변형(Transformation)

철학과 수업을 매개하는 세 번째 유형은 변형 모델(Modell der Transformation)이다. 이 유형에서는 철학과 그것의 교수법 간의 차이가 강조된다.[6] 철학의 다른 분과와는 달리 전문적인 철학 교수법이 이미 자율적인 전개영역을 필요로 하고 있기 때문에 이러한 구분은 이미 제도적으로 이뤄지고 있다. 그리고 철학 전통과 체계의 전체 왕국이 교수법적인 관점에서 이용될 수 있기 때문에, 이러한 구분은 또한 새로운 내용의 지평을 열어준다. 그러나 교수법이 그 자체가 철학이라고 해서 철학적으로 되는 것이 아니라, 역으로 교수법이 철학으로부터 생산적인 거리를 둔다는 전제하에서 철학의 교수법적 가능성을 수업에서 실현함으로써 교수법이 철학적으로 되는 것이다.

---

6 Johannes Rohbeck (Hg.), Transformationen: Denkrichtungen der Philosophie und Methodden des Unterrichtes(Themenheft), *Zeitschrift fuer Didaktik der Philosophie und Ethik*, 22. Jg.(2000), Heft 2; ders. (Hg), *Didaktische Transformationen*, Dresden 2003 참조.

그래서 여기에서는 교수법적 변형이 교수법적 환원(didaktische Reduktion)을 의미해서는 안 된다. 마치 "교수법의 핵심으로서의 교수법적 환원"이라는 글에서 읽혀질 수 있는 것처럼, 일반적으로 문학에서는 변형과 환원이 전통적으로는 동일한 의미로 사용된다. 교사는 변형자(Transformator)와 비슷해진다. "교사는 두 가지 전도(傳導)로 학문과 연결되며, 다른 두 가지 전도로 학생과 연결된다. 교사의 과제는 학문을 '보다 낮은 수준으로' 학생에게 전달하는 것이다."[7] 여기에 사용된 동사들은 "대중화하고, 일반적으로 이해될 수 있게, 대중들이 알 수 있게, 청소년 수준에 맞게, 기초적으로 설명하고, 단순화하고, 평이하게 만들거나 환원하는 것"을 의미한다.[8]

수업에서 어떤 주제를 사용할지를 철학적인 흐름만으로 결정하는 일은 없기 때문에, 교수법적 변형의 개념이 복사교수법과 혼동되는 일은 거의 없다. 또한 잘 알려진 "교수법적 환원(Didaktische Reduktion)" 내지 "기초화(Elementarisierung)"의 원칙에서 적어도 교과의 우선성이 여전히 남아 있다.[9] 왜냐하면 여기서 마치 그때그때 '기초적'인 것과 '복잡한' 것이 확실하게 있다고 생각하는 객관적인 규범이 있는 것 같은 기만이나, 혹은 '낮은 수

---

7 Gustav Gruener, "Die Didaktische Reduktion als Kernstueck der Didaktik", in: Jochen Kahlke/Fritz M. Kath (Hg.), *Didaktische Reduktion und methodische Transformation*, Alsbach 1984, S. 63 ff., insbes. S. 65.

8 위의 책., S. 66.

9 Wolfgang Klafki, "Die didaktischen Prinzipien des Elementaren, Fundamentalen und Exemplarischen", in: Alfred Blumenthal/Johannes Guthmann (Hg.), *Handbuch fuer Lehrer*, Bd. 2, Gueterloh 1961; ders., *Das paedagogische Problem des Elementaren und die Theorie der kategorialen Bildung*, Weinheim 1963; Wilhelm Flitner, *Grundlengende Geistesbildung*, Heidelberg 1965; Eduard Spranger, *Paedagogische Perspektiven*, Heidelberg 1962.

준으로 변형될 수 있거나 환원될 수 있는' 소위 보다 고상한 앎 -여기서는 일반적인 의미가 아니라- 이 있는 일반적인 위계 서열이 있는 것 같은 기만이 지배하고 있기 때문이다.

환원과 기초화의 신화는 전달하고자 하는 것의 선택과 수정을 결정하는 교수법적 대화의 전략이 시작되면 사라지게 된다. 학문적인 철학에서 기초로서 타당한 것이(예를 들면 형식 논리) 실제 수업에서는 부차적인 역할을 하게 된다. 역으로 철학에서 매우 특수한 것으로 간주되는 것이(어떤 방법들) 실제 수업에서는 기초적인 것으로 돌연변이하게 된다. 결국 대학의 철학에서 단순히 주변적인 것들이(잘 알려진 논문들이 아니라 특정한 종류의 텍스트가) 학교에서는 중심이 될 수 있다. 변형의 이러한 모델들이 앞으로 철학의 카드를 새롭게 섞을 것이다.

방법론적으로 이러한 개념은 보다 새로운 대화이론을 지향한다. 이에 의하면 개념과 논증은 그것이 특정한 대화에서 차지하는 맥락 속에서 의미를 갖게 된다. 진술들이 다른 맥락에서 전달될 경우 이 의미가 바뀌게 된다. 대화의 장이 의미의 기능을 바꾼다. 새로운 대화의 전략은 이미 전달될 것의 선택을 결정한다. 결코 확립되지 않은 내용을 전달하는 것이 아니라 전달되는 것이 새로운 맥락에서 전달되는 과정 가운데 의미를 갖게 되는 것이다.

'복사교수법' 대 '구성주의 주장'을 '귀납적' 내지 '연역적' 방법이라고 할 수 있다면[10], 여기서의 방법을 '가추적(abduktiv)'이라고 할 수 있다.[11] 가추법(Abduktion)을 미국의 실용주의자인 퍼스(Peirce)는 일반적인 원칙을 구체적인 상황에 적용하는 절차라고 한다. 여기서 원칙은 그것이 동시에 이런 과정 속에서 상황으로 소급되어 변하면서 상황에 맞춰진다. 해석학적으로 보면 이러한 과정이 발견술적 순환(heuristische Zirkel)이며, 대화론적으로 보면 상호 맥락화, 체계론적으로 보면 변화와 선택이라고 할 수 있다. 이 모든 경우에서 사용된 이론들은, 그때그때마다의 실제적인 요청들을 선별하고 수정되기 때문에 실용적이다.

이렇게 이해된 교과교수법의 학문적인 모습은 교수법적 관점에서 학문으로서의 철학을 실제 수업에서 쓰일 수 있게 만드는 데에 있다. 사냥꾼이나 수집가처럼 교과교수법 학자들은 철학의 역사적이며 체계적인 내용들 속에서 의도된 수업 목표와 연결되고 이와 관련된 능력을 연결하는 그러한 실천가들이 되도록 노력해야 한다. 사냥꾼으로서 그는 '위대한' 이론들을 교수법적인 개념들로 바꿔야 하며, 수집가로서는 실제 수업에서 새로운 자극을 줄 수 있는 주변에서 잘 알려지지 않은 텍스트, 방법적인 새로운 생각, 뛰어난 예시, 그림으로 하는 설명 등등을 찾아야 한다.

---

10 Ekkehard Martens, "Fachspezifische Methodik 'Praktische Philosophie'", in: *Ethik & Unterricht 3*(2001), S. 7f.; ders., *Methodik des Philosophie – und Ethikunterrichts. Philosophieren als elementare Kulturtechnik*, Hannover 2003.

11 Charles S. Peirce, "Deduction, Induction and Hypothesis", in: *Collected Papers*, vol. II, Michigan 1993, § 619ff., S. 372ff.

이 책에 대하여

이 책에 모아 놓은 글들은 앞에서 언급된 생각들을 지향한다. 이 책에서 다뤄질 철학 교수법을 생각하면, 철학과 실제 수업과의 매개라는 생각을 하게 된다.[12] 이것은 내가 두 개의 길을 따로 가다가 나중에서야 비로소 만나게 된 개인적인 삶의 경험으로부터 나온다. 베를린 대학에서 철학을 공부하였고, 조교를 하다가 철학으로 학위를 받았고 교수자격시험을 치렀다. 학위 후 나는 제1시험과 제2시험을 치렀고, 마침내 베를린 김나지움에 정교사가 되었다. 그리고 1980년에 베를린에서 처음으로 철학이 학교 교과로 도입되었고, 학교에서 철학을 가르칠 기회를 얻게 되었다. 그동안 세상을 떠난 친구인 보익트(Gerhard Voigt)의 도움을 받아 수업 계획안을 개발하게 되었고, 철학 교수법에 대한 관심이 생겨났다.

나는 제도적으로는 대학과 학교의 매개자가 되었음에도 불구하고, 서로 다른 두 세계 사이를 왔다 갔다 하는 매우 힘든 경험을 해야만 했다. '두 개의 문화'는 전혀 대화하지도 않았고, 내가 느끼기에는 서로 의심하고 있었다. 대학의 세계에서는 학교와 교수법에 대한 열정에 대해 침묵해야 했다. 왜냐하면 그렇지 않았다면 나의 학문적인 연구의 진지함에 문제가 제기되었을 것이다. 학교의 세계에서 나는 학문에 대한 소식으로부터 멀어져야 했다. 그렇지 않다면 나는 열성적인 교사가 아니라 단지 복사교수법만을 추종한다는 의심을 받았을 것이다.

---

12 Rohbeck, "Philosophieunterricht als Problem der Vermittlung", a.a.O.(Anm. 4).

내가 직업적인 이중생활을 다행히도 끝낼 수 있었던 것은 1993년 드레스덴 대학에서 '실천 철학과 철학의 교수법'을 전공하는 교수로 임용되어 이 두 문화를 연결할 수 있었기 때문이다. 드레스덴 대학의 다른 학문분야에서도 이러한 임용은 교수법이 그 교수법의 학문과 연결되기 때문에 매우 이상적이라고 생각된다. 이런 방식으로 두 측면이 서로에게 도움이 될 것이다. 내 경우에 보면 교수법적인 혁신이 학문의 연구에 도움을 주는 경우도 생긴다. 예를 들어 '철학하기의 방법(Methoden des Philosophierens)'이라는 프로젝트가 동료 교수인 렌취(Thomas Rentsch)와의 협동 세미나에서 나왔다. 철학과 문학 작품의 관계에 대한 연구는 자연히 철학과 문학의 현재 경향을 좇게 된다. 물론 다른 측면에서 철학하기의 방법과 문학적 형식의 실험적인 결합은 나의 철학 연구에서 새로운 관점을 열어주기도 한다.

학문적인 철학과 철학 교수법의 협동작업을 한 제도적 형식의 한 예가 1999년 드레스덴에서 내가 만든 '철학과 윤리학 교수법 포럼(das Forum fuer Didaktik der Philosophie und Ethik)'이다.[13] 그리고 그 사이에 이 포럼이 독일 철학회(Deutsche Gesellschaft fuer Philosophie)와 제도적으로 연결되었다. 실제로 전공 대표자들과 교수법 학자들이 서로 대화하고 공동의 프로젝트를 할 수 있는 장이 생긴 것이다. 이 포럼뿐만 아니라 나의 프로젝트 '교수법적 관점에서 본 철학적인 사유의 방향'에 장기적인 후원을 해준 프리쯔 티센 재단(Die Fritz Thyssen Stiftung)에 감사를 표한다.

---

13 홈페이지: http://rcswww.urz.tu-dresden.de/-forumfd. 여기서의 과제 목록과 커리큘럼에 대해서는 *Zeitschrift fuer Didaktik der Philosophie*, 21. Jg. (1999), Heft 3, S. 233f. Johannes Rohbeck (Hg.), *Methoden des Philosopierens* Dresden 2000.

이 책은 다음과 같은 네 가지 주제를 갖는데, 이를 간략히 제시하면 아래와 같다.

'교수법의 입장들'이라는 1부에서는 환원적인 교과로서의 윤리에 대하여 비판하면서 통합적인 철학수업을 옹호하는 두 편의 글로 이뤄졌다. 이 옹호는 우선 철학적 전통, 특히 유럽의 역사적인 '계몽'의 시대와 연결되면서, 이미 다양한 철학적인 맥락에서 다뤄지는 문제들을 가진 응용윤리에 대한 현대의 담론들과 관련된다. 결국 학생 중심의 그리고 문제 중심의 철학수업이 철학의 역사를 어떻게 다뤄야 하는지에 대한 물음을 제기한다. 여기서 '방법'은 수업의 절차 형식을 의미하는 것이 아니라 현상학, 해석학, 분석철학, 변증법과 같이 특정한 철학적 방법을 의미한다.

2부의 요점은 철학의 사유 경향을 수업의 철학적 절차로 변형하는 것이다. 철학의 교수법적 가능성과 학생들이 획득할 수 있는 능력에 대한 원칙적인 논의를 하고나서 구성주의와 변증법의 방법에 대한 예시적인 연구들이 나온다. 구성주의적 방법은 이 연구에서는 철학에서의 모델 구성과 연결되며, 변증법적 방법으로 나는 헤겔의 교수법을 계승한다. 이런 철학적 방법들은 3부 '텍스트 읽기와 글쓰기'에서 구체화될 것이다.

철학적 텍스트의 형태가 4부 '문학적으로 철학하기'의 주제이다. 철학으로 이끌어가기 위해 아름다운 문학작품을 이용하는 대신에 철학적인 텍스트의 문학적인 형식이 중요하다. 즉 문학 속에서의 철학 대신에 철학 속에서의 문학이 중요하다. 이 형식은 철학사의 예시들을 이용하여 교수법적 관점에서 독자적으로 철학하기에서도 연구된다. 수사학이나 아이러니의 수사학적 수단들 또한 철학의 문학성(Literarizitaet)에 속한다.

여기에 제공된 텍스트들은 내가 쓴 교과교수법에 대한 원고들 중에서 고른 것이며, 이 책에 실으면서 수정보완하였다. 이 글들은 부분적으로는 더 이상 사용할 수 없고, 다양한 출처를 가지고 있다. 대부분의 글은 내가 1984년부터 출판해온 "Zeitschrift fuer Didaktik der Philosophie(1994년부터는 Zeitschrift fuer Didaktik der Philosophie und Ethik로 명칭이 바뀜)"에서 발표된 것이다. 이 학술지의 발기인이었던 마르텐스(Ekkehard Martens)에게 나를 공동 발간인이 되도록 해준 것에 대해 감사하고, 전에 공동 발간인이 었던 마코(Thomas Macho, 역시 이 잡지의 발기인이었음)에게, 그리고 친절하고 생산적으로 도와 준 노르트호펜(Eckhart Nordhofen)과 쉬텐블록(Volker Steenblock), 그리고 쟁어(Monika Saenger)에게도 감사를 전한다. 그리고 누구보다도 그 당시의 편집자이면서 지금의 대표자인 지베르트(Joachim Siebert)에게 전문적으로 이 학술지를 맡아주고 성공적으로 운영해준 것에 대하여 감사한다. 이외에도 이 책에 글을 싣도록 해준 데 대해서도 심심한 감사를 표한다.

다른 글들은 내가 편집했었던 Jahrbuch fuer Didaktik der Philosophie und Ethik에서 발표되었다. 이 경우에 나는 필립센(Ulrich Philipsen)에게는 오랫동안 이 학술지를 편집해준 것에 대해서, 크루제(Andrea Kruse)에게는 이 책의 편집과 기술적인 작업을 한 데 대하여 감사의 말을 전한다. 출판인인 하이니케(Eckhard Heinicke)에게는 이 학술지의 관리와 특히 이 책의 출판에 대해 감사한다. 그리고 새로운 길을 보여주는 대화를 해준 또 다른 두 세계의 방랑자인 쉬타인브뤼게(Lieselotte Steinbruegge)에게도 감사한다.

| 차 례 |

◆ **역자 서문** O3
◆ **저자 서문: 매개와 변형** O7

제1부

교수법의
입장들

| 제1장 | 정치적 계몽과 도덕 교육 29

| 제2장 | 수업에서 철학과 도덕 53

| 제3장 | 교수법적 도전으로서의 철학사 61

| 제4장 | 철학수업과 도덕수업의 방법 75

제2부

철학의
방법들

| 제5장 | 철학적인 사유 경향의
        교수법적 가능성 109

| 제6장 | 철학적 역량 133

| 제7장 | 철학의 원형(Proto-Philosophie):
        구성주의적 방법 – 변증법적 적용 155

| 제8장 | 전도된 세계
        – 비판 방법으로서의 변증법 175

| 제9장 | 헤겔에 따라 변증법적으로 철학하기 213

제3부

텍스트 읽기와
글쓰기

| 제10장 | 텍스트를 읽는 열 가지 방법   241
| 제11장 | 철학적인 글쓰기의 양식   261

제4부

문학적으로
철학하기

| 제12장 | 수업에서 철학하기의 문학적 형식   283

| 제13장 | 수사학과 철학 교수법   319

| 제14장 | 철학자들은 농담하지 않는다
          – 철학수업과 도덕수업에서의 아이러니   343

◆ 출처   366

제1부

교수법의 입장들

제1장

정치적 계몽과 도덕 교육

현재의 교육 정책에 대한 논의에서는 경험적으로 그 성취가 측정되어야만 하는 표준들이 널리 퍼져 있다. 그래서 철학수업과 도덕수업 역시도 효율성의 척도에 의해 재단되지 않을 수 없으며, 그에 따라 윤리적인 근본 입장들과 그것들의 적용에 관한 지식들도 규칙에 따르는 논증하기 속에서 상당히 정확하게 검증되지 않으면 안 된다. 그 때문에 도덕수업의 목표들에 대한 예전의 원칙담론들을 생각해보면 당혹감을 느끼게 된다. 그렇지만 철학과 도덕학이라는 교과에 대한 담론이 실제로 이뤄지고 있음을 알 수 있다. 왜냐하면 성취 수준을 통제하려는 기술적인 노력들은 오래된 목표 충돌을 은폐하고 있기 때문이다. 여전히 어떠한 내용과 방법을 통해서 올바른 방향의 앎(Orientierungswissen)이 학생들에게 전달될 수 있게 할 것인지에 관

한 문제는 남아 있다. 이와 함께 그러한 앎의 목적에 가장 적합한 교과에 관한 제도적인 물음도 남아 있다.

다음의 두 글에서 윤리학을 포함하는 통합적인 철학수업을 주장하고자 한다. 첫 번째 논고에서 정치적이며 역사적이고 윤리적인 주제들의 연관성을 논증하기 위해서 철학적 전통, 특히 유럽의 계몽시대의 철학에 기초하여 그 근거를 밝힐 것이다. 두 번째 논고에서 모든 윤리적인 판단이 포괄적이며 실천적인 철학의 맥락을 전제하고 있다는 사실을 보여주기 위해서 윤리학과 응용윤리학의 관계에 관한 현실적인 담론에 초점을 맞추어 논할 것이다. 이런 논고는 수업을 위하는 것이면서 동시에 그에 상응하는 교과목의 양식을 위한 특정한 결과들을 기대하게 할 것이다. 철학수업에 우선권을 준다면, 여기서 중요한 것은 일단 철학과 윤리학의 체계적이며 역사적인 연관성뿐만 아니라 가장 넓고 가장 깊은 방향 설정의 차원에 대한 학생의 욕구 역시도 가치 있게 여긴다는 것이다.

계몽과 교육

정치적 계몽과 도덕 교육

이 둘의 대립은 극단적인 입장 즉, 가장 최근에 일어난 정치적 격론을 각인시키는 대립적인 입장을 가지고 있는 것처럼 보인다. 우리는 다음을 기억하고 있다. 60년대에 정치가 처음으로 공동체의 한 영역이면서도 동시에 다른 영역을 침입하는 영역으로, 그렇지만 불신이 제기되는 지배의 특정한 형식이라는 것을 알게 되었다. 여기에 계몽이 필요했는데, 여기서 계몽이란 그 역사적 체계적 의미에 따르면 비판할 수 있도록 하기 위해서 사회와 국가에 대한 학문적 분석의 요청을 나타내주는 계몽이다. 학교수업은 학문성과 비판능력이라는 목표를 이중의 방식으로 실현하는 것을 도와주어야 한다. 첫째는 학문적인 교수 내용들(무엇보다 정신과학적인 교과들 속에서)의 더 많은 전달을 통해서, 그리고 둘째는 교육 자체의 학문화(die Verwissenschaftlichung)를 통해서이다.

이에 대해 교육은 이제 정치적으로 이해될 수 없을 것이라는 반응이 있었다. 이에 찬성하는 범례로는 1978년 《교육을 위한 용기(Mut zur Erziehung)》라는 이제 전설이 된 회합이 있었다. 구체적으로 예를 들면 사람들은 텐브룩(Friedrich Tenbruck)이 쓴 동일 제목의 논문에서, 교육의 영역은 무엇보다도 정치의 바깥에 있어야 한다고 주장했다. "교육은 자신의 고유한 왕국을 가진다. […] 누가 뭐라하든 교육은 곧 인식, 충동, 감정 그리고 욕구의 혼란함으로부터 삶의 형식이 정돈되는 이와 같은 경탄에 근거한다."[1] 교육의 시작점 '첫상황(Ursituation)'에 대해 말해진 것이 교육자의 기본적인 능력에도 맞는 것이다. 이에 따르면 [교육의] 과제는 도덕적인 가치들의 전수인데, 이것은 사회적, 국가적 관련으로부터 독립적이고, 아울러 학문적 숙고로부터도 벗어나는데, 여기서 교육 자체는 학문화에 의해 손상될 수 있는 자연적이며 당연한 과정으로 파악된다.

---

1 Wissenschaftszentrum Bonn (Hg.), *Mut zur Erziehung. Bertraege zu einem Forum am 9./10. Januar 1978 im Wissenschaftzentrum Bonn – Bad Godesberg*, Stuttgart 1978, S. 63 u. 65.

그러는 사이에 다시금 방향이 전환되었다. 자율국가에 관한 요청과 더불어 그 정치적인 것이 다시금 새롭게 발견되었다. 물론 지금에 그것은 다른 측면에서 정치적 권력을 정당화하려는 변화된 의도를 가지고 있지만 말이다. 그와 아울러 일찍부터 탈정치화되어 온 도덕이 정치에 가깝게 다가서고 있다. 그리고 더불어서 그간 비난받아왔던 계몽 역시도 근대적인 정치 이해의 계몽의 근원들로 다시금 현실성을 획득하고 있다. 계몽과 그 추종자들이 《교육을 위한 용기》라는 회합에 대하여 이들이 이성적 세계 인식의 경계를 무시했다고 비난받았으며, 그래서 정치와 도덕이 이제는 학문적인 기초로 강하게 끌려오게 되었다. (2년 후인 1980년에 열린)《오늘날의 계몽》이라는 회합은 수정된 계몽주의의 입장을 위한 첫걸음이 되었다. 전에는 뤼베(Hermann Luebbe)처럼 진보의 이념을 정치적 진보라는 보편적 원칙으로 절대화하는 것이 계몽의 징후처럼 생각되었다면, 최근에는 기술 적대성 혹은 학문 적대성에 대한 경고와 전형적인 진보 회의주의에 대한 경고가 점차 크게 들리고 있다.[2] 사실상 전선은 전도되었다. 예전의 계몽 낙관적인 계파는 소위 계몽의 한계들로 퇴각해 버렸다. 정치는 외적 강제로서 점점 더 각인되었는데 그것은 원래 우리가 '내적' 도덕에 대립되는 것으로 탐구했던 것이었다. 이제는 이와 유사한 일이 군비증강과 환경파괴 문제에 직면하여 신뢰를 잃고 있던 과학기술적 진보에서도 일어나게 되었다. 특히 교육적인 실천에서도 이러한 상호 변모가 나타나게 되었는데, 즉 예전에는 개별적인 경험에 놓여 있던 것이 이제는 직접적인 인간 상호 간의 관계와

---

2 Hermann Luebbe, *Fortschritt als Orientierungsproblem. Aufklaerung in der Gegenwart*, Freiburg 1975.

주관적인 나 – 정체성(subjektive Ich-Identitaet)에 근거하게 되었다. 개괄적으로 본다면 왼쪽의 자발성과 오른쪽의 상반되는 경향들이 수렴하는 것을 볼 수 있다. 정치와 도덕을 함께 사유하며 또한 학문적으로 숙고해야 한다는 주장으로 이해되는 계몽은 이와 같은 서로 유사한 극단 사이에서 추락하고 만다.

앞서 언급한 의미에서 계몽의 명예회복을 위한 시도에는 몇몇 어려움이 있다. 단지 정치적인 논쟁의 표면적인 테두리에서만 찬반을 보려는 위험이 놓여 있다. 큰 정치의 포기가 변화되는 힘의 관계의 표현을 의미할 수 있다. 사람이 정치를 하는 것이 아니라 정치를 오히려 위협으로 경험하게 된다. 그리고 진보와 계몽에 관해 말하는 것은 언제나 역사의 성장하는 줄기 위에 앉는다는 것을 전제로 한다. 이와 반대로 약자들은 회의주의 속에 머물러 있는다. 그러나 계몽은 사회적인 관심을 넘어서서 체계적인 문제로 진지하게 받아들여져야 한다. 그 때문에 계몽에 대해서 말하거나 '얼마나 많은' 계몽이 우리의 오늘날의 상황에 맞는지에 대하여 논쟁하는 것으로는 충분하지 않다. 정치, 도덕 그리고 학문의 관계가 결국 계몽 자체의 개념의 문제라는 것을 아는 것이 중요하다. 이것을 다음 장에서 계몽의 역사적 시대에 근거하여 추적하고, 더 나아가 그것을 지금까지 거의 고찰되지 않았던 전통의 줄기에 근거하여 다룰 것이다.

정치적인 것의 근본모델

빌름스(Bernard Willms)와 같은 학자들이 근대의 정치적 사유의 뿌리에 대해서 고찰해 보고자 한다면, 우선 슈미트(Carl Schmitt)*의 해석에 근거하지 않고 그 당시 르네상스를 체험했던 홉스(Thomas Hobbes)가 언급되어야 한다.[3] 정치적인 것의 본질은 국가 권력 안에서 그 권력의 힘이 개별적인 시민의 자유를 보장하는 그러한 권력의 지배가 이루어져야만 한다는 데에 있다. 정치 이론의 문제는 본질적으로 그러한 옳은 지배의 정당화에 있다. 잘 알다시피 이러한 문제는 의도된 자유 잉여범주로 포함시키는 자발적인 합의의 구성을 통해서 발생한다. 이것은 모순적으로 보일 수도 있다. 개인들의 자유를 유지하기 위해서 개인들은 자신의 자유를 적어도 부분적으로 양도하는 차원에서 강제되는 것으로 보인다. 이러한 모순이 해결될 수는 없겠지만 자유로운 수정을 통해서 완화될 수는 있다. 여기서 이 변화들이란, 로크(John Locke)에 의해서 정초된 것으로서, 오늘날까지 자유와 지배라는 양극단 사이에서 담론이 생겨나는 것과 같은 것이다. 다시 말하면, 지배가 원칙적으로 긍정되지만, 그러나 그 지배는 할 수 있는 만큼 최선을 다해 가능한 한 최대한의 개인적인 자유공간을 허용하는 그러한 지배이다. 예컨대 회페(Otfried Hoeffe)가 제기한 자유공간이 그러하다.[4]

---

3 Bernard Willms, *Die Antwort des Leviathan. Thomas Hobbes' politische Theorie*, Neuwied, Berlin 1970. – Jakob Taubes(Hg.), *Der Fuerst dieser Welt. Carl Schmitt und die Folgen*, Paderborn, Muenchen 1984.

4 Otfried Hoeffe, *Ethik und Politik. Grundmodelle und – problem der praktischen Philosophie*, Frankfurt/M. 1978, S. 195ff.

* 【역자 주】 Carl Schmitt(1888~1985) : 독일의 공법·정치학자. 가톨릭적인 정신풍토 속에서 자라나 날카로운 근대비판을 전개하면서 독자의 헌법학과 정치사상을 형성하였다.

그럼에도 불구하고 적어도 나에게는 이러한 구성의 핵심이, 그에 관한 논의에서 아직 다뤄지지 않는 것처럼 보인다. 나는 이러한 논의에 포함된 정치적인 것의 근본모델, 즉 계약을 염두에 둔 것이다.[5] 한편으로는 개인의 자유와 다른 한편으로는 국가적 강제 사이에서의 고려가 양적인 관계 속에서 이뤄진다면, 계약의 구성 그 자체가 정치적인 것과 계약적인 것이 어떻게 함께 속할 수 있는지에 대한 원칙적인 문제를 제기한다. 이렇게 정치와 계약을 동일시하는 것 속에서 나는 근대 철학의 스캔들이 있다고 본다.

사회계약에 근거한 정당한 지배에 대한 입증부담은 완전히 다른 이론 형태로 그리고 다른 종류의 전문가들에게 옮겨갔다. 국가 안에서 최고의 공동선이 실현된다고 보았던 아리스토텔레스의 철학적 윤리학에서뿐만 아니라 아우구스티누스의 신학으로부터, 전체 사회를 계약론의 모델로 재구성하려 했던 근대의 법이론으로 옮겨간다. 이러한 보편화요청에는 결정적인 난점 즉, 계약은 특정 조건하에서만 체결되고 유지될 수 있을 것이라는 난점이 숨겨져 있다. 이와 반대로 사회계약은 자신의 고유한 조건들을 일단 만들어야만 한다. 계약은 자신의 전제를 정하는, 즉 그 자체로는 전제가 없는 계약이 되어버린다. 계약은 스스로가 스스로를 구성한다. 여기에서 정치적인 것의 자기구성이 있게 된다. 아마도 국가와 사회의 전제에 관한 물음은 여기서 불필요하게 된다.

---

5 Johannes Rohbeck, "Begriff-Beispiel-Modell", in: *Zeitschrift fuer Didaktik der Philosophie*, 7.Jg.(1985), Heft I, S. 26 ff. ; siehe auch "Philosophiegeschichte als didaktische Herausforderung" und "Proto-Philosophie" in diesem Band, S. 41-49 insbes. 47-49, und 105 -117, insbes. 109f.

새로운 탐구는 곧 이러한 상황에서 엄격한 의미에서의 사회계약은 더 이상의 근거를 필요로 하지 않는다는 것을 알려준다. 몇몇 계약이론가들의 인간학적 기초는 실제로 강요적인 것은 아니었다. 이것은 이미 홉스에게서도 입증되는데, 그의 자기보존의 원칙이 이기주의와 혼동되어서는 안되며 오히려 동등한 개인들이 행하는 도덕적으로 중립적인 노력들의 관계로부터 발생하는 그런 자연 상태에서의 사회적 갈등에 대한 이론이 중요하다. 다른 계약이론가의 여러 가지 연관 이론들의 경우에도 예를 살펴볼 수 있다. 더 나아가 결국 칸트의 법철학은 그 어떤 경험적인 ─ 심리학적인 경우라도 마찬가지로 ─ 기초에서 포기될 수 있는 것에 관한 의미 있는 예시가 된다. 정치적인 것은 스스로가 스스로를 원초적인 힘으로 구성한다. 이 힘은 그 고유의 논리에 따라서 모든 구성된 전제들을 제거하는 법적인 추상들을 통해서 그 정치적인 것을 보존한다.

이와 같은 구성에서 정치적인 계몽의 핵심이 들어날 것이다. 비코(Giambattista Vico)*에 따르면 인간만이 그 자신이 만들어낸 것을 이해할 수 있다. 이 말은 우선 자연과는 달리 인간 행동의 총체적인 것으로서의 역사와 관련된다. 그래서 이것은 곧 역사의 부분적인 결과뿐만 아니라, 인류 역사

---

* 【역자 주】 Giambattista Vico(1668-1744) 나폴리 출생의 이탈리아 철학자. 그는 데카르트에 반대하여, 사유(思惟)가 아닌 행위에 진리의 기준을 두었다. 『여러 국민에 공통하는 자연 본성에 대한 새로운 학문의 여러 원리』(통칭 『새로운 학문』)(제1판 1725, 제2판 1730, 제3판 1744)라는 저서에서 '이 여러 국민의 세계는 확실히 인간에 의해 만들어졌기 때문에 그것의 여러 원리는 우리들 인간의 지성 자체의 여러 현상 속에 발견할 수 있을 것이다'라는 예측 하에 문명기원의 이해에 새로운 길을 연 것으로 유명하다.

의 이행과정에서 나타나는 변화 즉, 자연상태에서 문명화된 상태로의 변화를 특징짓는 계약이라는 것에도 해당된다. 이것은 역사를 자연과는 구분되는 인간의 행동들의 총체적인 결과로 이해한다. 또한 이것은 분리된 결과로서 역사를 이해하는 것에도 해당될 뿐만 아니라 자연적인 상태로부터 문명화된 상태로 인간의 역사가 이행하는 것을 표시하는 계약을 이해하는 것에도 해당된다. 여기서 계몽이란 다음과 같은 뜻을 지닌다. 즉, 인간 자신이 만들어 낸 것을 이해한다는 것이다. 이러한 '만듦'은 만들어진 존재이며, 다시 말해서 여기서는 독립적인 구성으로서, 구성된 이후에도 자기의 규칙에 따라서 재구성될 수 있는 독립적인 구성으로서 이해될 수 있다. '국가'를 '기계'로 은유하는 것은 이와 같은 관련성을 의미한다. 노동과 인식의 이러한 모델 하에서 인간은 상기(想起, Anamnesis)의 근대적 형태를 이해할 수 있다. 여기서 상기란 근원적으로 과거에 있는, 다시 말해서 우리의 인식에 시간적으로 선행해 있는 것에 관한 재인식이 아니라, 인간에 고유한 만듦의 과정에 대한 기억을 뜻한다.[6] 루소(Rousseau)의 경우에는 대립되는 인식을 새롭게 획득하는 이념에 대한 강조가 가장 분명하게 부각될 수 있는데, 그것은 모든 소외를 지양하는 것이다. 왜냐하면 모든 낯선 것들/사람들(Fremde)은 ─ 그것/그가 비록 정치적 지배/지배자라 하더라도 ─ 쉽 없이 고유한 자기구성의 행위 속에서 가져올 수 있기 때문이다. 그래서 루소는 오늘날 낭만적인 반론에 이르기까지도 실제적으로 남아 있거나 혹은 다시금 실제적으로 생성되는 사상가이다.

---

6 Peter Furth, *Phaenomenlogie der Enttaeuschung*, Frankfurt/M., Fischer 1991.

계약모델의 한계

계몽주의가 발전하는 과정에서 국가와 사회의 재구성의 방식에 대한 비판을 했다는 것은 계몽주의의 강점에 속한다. 계몽 사상가들은 사회계약이 애초부터 방법론적인 가설로서, 말하자면 정치적 지배의 정당성이 어느 정도나 충분한지를 검증하기 위해서 사회계약이 처음부터 방법적인 가설, 특히 사유 실험으로 개념화되었다는 것을 오인하지는 않았다. 그러나 곧 이러한 구성적인 절차를 18세기에 계약의 순수 이론적 구성에 반하여 현실적이며 사회적인 관계의 경험을 제기한 흄(D. Hume)과 퍼거슨(A. Ferguson)*이 비판하였다. 그러한 비판은 도덕과 정치에 관한 뉴턴의 학문 이념을 전파하고자 하는 요청 속에서 방법론적으로 드러나게 된 것이었다. 여기서 단순한 방법논쟁을 넘어서 그보다 더 중요한 것이 있다는 점을 알려 주는 것은 실제적인 사회화에 대한 묘사를 위해서 제공했었던 대상영역이다. 그 영역들은 사회적인 노동 분업의 이론으로서 정치 경제학 그리고 개인들의 사회화 이론으로서 도덕철학이다.

잘 알다시피 위의 스코틀랜드 도덕철학자는 두 가지 보완적인 인간학적 원리들의 단순한 교환을 재현하고자 하는 것은 아니었다. 홉스에게서

---

* 【역자 주】A. Ferguson(1723 ~ 1816)】(두산백과): 영국의 도덕철학자이다 사회학자 역사학자이다. 스코틀랜드 퍼서서 출생. 사회의 본질과 기원의 탐구를 철학의 중심 과제로 생각하고, 인간 천성의 사회적 성격을 도덕적 행동의 원천으로 보았다. 또 사회적 입장에서 각 개인이 사회를 보다 완전한 것으로 인도하도록 자기에게 부과된 의무를 다하는 것이 도덕의 본질이라고 생각하였다. 스코틀랜드학파에 속하며, T.리드 등에게 영향을 끼쳤다. An Essay on the History of Civil Society(1767), Principles of Moral and Political Science(1792) 등이 있다.

지배적인 원칙이 동감의 원칙을 통해 대체될 수 없다. 절대적인 국가 권력을 요청하는 것처럼 보이는 이기주의 원칙이 자유적인 정치 형태를 정당화해야 하는 동감의 원칙으로 대체될 수 없다. 이러한 변형 역시 비판받고 있는 국가이론과 마찬가지로 추상적인 것에 불과하다. 18세기의 도덕철학은 그와 반대로 사회계약의 정치 이론에서는 전혀 고려되지 않았던 구체적인 전제들을 되찾았다. 계약은 모든 사회의 절대적인 시작점을 설명했다. 그 계약이 사회성을 비로소 가능하게 했다. 계약 체결은 직접적인 자발적 행위로 나타났다. 이에 대해 후기 계몽주의자들은 다음과 같은 질문을 제기했다. 계약을 체결하고 유지하기 위해서는 개인 모두에게 그 능력이 주어져야 할 텐데, 이런 개인들이 있기 이전에 발생해야만 하는 것은 무엇인가? 이 물음의 상황은 매우 역설적이다. 공동체를 구성하는 개인이 우선 사회로부터 배제된다. 비록 개인들이 비사회적이지(ungesellschaftlich) 않을지라도, 개인들은 사회 없이(ohne Gesellschaft)도 생각될 수 있다. 개인들은 시간의 경과 속에서 비로소 사회성을 획득한다. 그러나 이러한 것을 가능한 것으로 생각하기 위해서는, 비사회적인 개인들에게 개별적으로 타고난 능력으로서 사회성이 부과되어야 한다고 생각해야 한다. 사회를 형성하는 것은, 인간학적인 사실 즉 불변성으로 된다는 것이며, 그렇게 되는 것은 아직 사회 속에 살고 있지 않는 개인들에 의해 형성되는 것이다.

18세기의 계몽 역시도 이러한 딜레마를 해결할 수는 없었다. 그러나 그 시기 계몽은 개인적인 능력을 사회성으로 발전시키는 것을 중심 테마로 끌어올리고, 아울러 사실적인 사회성의 전제들을 명백히 하고자 노력하였다. 얼마나 진지하게 그 요구가 인간의 현실적인 사회화를 주제로 삼고자 하였는가 하는 점은 실제학문(Realwissenschaft)과의 명백한 관련성을 보여준 것이었다. 그 학문은 도덕철학 – 자신의 인격적 변론에서도 역시 – 과 긴밀하게 결합되어 있었던 정치경제학이다. 자유주의 경제이론은 처음으로 사회가 국가로부터 독립하여 하나의 자기 규제적인 행위연관으로서 생각될 수 있는 가능성을 제공하였다. 이와 같이 서로 균형을 맞추는 사적 이해 관계의 자립적인 체계는 거기에 결부된 직접적인 사회적인 정서의 상호의존의 이론을 통해서 보완되었다. 그 상호 조정적인 동감의 감정은 인간학적인 자연 상수의 의미에서는 거의 이해되지 못하였고 그보다는 사회적 과정에 관여하는 연관 속에서 더 이해될만 하였다. 도덕철학의 대상은 자연적인 감정으로부터의 전개로서의 사회적 행동 방식과 규범들의 기원이다. 동감, 즉 사회적 의견일치는 전제 없는 시초로서 파악되는 것이 아니라, 그보다는 자연사와 함께 시작하여, 가족을 넘어서고, 사회적 협력을 이루어 결국 국가적으로 규정된 공동체에 이르기까지 발전한 결과로서 파악되는 것이다. 이러한 방식으로 이루어진 것이 소위 자연 상태에서 문명화된 상태로의 지속적인 이행을 재구성하는 것이다.

후기 계몽의 도덕철학은 사회과학적인 실재의 연관 속에서 이러한 결합을 나타낸다. 무엇보다도 – 18세기 중심적인 테마로 급부상한 – 도덕은 각각의 사회에 필수불가결한 것으로 인식된 전제들의 기원을 대변하고 있다. 도덕을 주제화하는 것에서 출발하여 역사는 서술되었다. 역사적 차원은 단순히 다음과 같은 모토에 대한 순수한 사실성의 증거 속에서 나난 것은 아니다. 실제로 계약이론가들이 주장해왔던 것과는 완전히 달랐다. 이러한 반론은 – 어떻게 입증되든지 간에 – 17세기 정치 철학의 방법론적인 접근을 놓치고 있는 것이다. 그러한 진부함을 위해서 도덕철학은 스스로 아주 높은 이론적 요청으로까지 고양된 것이다. 그리고 그 요구를 넘어서서 역사 이론은, 그 이론이 자체로 기술, 경제, 법, 국가 그리고 도덕에서 진보의 인식을 통합하고자 함으로써, 포괄적인 학문으로 확장하여 현실화하고자 하는 무리한 요구를 하였던 것이었다. 이러한 이론의 실재내용(Realitaetsgehalt)을 증대시키기 위해서는, 역사이론과 도덕철학이 역사서술가와 함께 결합되어야 한다. 역으로 18세기 말의 역사서술이 – 특히 볼테르(Voltaire), 튀르고(Turgot), 콩도르세(Condordet)에 의해서 대표되는 프랑스에서 – 점점 더 이론적 – 학문적인 성격을 취했던 것처럼 결합되어야 한다.

역사철학적 문제로서의 정의

사실적인 것에 관한 이러한 입장, 있는 것에 대한 이러한 인정을 계몽이라고 부를 수 있는 것인가? 블로흐(Ernst Bloch)가 이러한 전개 과정에서 그 후에 나올 실증주의의 시작을 보았다는 것은 우연이 아니었다. 『자연권과 인간의 존엄성(Naturrecht und menschliche Wuerde)』에서 블로흐는 이미 흄(D. Hume)에게서 계몽주의 주장의 첫 번째 배반(den ersten Verrat aufklaererischer Postulate)을 의심하였다.[7]

여기에서 나는 후기 법실증주의적 해석들 — 예를 들면 사비니(Savigny)의 경우처럼 – 을 계몽에 관한 해석에로 투영시킬 위험을 감수할 생각

---

7 Ernst Bloch, *Naturrecht und menschliche Wuerde*, Frankfurt/M. 1977, S. 102f.

은 없다. 실증주의와 계몽주의의 구분을 허용한다면, 물론 이것이 항상 논쟁거리가 안 되는 것은 아니겠지만, 그리고 특히 내가 여기서 파악하고 있는 계몽의 두 번째 부분과의 관계 하에서 그렇다면, 이러한 도덕이론적인 진행과 역사이론적인 진행의 비판적인 잠재성을 보다 자세하게 인지할 필요가 있다. 루소의 경우에도 근본적으로 두 가지 변형이 연구될 수 있는데, 그 중 하나는 ─ 블로흐(E. Bloch)가 강조한 ─ '올바른' 사회계약의 유토피아적 구성이고, 다른 하나는 인간들 사이의 사회적 불평등의 기원에 대한 역사철학적 재구성이다. 후기의 계몽 사상가들은 이러한 두 번째 측면에 착안하여 부정의, 권력횡포, 부자유의 실재적인 근원들을 폭로하였다. 그래서 이들에게는 앞에서 언급된 근거들에서 나온 계약의 구성이 비현실적인 것으로 보였기 때문에, 루소와는 다르게 지금까지의 인류의 역사적인 발전과정으로부터 불행과 노예상태로부터 인간의 해방의 가능성을 끌어내고자 하였다. 튀르고와 콩도르세(Turgot und Condorcet)는 프랑스 혁명의 전야에 정치적 지배의 축소를 위해 경제적 요인과 도덕적 요인의 의미를 탐구하였다. 흄과 스미스(Hume und Smith)는 그들의 측면에서 경제적 ─ 기술적 진보가 사회적이며 정치적인 자유의 기회를 높일 것이라는 증거를 제시하였다. 그렇지만 이것은 일차원적인 진보이론의 의미에서조차도 명백하게 옹호되지 않았다. 예컨대 밀라(J. Millar)는 자유화 경향의 가능성을 숙고하기 위해 이와는 반대 방향으로의 전개를 어려운 방식으로 고려하였다.

이러한 역사철학적인 재구성의 목적은 사회적 정당성을 만들어내는 것이다. 이것은 법적 ─ 형식적 논증으로부터 사회과학적으로 지향된 실질적인 분석으로 전환을 의미한다. 경제적인 담론은 부분적으로는 역사철학적이고 도덕철학적인 정당화의 과제를 떠맡게 된다. 그래서 스미스(Adam Smith)는 당시의 가장 가난한 노동자라 하더라도 이전에 살았던 인디언 추장보다 훨씬 더 많은 복지를 누릴 수 있다는 주장으로 사회적 불평등을 정당화하였다.[8] 이러한 역사적인 논증은 직접적으로 드러나는 사회적인 부정의에게 정당성의 외관을, 그리고 이를 통해 역사적 관점에서는 도덕 – 철학적 정당성을을 부여하는데 기여한다. 이를 넘어서서, 앞서 언급한 밀라(J. Millar)와 같은 스미스의 후계자들은 사회적 정의를 특히 동시대의 현상으로 입증하고 요청하고자 하였다. 물론 이러한 논증이 모든 사회적 관계들이 공공의 복지를 위해서 유용성의 척도 하에 수렴된다는 의미에서 볼 때에는 공리주의적인 것이라고 부를 수 있다.

권리와 정의

최근에 바로 이런 입장의 핵심이 공리주의 전통으로부터 거리를 두기까지 한다. 아마 현재 가장 많이 논의되는 사회철학자이며, 스미스(A. Smith)의 논증과 매우 유사한 논증을 제시한 롤즈(John Rawls)는 공리주의를 – 대개 공리주의라 하면 밀이나 벤담(Mill und Bentham)과 같은 19세기의 공리주의자들 그리고 동시대의 미국의 사상가들을 일컫는데 – 공공 복지가 모든 개개인의 이득의 총합으로 형성되지만, 특권을 가진 사람들이 그렇지 못한 사람들의 손실에서 이익을 얻을 수 있게 되는 결과를 초래하는 이론

---

8 Adam Smith, Eine Untersuchung ueber das Wesen und Ursachen des Volkswohlstandes, Bd. I, Jena 1923, S. 2. – Vgl. John Millar, *Vom Ursprung des Unterschieds in den Rangordnungen und Staenden der Gesellschaft*, hg. v. William C. Lehmann, Frankfurt/M. 1985.

이라고 정의한다. 이에 반해 롤즈는 『공정으로서의 정의』라는 자신의 윤리이론을 정립하였는데, 이에 따르면 보편적이고 유리한 사람들의 이익도 사회적 약자를 위해서는 무언가를 포기해야 한다. 롤즈의 논증 속에서 공리주의를 그 역사적 근원에서 정초시킨 이념을 알게 된다. 공적 복지를 보장해주는 사적 이익의 입장은 계몽주의자에 의해서는 결코 윤리적인 의미에서 '옳은' 것이 아니라, 기껏해야 경제적인 측면에서 기능하는 것이라고 생각되었다. 이런 근거로 인해 18세기 후반에 와서야 언급된 사회철학의 발전이 이뤄지게 되었다.

사회적 의미에서 그 이름에 걸맞는 것을 받지 못하는 '정의의 이론'에 대해 말하는 것이 어떻게 가능할까? 나는 이러한 강조점의 변화를 정치적 계몽에 관한 논의의 출발문제로 돌려놓고자 한다. 롤즈는 분명히 계몽의 전통을 근거로 끌어들이면서 사회계약의 이론을 보다 높은 추상단계로 고양시키고자 한다. 역사적으로 보면 계약모델에 관한 이러한 철학적인 이해는 현실주의적인 표상들의 '정화(淨化, Reinigung)', 다시 말해 계약을 전적으로 이성적인 것이자 모든 경험적 혼합을 배제하여 구상했던 칸트에 강하게 의존한다는 것을 의미한다. 계약은 그 자체로 법률적인 구성으로 환원되는데, 이는 형식적으로 동등한 권리 주체들이 상호 인정을 결정한다는 것이다. 그 구성에서 롤즈가 '권리의 내용'을 다른 측면으로 확장했다는 사실로인해 달라지는 것은 아무 것도 없다. 권리와 자유뿐만 아니라 소위 경제생활의 기초재화들도 도덕적 정당화의 대상이다. 그러나 이러한 내용적인 요인들은 계약 개념을 구성하지는 않으며, 단지 추가적인 적용의 영역만을 설명해준다. 왜냐하면 이런 영역에 대한 일반적인 앎의 결여라는 방법적인 전제 하에서, 즉 의사소통적인 합의의 대상이 되어야 하는 실질적인 조건들에 대한 의도적인 포기 하에서 이루어진다. '무지의 베일(Schleier der Unwissenheit)'이라는 원칙은 첫째, 개인들이 인간의 공동의 삶의 정의로운 규칙 하에 살기 위해서는 자신의 미래적인 사회적 위치를 몰라야 한다는 것을 의미한다. 그렇지만 특정한, 즉 도덕철학적인 담론에서 나오는 사회과학적인 앎의 한계가 분명히 중요하다. 그러나 도덕철학적 담론으로부터 형성된 특정한 즉, 사회과학적인 앎이 제외된다. 정의의 외양만 유지하지만 실제로는 사회적으로 정의롭지 못하는 상태가 가능해진다.

둘째, '무지의 베일'은 사회적 관계와 인간적인 전제의 기원을 제거하는 것을 의미한다. 롤즈가 일종의 동기화이론을 포기했다면, 아마도 이것은 겸손한 것이며 이성적인 분업같이 들릴 것이다. 칸트에게서처럼 사회계약의 인간학적인 기초가 등장하지도 않았을 것이고, 또 소위 자연상태라는 전통적인 역사이전의 상태도 완전히 없었을 것이다. 회페(Otfried Hoeffe)가 강조했던 바와 같이 이전 상태의 결핍에서만 나오는 전통적인 논증에 의하면 그 장점은 분명할 것이다. 발생에 대한 설명의 결여가 훨씬 더 중요해 보인다. 초기 계몽주의의 정치 철학 내에서 연구될 수 있었고 후기 계몽주의에서 극복되어야만 했던 결과이다. 그것은 정치적 – 법적인 것으로의 제한을 의미한다. 분배 정의의 문제로 제한되어야 할 이유가 바로 여기에 있다. 그러면서도 롤즈가 전제한 사회적 협력의 발생이 정의의 사유를 원칙적으로 노동의 정당한 분배와 할당으로 확장시킬 수도 있었다.

홉스는 정치적인 것으로 스스로 제한하였고 도덕을 철저히 이 영역에서 의식적으로 제외시켰다. 내적인 도덕을 법적인 것으로부터 분리하여 알고자 했던 칸트와 다르지 않다. 다만 후기 계몽주의자들은 정치적 – 법적인 것을 사회발생론적 설명을 통해 도덕적인 것 안에서 풀어내려고 시도하였다. 롤즈는 이와 반대로 도덕적인 것을 다시 법적인 범주로 끌어들이고자 하였다. 예전에는 정치의 도덕화(Moralisierung der Politik)에 대해 말할 수 있었다면, 지금은 도덕의 정치화(Politisierung der Moral)가 중요해졌다.

정치적 – 법적인 계약의 사유에 있는 이러한 상반된 경향은 분명히 공식화, 정교화 그리고 (정확한 학문의 모범에 따라) 학문화의 이론적 장점을 가지고 있다. 그러나 이것은 내용을 비우고 제한하는 희생을 치르고 일어났다.

도덕 교육에 대한 비판

이러한 맥락에서 소위 현대의 계약이론적인 윤리에 이르기까지 계약론의 이런 요약된 전통이 흥미로워 보인다. 왜냐하면, 이 이론들이 오늘날의 도덕 교육 프로그램을 위해 직접적으로 그 기초를 구성했기 때문이다. 그 예로써 나는 미국 학자인 콜버그를 선택할 것이고, 피아제의 발달 심리학과 연결하여 아마도 더 진보된 형태를 설명하고 그러면서 우리에게 약간의 영향력을 갖춘 콜버그의 학파에 대해 살펴보겠다. 도덕 교육이라는 개념으로 도덕적인 문제에 대한 철학적 취급이 다 고려되지는 않는다. 더구나 상급 학교의 교육과정에서 철학적 저자들에 대한 강의와 토론과 결합되어 있는 윤리학이 일반적이다.

도덕 교육의 개념은 도덕적 문제의 철학적 취급을 의미하는 것이 아니며 심지어 윤리학의 주제화를 의미하는 것도 아니다. 그런데 철학자들의 강의와 논의를 담고 있는 윤리학이 상급 학교의 과정에서는 의례히 행해지고 있다. 후자는 특히 보완으로써 등장하게 된다. 도덕 교육은 철학을 순수히 교육적인 목적으로 적용하는 것을 의미한다. 아동과 청소년들의 도덕적인 판단을 하나의 가치표에 따라 분류할 수 있기 위해서, 그리고 연결된 교육적인 노력들을 측정하기 위해서 몇몇 철학적인 이론들이 관련된다. 그것은 우선 철학의 학문적 수용소로부터 학생들에게로 이끌게 해준다고 약속하는 하나의 실천 지향성처럼 들린다. 궁극적으로 철학이 더 이상 그 자체로 자기 목적이 아니라 순전히 실천적인 목적 (즉 일상적인 상황에서의 도덕적인 토론능력의 증진과 같은)을 위해서 기능적으로 설정되는 것이다. 그래서 내용은 실제적인 삶에서 갈등하는 경우들의 형식으로 구성된다. 그런데 철학적 전통에 대한 이런 도구적 태도에 문제가 있다. 바로 그 다음 단계에 도달하기 위해서 그 근저에 있는 가치 평가의 위계의 개별 단계는 물론 숙고되고 비판되어야만 한다. 이 체계에서의 연속적인 교육의 단계라는 가치 단계들이 의문시 되지 않는다. 그래서 내 생각에는 철학하기의 이론적 가능성이 여기서는 사용되지 않은 채로 남아 있다.

이런 난점들이 곧바로 사회계약론에서 나타나고 있다. 사회계약은 철학사에서 핵심적인 것으로써 취해졌던 것이며 또한 콜버그의 단계에는 절대적인 표준으로 기여했다. 여기서 이러한 단계들의 자세한 문제점들을 다루지는 않겠지만 칸트와 롤즈에 따른 계약론이 순전히 형식적인 합의를 가지고 있다는 결과는 간과될 수 없다. 그 때문에 계약론이 보다 높은 단계에 해당하는데, 왜냐하면 계약론이 모든 과거의 부분적으로 구체적인 판단들을 형식적인 원칙의 척도에 따라 통합할 수 있기 때문이다. 이런 점에서 롤즈에 의해 주장되어온 합리성에 대해서는 어떤 진보도 인정할 수 없다.

분명 최고의 명령은 합리적으로 토론하고 이성적으로 논증하는 것이다. 그렇지만 그 척도는 하나의 전체의 특정한(제한된) 합리성인데, 이 합리성은 형식 – 정의적인 추상화를 지향하는 것이다. 이러한 전제하에서 알 수 있는 것처럼, 사회적 내용들이 어떤 판단의 수준을 위해 구성적이지 않다는 것이다. 이러한 내용들이 비로소 추가적으로 보태지지만 가치 평가표의 바깥에 머물러 있다. 여기서 또한 임의의 가치 전도가 다른 체계를 위험에 빠트리지 않은 채로 연결될 수 있다. 예를 들어서, 피실험자가 군축에 대해 찬성 혹은 반대의 표를 투표하는 것은 그들이 계약론 수준에서 근거하고 있다면 전적으로 같은 것이다. 나는 이런 합리성의 유형에서 콜버그의 몇몇 추종자들이 주장하는 것처럼 계몽에 대한 총괄 개념을 볼 수는 없다. 왜냐하면 여기서는 다시 계몽의 특정한 측면이 중요해지는데, 계몽의 기여는 역사적으로 제대로 평가되지 않았던 그런 측면이며, 그 계몽은 오늘날까지도 궁극적인 약속으로 타당하게 여겨지지 않는다. 그래서 계몽의 시대를 덜 알려져 있고 부분적으로 아마 저평가된 전통을 진전시키려는 이러한 시도는 계약론, 계약구성에 대한 비판, 그리고 거기에서 정치적 법적 모델 표상들에 대한 비판의 이론적 가능성들을 의미한다. 칸트의 철학에서 최고의 단계를 재현할 줄 아는 사람들은 칸트가 본질적으로 프랑스적이고, 스코틀랜드적인 계몽의 사회 철학적인 통찰을 부분적으로는 알지 못했고, 또 그것을 알면서도 내버려 두었다는 것, 그리고 그가 궁극적으로 계약론에 대한 헤겔의 비판으로까지 넘어가지 못했다는 것을 알게 된다. 이런 무시된 계몽의 전통이 긍정적으로는 사회적 관계들에 대한 학문적인 인식을 포함하고 있는 도덕 철학으로까지 이끌어졌다. 이때의 도덕철학은 정치적인 것을 정당화하는 것 속에서 생겨나지 않고 또 내적인 도덕의 기초에 근거하는 것이 아니라 오히려 경제적, 사회적, 문화적 소요성과 그 학문적인 연구를 성찰의 출발점으로 삼는 그런 도덕철학으로 이끌어지게 되었다. 여기서 중요한 것은 계약 도덕의 새로운 복권도 아니고 아울러 이용 가능한 이론을 위한 선택과 더불어 정치를 도덕화하는 것도 아니다. 오히려 정치적 사회적 측면들을 고려하고 종종 계몽의 역사적 시대의 간과된 전통들을 포함하고 있는 그런 계몽이 중요한 것이다.

통합된 철학수업을 위한 옹호

도덕 교육에 있어서 이러한 고려들로부터 결론적으로 적어도 두 가지 관점들이 생겨난다. 최근까지만 하더라도 철학수업에서 철학이 우선적으로 헌법에 고정된 가치와 규범들을 교육적인 의미에서 전수해야 한다는 과제를 가지고 있는지에 대해서 논란이 있어왔다. 이런 입장에 대해서 이러한 가치들의 논증적, 담론적 정당화가 우선적이어야 하며 단순한 전수보다 선행되어야 한다는 것에 반대했다. 이러한 반대는 이런 혹은 저런 사회에서 제도화된 그리고 부분적으로는 국가적 힘에 의해 통제되는 전승된 규범들이 있다는 단순한 사실로부터 나온다. 이러한 사실에 주목하는 이유는 새로운 가치 보수주의를 선전하기 위해서가 아니라, 단순한 가치 매개의 옹호 혹은 '교육을 위한 용기'의 대변에 반대하기 위해서 비판주의의 입장을 너무 약하게 간주했기 때문이다. 모든 사회형태가 자신의 가치 표상과 더불어 항상 담론적인 의사소통의 성향을 가지고 있다는 것은 사실이 아니다. 문제 제기를 발견적인 수단으로 간주하는 정당화의 시도의 성향도 역시 가지고 있지 않다. 이제 이러한 기능이 계약 구성을 처음부터 충족시켰고 공동체의 실제적인 발생의 조건을 추상화함으로써 발생하는 이러한 구성의 기만들이 비판적인 입장에 의해서 전달되었다.

전승된 가치와 규범들의 단순한 훈련이 승인되지도 않는다. 이러한 사실에 대한 정당한 언급은 가치 일반의 전수가 아니라 그때그때 특정한 가치들의 전수가 중요하다는 것을 숨기고 있다. 이러한 사후 정당화의 뒤에는 보편이라는 이름하에 대변되는 가치들의 부분적인 이해관계에 기여하는 위험이 도사리고 있다. 이러한 의혹은 분명하다. 왜냐하면 가치 자체의 형식화가 계약 개념의 정치적 법적 수준에서만 머물러 있기 때문이다. 기본법이 이런 성격을 가져야 한다는 필연성은 의심의 여지가 없다. 그렇지만 도덕 철학적 담론과 더불어 철학수업이 이런 수준으로 제한되어야 한다는 결과는 더 이상 개연적이지 않다. 그것은 정치의 단순한 도덕화로의 환원을 의미하며, 부분적인 현실의 이해관계를 서서히 줄여가는 것이다. 이런 논의의 배경에는 고립된 도덕수업에 반하여 생각해 보아야 한다. 몇몇 제도적인 논증들을 제외해서는 안 된다. 그렇지만 이런 유형의 수업들에 대한 찬성을 너무 쉽게 해서도 안 되며 가능한 위험들을 예측해야 한다. 상급 단계에서 도덕 교과는 철학적 주제 영역들과 밀접한 관련이 있다. 학생들이 무엇보다도 학문 예비적인 접근에서부터 출발한다면 다양한 교과를 통해서 동시에 국가 철학, 역사 철학, 인간학, 혹은 학문론 등에 대한 것들을 배울 것이다. 역사, 사회학, 그리고 자연과학에서 보다 포괄적이고 숙고된 전이해(前理解)에 도달하게 될 것이다. 이에 반해 고립된 도덕수업이 앞에서 언급된 전제들 없이 제공된다면 윤리학이 완전히 떨어져 있는 것, 완전히 전제가 없는 것으로 나타날 수 있는 위험이 있고, 심지어 변화된 제도적 조건들 하에서 나타나야만 하는 위험들이 생겨난다. 이것은 지금까지 명료화하려고 시도했던 계몽 전체의 잠재성에 모순되는 것이다. 철학적인 전통에서는 서로 하나가 되었던 이 두 요소 즉 정치적 계몽과 도덕 교육이 실제로는 정반대가 되었다. 이것은 다시 반복해서는 안 되는 딜레마이다. 고립된 도덕수업에 대한 비판과 당연히 윤리학을 중점으로 하는 통합적인 철학 수업에 대한 옹호를 앞으로 전개하겠다. 내가 지금까지 교육과 정치, 즉 도덕과 역사의 관계를 철학적인 전통 하에서, 특히 유럽의 계몽주의라는 역사적 시대에 근거해서 상술한 반면, 이제부터는 윤리학과 응용윤리의 관계에 대한 실제적인 논의들이 주된 역할을 할 것이다. 여기에서 환원된 도덕수업보다 철학이 학생들의 삶의 방향 설정에 더 많이 기여할 수 있을 것이라고 나는 논증하고자 한다.

제2장

수업에서 철학과 도덕

학교에서 삶의 방향 설정의 앎에 대한 증가된 요구가 있다고 전제한다면, 이런 앎은 특히 종교, 철학 그리고 도덕 교과로부터 표출되고 있다. 통일 이전에는 철학과 윤리 교과가 종교 수업에 대한 선택 교과로 제공되었다. 통일 이후 공민(Staatsbuergerkunde)이라는 교과에 대한 선택이 중요해졌다.* 소위 과학적 세계관이 도래한 40년 이후, 비록 명백하게 비과학적인 방

---

* 【역자 주】독일의 경우, 종교과목을 대체 과목으로서 철학과 윤리를 정식 교과로 인정하고 있으며[변순용(2012), "독일의 도덕과 관련교과의 내용구성에 대한 실태 연구: 바덴-뷔르템베르크와 헤센을 중심으로" 초등도덕교육, 제 38집, pp. 267~286 참조]. 2012년 UNESCO에 따르면 종교교육과 더불어 철학과 윤리를 대체 교과로 인정하고 있는 나라는 독일, 핀란드, 터키, 스페인, 슬로바키아, 불가리아, 폴란드, 노르웨이, 슬로베니아, 라트비아 등이 있다(UNESCO-IBE, 2012 참조). 그러나 영국을 중심으로 시민성교육(Citizenship Education)이 영역을 확장해 가고 있으며, 지리에서 역사 등을 하위 영역으로 구성해 나가고 있는 실정이다.

향으로 형성되었다고 하더라도, 이 경향은 수긍이 갈 만한 것이었다. 서구 사회에서도 70년대의 학문예비의 원칙에 대한 반발이 있었다. 그리고 '맑스-렌닌주의 철학' 이후, 일반적으로 철학과 함께 제도상 동일시되었고, 단지 철학으로부터 더 많은 것을 알고 싶어 하는 것은 현재 타당한 것으로 여겨지고 있다.

'우리는 더 이상 철학이 아니라 도덕을 원한다'라는 말을 드물지 않게 들을 수 있었다. 실제로 이러한 입장들은 서구에서뿐만 아니라 동구에서도 이미 제도적인 결실을 맺고 있다. 도덕수업은 점점 더 많은 기반을 얻게 되었고 그래서 중등 단계의 새로운 교과목으로서뿐만 아니라 아비투어까지 배워야 하는 교과로 간주되었다. 도덕수업은 철학수업에 대한 선택 교과로써 확장되었다. 정확히 말하자면 여기서 세 가지 변수가 있다.

1. 공공연하게 철학수업과 구분되어(좀 더 극명하게 표현하자면) 계획상으로는 철학적일 수 없는 도덕수업
2. 제도적으로 혹은 명목상 철학수업의 자리를 대신하는 도덕수업이지만 철저히 철학적으로 이해되거나 적어도 철학적인 부분을 떠맡는 도덕수업
3. 가능한 한 많은 철학적 분야, 인간학, 국가철학, 인식론 등등의 분야들을 폭넓게 제공해 주는 철학수업

여기서 실천철학이 중심 주제이면서 양적으로도 대부분을 구성한다는 것은 분명하다. 이 세 가지 선택에서 일련의 공통점, 교차점, 타협이 발견된다. 이를 좀 더 자세히 살펴보기 전에 이 입장들 중의 하나를 분명하게 주장

할 것이고 그에 대한 몇 가지 근거들이 소개될 것이다. 여기서는 세 번째 선택 즉 철학 전반을 도덕교과와 연결하여 다루는 수업이 지지될 것이다. 여기서 나는 김나지움의 상급단계에서의 철학수업에 집중해서 논의하겠다.

철학의 맥락에서의 윤리학

우선 윤리학이 철학의 한 분과를 구성한다는 것은 분명해 보인다. 여기서 논리적 포함관계를 주장하려는 것이 아니라 우선 철학의 내용들을 염두에 둘 것이다. 이 내용 속에는 이미 윤리학이 들어와 있고, 그 내용으로부터 윤리학의 전문적인 철학적 강점들을 얻게 된다.

한편으로 윤리학은 자신의 고유한 전제들을 철학 안에서 가지고 있다. 윤리학이 철학의 분과로써 존재한 이래로 그리고 존재하는 한, 윤리학은 인간학, 국가철학, 역사철학, 인식론 그리고 형이상학의 성과들을 이용해 왔다. 그래서 아리스토텔레스의 윤리학은 그의 자연철학적, 형이상학적 전제들이 없다면 이해 불가능하다. 또한 수업에서 만약 행복이라는 개념이 명확해 져야 한다면 모든 개개의 생명체의 '추구'에 대한 표상을 설명하지 않을 수 없다. 학생이 이러한 윤리적 접근의 특수성을 포괄적으로 이해하려고 한다면 적어도 윤리학과 정치학의 결합이 무시되어져서는 안 될 것이다. 윤리학이 그때그때 근거하고 있는 논증의 관계들에 대한 이런 종류의 언급은 현대 철학에 이르기까지 포기될 수 없는 것이다. 예를 들어 근대 초기의 윤리학이나 혹은 칸트의 윤리학은 최소한의 인식 이론적인 기초를 필요로 한다. 도덕의 이성규칙이 경험으로부터 독립되어 근거될 수 있어야만

한다는 것이 학생들에게 어떻게 이해될 수 있을까? 이외에도 수업에서 후기 계몽주의의 감정의 윤리를 다루고자 하는 사람은 18세기의 인간학이 없다면 시작하지 못할 것이다. 수업에서 도덕의 표상에 대한 역사적인 변화의 문제가 논의되어야만 한다면, 역사철학으로의 윤리적 확장이 학문적인 특정 주제가 되지는 않는다. 현재의 윤리적 입장을 다루는 데 있어서도, 담론윤리에 있어서도, 기본적인 언어철학적, 논리적 전제들이 명확해져야 한다. 이러한 윤리적인 고려, 항상 실현되고 또한 추후에 실현되는 가치 규범들의 정초들이 철학의 다른 분과들의 성과와 방법들과 관계있다는 것이 도출된다. 다른 한편으로는 현대 윤리학이 도덕적 규칙의 특정 문제 영역으로의 적용의 방향 속에서 어떻게 강화되고 있는지가 고찰되어야 한다. 응용 윤리학이 윤리학 전반에 새로운 시사성을 갖도록 도와주고 있다는 것은 과장하지 않아도 분명하다. 이것은 도덕수업에서도 아주 포괄적인 영향을 가져다준다. 왜냐하면 바로 이 구체적인 적용 영역이 도덕교과를 학교에서 매우 매력적인 것으로 만들기 때문이다. 우선 생태 윤리, 환경윤리, 의료윤리, 컴퓨터 윤리, 경제 윤리 등과 같은 응용 윤리의 분야들이 특정한 개별학문들과 관련되어 있다. 그러나 이런 영역의 문제들이 특정한 윤리적 관점에서 판단되어야 한다면, 여기서 이 학문들뿐만 아니라 무엇보다도 그 학문들의 철학적 보편화도 중요한 역할을 하게 된다. 인간학이나 자연 철학과 같은 학문 분야들은 윤리적 규범의 정초보다는 새로운 적용 가능성에 대해 숙고한다. 여기에 두 가지 예가 있다. 복제 의학 내지는 유전자 공학의 문제가 중요하다면 생물학과 의학에 대한 특정한 기본 인식들이 반드시 필요하다. 그렇지만 윤리적-철학적 판단은 인간학적인 문제 제기의 관련을 넘어서서 비록 변화된 조건하에서라도 요청된다. 예를 들면, 인간이 언제부터 존재하기 시작하는가, 인간의 삶과 죽음에 대해서 무엇이 이해되어야만 하는가와 같은 문제제기가 필요하다.

마찬가지로 생태 윤리학이 윤리학과 그 인접 학문과의 도치된 연결을 보여주는 것처럼 보인다. 윤리학이 근본적으로 사회적인 삶의 영역으로 재현될 수 있다면 윤리학은 자연의 대상으로까지 확장되어야 한다. 우리의 기술적인 행위 가능성의 영역이 혹은 지평이 급진적으로 확장되는 정도만큼 우리의 도덕적 책임의 범위도 확장되어야 한다. 또한 이 경우에도 물리학적 화학적 생물학적 진행 과정들에 대한 전문지식만으로는 충분치 않다. 오히려 자연 내지 인간과 자연의 관계에 대한 일반적인 숙고가 부가적으로 물어져야 한다. 여기서 오랫동안 관심을 받지 못했던 자연 철학이 다시 강조되어야 한다는 주장에 대한 근거가 제기된다. 이것은 또한 윤리학이 자연 철학과 다시 결합되어야 하는 적용의 사례이고 게다가 순수 사변적인 동기에서가 아니라 현대 기술의 실천적인 범위의 결과이다. 최근에 윤리학의 정초와 적용의 구분에 대한 회의가 제기되었다. 그 배경에는 구체적인 행위 상황들에 대한 판단에 추상적으로 전제된 도덕적 원칙들이 '응용'될 수 있는가라는 근본적인 문제가 숨겨져 있다. 응용 윤리학의 본래적인 어려움은 바로 요구된 응용에 있다. 이 상황에서부터의 출구는 윤리학이 철학적으로 숙고된 응용 영역과의 상호 작용 속에서 나타난다는 것에 있다. 그래서 기술 발전의 결과로 윤리학의 문제 제기뿐만 아니라 그에 상응하는 해결 시도들이 변할 수 있다는 것을 의미한다. 이것은 윤리학을 고유한 궁극적인 근거로 제한하는 대신에 다시 그와 관계된 실제들의 방향 속으로, 그리고 현실 철학의 방향으로 더 열어 놓는 결과를 가져왔다. 윤리학에 대한 관심은 여전히 남아 있고, 오히려 더 강화되었음에도 불구하고, 윤리학 자체는 그 동안에 철학적인 내용을 재발견하는 다른 윤리학이 되어 버렸다. 내 생각으로는 철학수업이 이러한 전개를 살펴볼 수밖에 없다. 고립된 분과로써의 윤리학 대신에 철학수업은 새로운 철학적인 시도를 열어 놓는다.

주도 분과로서의 윤리학

철학사와 학문사를 전체적으로 조망해 본다면, 다양한 시대적 주도 학문이 있어 왔다는 것을 알 수 있다. 고대에서는 부분적으로는 수학이, 근대에서는 물리학/역학이 그리고 나서 생물학, 최근에는 인공지능학일 것이다. 이와 유사한 과정이 철학사 내에서도 고찰될 수 있다. 고대에서는 실천철학 안에서 아마도 정치학과 윤리학이 주도적인 역할을 했고, 근대 초기에서는 인식론이 전면에 등장하였다. 계몽주의 시대에는 국가철학, 도덕철학과 역사철학이 순서대로 나타났다. 이외에도 계몽주의 시대는 인간학의 시대로 종종 여겨지기도 했다. 마찬가지로 철학사도 낡은 철학적 체계 기획들을 대체해 왔던 것처럼 19세기의 역사주의와 함께 역사학이 중심에 서게 되었다. 내 생각에는 최근에는 윤리학이 철학내에서는 주도 학문의 성격이 되었다(아마도 리델이 실천 철학의 복권을 노력한 이후로). 이에 반해, 이 학문이 새로운 기본 철학이 되어야 한다는 요청을 하지 않는다 하더라도 이에 대해서는 누구도 반대하지 않을 것이다. 그렇지만 윤리학이 자신의 내용을 고립시켜서 독자적인 철학으로 제시할 위험이 있다. 철학자들이 너무 경솔하게 윤리학의 흐름에 올라타고, 그리고 다른 철학 분과들의 기본들을 내던져 버린다면, 실제로 나는 이러한 위험들이 있다고 본다. 교육학 내지 교수학

(Unterrichtswissenschaft) 혹은 교수법은 그들이 손해가 미치지 않는한 항상 교과 학문적인 경향들을 지향해 왔다. 그 때문에 학문으로써의 철학도 학교에서의 교과의 형성에 대하여 어떤 영향을 행사해 왔다는 것도 배제될 수는 없는 것이다. 그래서 나는 윤리학을 제공하면서 철학이라는 교과를 좁혀나가는 것을 시행하거나 혹은 철학 전반을 내기에 거는 것에 대하여 경고하고자 한다. 개별적인 경우들에서 모두 좋은 의도를 가지고 있지만 학교의 실천(Schulpraxis) 과정에서 의도하지 않은 그리고 내가 보기에는 모순된 결과가, 즉 궁극적으로는 윤리학과 철학이 경쟁하게 되는 결과가 드물지 않게 나온다. 철학적인 노력의 의도하지 않은 이러한 부작용은 수업 교과로서의 철학의 간접적이며 제도적인 진로에 불행을 초래할 수 있다.

수업에서의 철학적 방향 설정에 대한 앎

이제 처음의 질문으로 되돌아가 보면, 방향 설정의 위기에 대한 문제나 방향 설정에 대한 앎이 강화될 필요성은 이론의 여지가 없다. 이에 반해 방향 설정의 필요성이 고립된 도덕교과를 통해 적절하게 충족되기는 어려울 것이다. 말한 바와 같이 정치학적, 인간학적, 철학적, 인식론적, 자연철학적 그리고 형이상학적 자원을 가진 세계의 모습, 목표설정, 상호관계에 대한 표상들, 즉 기본 방향 설정들이 물어졌다. 이러한 차원들에서는 그때그때마다 가치 평가가 그 자체로 내포되어 있다. 철학수업이 다음과 같이 포괄적인 제안을 하고 있다.

첫째, 나는 전공과 연관된 논증을 소개한다. 즉 도덕교과가 그 자신의 특정한 강점을 포기하지 않고서는 어떤 것도 가질 수 없다. 철학수업은 여기서 개별 교과들 사이의 학제적인 상호결합의 기회를 대변한다.

둘째, 철학과 전통 철학수업의 전통이 문제화의 기준과 정당화를 보장한다는 교육학적 내지 교수법적 주장이 고려되어야 한다. 도덕수업은 이런 방식으로 새로운 교화의 위험으로부터 보호된다. 그렇지만 "새로운 윤리학" 영역에서도 새로운 근본주의의 위험이 잠재되어 있다.

셋째, 제도적 문제들도 앞에서 언급된 근거들이 된다. 도덕수업이 한편으로는 중등 1단계의 학생들을 위해 시작되고, 아비투어에까지 지속된다면, 총 6년 동안 펼쳐지게 되는데, 특정한 권태로움은 고려하지 않더라도, 피로현상이 있음을 의미하게 된다. 이러한 도덕수업은 적어도 중등 2단계에서는 잡담이나 하는 교과가 될 위험이 나타나게 된다. 다른 한편으로 고등학교에서는 자격 있는 교사들의 교육을 생각해 보아야 한다. 철학연구소는 그에 상응하는 능력과 경험을 가져야 한다.

끝으로 종교수업이나 그것의 대안 교과인 도덕과 철학이 단순한 도덕교육으로써 훨씬 더 광범위하게 자주 가르쳐지고 있다는 것을 상기시키고 싶다. 종교 교과는 항상 이미 특정한 세계관(우주론, 인간상, 미래에 대한 기대 등)을 전달한다. 또한 이런 의미에서 제한된 도덕수업이 종교수업에 대한 완전한 보완이 될 수 없다.

제3장

교수법적 도전으로서의 철학사

텍스트 강독과 대화를 철학수업의 '보완적' 측면으로 이해한다면 이것은 교과교수법 전문가들의 조화의 요청을 표현하는 것뿐만 아니라, 오히려 철학수업의 대화적인 차원을 철학 전통의 수용과 결합시키는 이러한 관점이 철학 교수법적인 담론들이 가지는 특정한 기준들을 보여준다. 왜냐하면 이 두 측면이 약 10여 년 동안 논쟁이 있어 왔다. 한편으로는 유지될 가치가 있는 전통으로서의 학문적 교과가 강조되고, 우선 '고전적인' 텍스트의 강독들이 추천되어졌다.[1] 다른 한편으로는 대화 속에서 자신의 문제들을 숙

---

1 Wulff D. Rehfus, Didaktik der Philosophie, Duesseldorf 1980; Juergen Hengelbrock, "Methodenfragen des Philosophieunterrichts", in: *Philosophie, Beitraege zur Unterrichtspraxis*, 2. Jg.(1980), Heft 2, S. 1 ff.; Ruth Doelle–Oelmueller, "Wie koennen Fragen, Probleme und Problemloesungen der philosophischen Tradition heute in einer neuen Weise im Philosophieunterricht der Schule behandelt werden?", in: *Zeitschrift fuer Didaktik der Philosophie*, 7.

고하고 스스로 철학하는 것을 배운다는 목표와 함께 학생들의 경험과 관심이 전면에 등장하였다.[2]

그러한 논쟁들이 생산적이지 않다는 점이 밝혀지면서 잘못된 대립의 시대가 다행스럽게도 지나갔다. 어느 누구도 양쪽의 한 요소를 포기하고자 하지 않는다. 실제적인 텍스트의 이해가 독자적인 문제화를 전제하고 있는 것처럼 모든 수업의 대화들이 비록 연결될 수 없는 것으로 남아 있을 수 없지만 철학적인 텍스트와의 관련이 언급된다. 실제에서 전에는 서로 배타적인 것처럼 보이는 접근들이 수업 시간의 연속적인 단계 속에서 합의가 표현된다. 그러한 구체적인 연속의 계획을 짤 때 통일성이 나타나게 된다. 모든 저자들은 철학수업에서 3단계의 수업을 옹호한다. 문제 제기의 첫 단계에서 시작하여 텍스트 강독의 두 번째 단계를 지나 세 번째에서는 읽은 것들이 처음의 문제제기와 관련지어지고 더욱 문제화된다.[3]

Jg.(1985), Heft 1, S. 61 ff.

2 Gisela Raupach-Strey, "Philosophie-Unterricht als Interaktion. Zur Praxis des philosophischen Unterrichtsgespraechs", in: *Aufgaben und Wege des Philosophieunterrichts*, 9. Jg.(1977), Heft 1, S. 1 ff.; Ekkehard Martens, *Dialogisch – praegmatische Philosophdidaktik*, Hannover 1979; Peter Heintel, "Fachdidaktik Philosophie", in: *Zeitschrift fuer Didaktik der Philosophie*, 1 Jg.(1979), Heft 1, S. 9 ff.; Herbert Schnaedelbach: "Morbus hermeneuticus – Thesen ueber eine philosophische Krankheit", in: *Zeitschrift fuer Didaktik der Philosophie*, 3. Jg. (1981), Heft 1, S. 3 ff.

3 Ekkehard Martens, *Einfuehrung in die Didaktik der Philosophie*, Darmstadt 1983, S. 76 ff.; Wulff D. Rehfus, *Der Philosophieunterricht*, Stuttgart-Bad Cannstadt 1986, S. 121 ff.; Johannes Rohbeck, "Philosophieunterricht als Problem der Vermittlung", in: Wulff D. Rehfus/ Horst Rohbeck (Hg.), *Handbuch des Philosophieunterrichts*, Duesseldorf 1985, S. 114 f.

체계적인 철학하기와 철학의 역사

그렇지만 문제가 앞에서 말한 절차를 단순한 타협이라고 간주하는데 이전의 원칙에 대한 논쟁들의 배후에 숨어 있는 문제들이 결코 해결되지 않았다. 어쨌든 그것은 실제적인 것으로 미뤄진다. 한편으로는 오래된 텍스트의 형태로 우리에게 나타나는 철학과 다른 한편으로는 숙고와 방향 설정에 대한 실제적인 필요 사이의 변화에 대한 물음, 즉 철학사와 스스로 사유하고 철학해야 한다는 현재의 요청들의 매개에 대한 물음들이 제기된다. 정확하게 이야기하자면 진리의 역사 사이에, 철학과 역사 사이에 궁극적으로 철학사를 다루는 방식은 오늘날 진리로써 타당하다고 여겨지는 것들에 달려있다. 현자의 돌이 발견되었다고 믿는다면 즉 절대적인 진리를 가지고 있다면, 전체 철학사를 이러한 고유한 진리로의 인도로 고찰할 수 있을 것이다. 이런 고찰의 방식은 헤겔의 경우 철학의 역사 속에서 연속적으로 나오는 사유 체계가 절대 이념의 특정 단계들을 구체화한다. 이러한 관계가 철학수업을 통해서 다른 나라 즉 크로체와 겐틸의 신휙일주의가 막대한 영향을 행사하는 이탈리아에서 입증되었다. 여기에서 논의의 중점은 오늘날의 철학하기와 철학 그리고 철학의 역사와의 관계이다. 이러한 전통을 간략하게나마 살펴보려 한다.

헤겔은 철학사에 대한 그의 강의의 도입 부분에서 철학사라는 것이 배운 인식과 끊임없이 변화하는 단순한 의견의 저장고라고 하는 파악을 비판한다. 그 대신 헤겔은 철학과 역사의 관계를 발전으로 보는데, 하나의 보편

이성이 개별적인 표현의 망 속에서 등장하게 된다.[4] 철학과 역사의 이러한 분석에서 헤겔은 다음과 같이 결론짓는다. "역사 속에서의 철학 체계의 연속은 이념의 개념 규정의 논리적인 과정의 연속이라고 나는 주장한다." 그리고 바로 그 뒤에 "역으로 논리적인 전진을 취하게 되면, 그의 주된 계기에 따라 그 안에서 역사적인 현상의 발전을 갖게 된다."[5] 근본적으로 발전은 하나의, 하나의 유일한, 그 자체로 동일한 철학적 체계로의 발전으로 실현된다. "그래서 철학이란 발전하고 있는 체계이다." 이런 방식으로 헤겔은 철학사를 철학으로 다루고 있다.

이에 반해 이러한 헤겔의 개념이 이탈리아로 전수되면서 매우 중요한 변형을 거치게 되는데, 거기에서 철학과 철학사의 관계가 역사의 다른 측면에서 해석되기 때문이다. 겐틸(G. Gentile)은 우선 헤겔의 기본 사유에서 '도치(Umkehrung)'에 주의하여 다음과 같이 쓰고 있다. "역사적인 연속은 사유의 발전 그 자체이다. 그리고 (역사주의의 시대에서) 수업을 주로 철학사에 초점을 맞춘다."[6] 그 프로그램은 이제 철학사로서의 철학 혹은 논쟁적으로 제안하자면 철학의 대체로서의 철학사라고 진술된다. 이러한 불안정한 그리고 비판받는 개념은 (소위 역사적인 타협의 기간 동안에도) 전적으로 이성적

---

4 Georg Wilhelm Friedrich Hegel, Vorlesungen ueber die Geschichte der Philosophie I, in: Ders., **Werke in zwanzig Baenden**, Bd. 18, Red. Eva Moldenhauer u. Karl Markus Michel, Frankfurt/M. 1971, S. 39 참조

5 위의 책., S. 49.

6 Giovanni Gentile, "Il concetto della storia della filosofia", in: **La riforma della dialettica hegeliana e altri scritti**, Messina 1924, S. 147. Wilhelm Windelband, **Lehrbuch der Geschichte der Philosophie**, Tuebingen 1919, S. 7 ff.; ders., "Was ist Philosophie?", in: Ders., **Praeludien. Aufsaetze und Reden zur Philosophie und ihrer Geschichte**, Bd. 1, Tuebingen 1915, S. 1 ff.

인 정치적 기능을 갖게 된다. 철학사를 고수한다는 것은 특정한 다원주의를 보증해 준다. 헤겔에게서 우연히 '변화하는 의견'으로 표현된 것이 긍정적으로는 다원성과 개방성의 원칙을 나타낸다.

철학사를 교수법적으로 다루는 유형

수업에서 철학사를 교수법적으로 다루는 두 가지 유형이 있다. 첫 번째는 헤겔에서처럼 체계화하는 철학사인데 이것은 그것을 하기 위해 필요한 철학적인 통일의 체계가 없어지기 때문에 불필요한 것이다. 두 번째는 이탈리아에서처럼 역사화하는 철학사인데 수업을 위해서는 여전히 문제가 되지 않는 것이다. 그렇지만 세 번째 유형이 여전히 남아 있는데 이것은 근본적으로 처음에 인용된 타협에 숨겨져 있는 것이다. 나는 이것을 실제화의 방법이라고 부르겠다. 이 방법에 의하면 교사는 철학사를 철학적인 텍스트의 저장고로써 고찰하고, 그로부터 주제 난이도 표현의 생생함에 따라서 적절하게 발췌한다. 철학사는 여기서 실제적인 문제 상황을 위한 채석장의 기능을 한다. 과거의 철학적인 진술들은 이런 의미에서 '실제화'된다. 좀 더 자세하게 말하자면 철학사로부터 텍스트의 실제성이 사실적으로 제기된다.

이런 절차가 얼마나 실천적일 수 있느냐는 그것의 숙고적인 측면들을 갖게 되는데, 아직까지는 이에 대해 별로 언급된 바가 없었다. 철학적인 전통에 있는 철학자들이 현재의 철학수업에 참여하는 '대화 상대자'라고 타협의 공식이 진술된다면 이에 대해서 아리스토텔레스나 칸트같은 고전적인 철학자들이 우리의 대화 상대자가 아니라 다른 토론에 참여하는 것이라고 이의를 제기할 수 있다. 그들은 다른 문제에서부터 출발해서 그에 대한 해결책을 제안하는 것이고 직접적으로 우리 문제에 접근하는 것은 아니다. 가장 좋게 말한다 해도 철학의 역사는 항상 반복되는 영원한 존재의 존속으로 환원될 수 있을 것이다. 최악의 경우에는 철학사는 다양한 의견과 삶의 기획들의 어떤 공급처, 혹은 체계적인 사유들을 임의적으로 고를 수 있다고 생각되는 다양한 체계적인 사유의 견본 상자를 설명하는 것이다. 철학적 전통과 실제적인 상황의 번역, 변형 혹은 매개하는데 어려움에 있다. 다음 은 그러한 몇몇 어려운 점들에 대해 말하고자 한다.

1. 이런 문제들은 소위 말하는 고전적인 텍스트에서는 항상 나타나는 게 아니다. 왜냐하면 그에 상응하는 해결책들이 자주 결과에 대한 형식으로만 나타나기 때문이다. 하나의 문제에 대해 다양한 해결 가능성이 존재하는 것처럼 그와 같은 해결책들은 다양한 문제들로부터 출발한다. 하나의 텍스트를 읽는 것이 그에게는 전혀 문제가 되지 않거나 부분적인 근거가 된다고 여겨지는 그런 텍스트를 하나의 물음에 대한 대답으로써 읽는 것이 가능할 수 있다. 철학적인 진술들 속에서 단순한 일상의 물음에 대한 직접적인 대답을 찾는다면 이것이 아마 그러한 경우가 될 것이다. 이런 경우는 특히 철학적인 진술들 속에서 직접적인 대답을 찾거나 다른 문제 제기가 아니라 다른 종류의 문제 제기에 직면하게 될 때가 바로 이런 경우이다. 일상적인 물음을 철학적인 물음으로 형식화하는 것은 일상적인 물음들을 구체적인 이론적인 관계로 변형하는 것을 전제로 하는데, 이러한 관계는 그 자체가 새로운 문제를 야기할 수 있다.

2. 두 번째 어려움은 문제 지향적인 수업을 위해서는 학생들의 실제성이 습관적으로 다음과 같이 기술된다. 그때그때 잘 알려진 철학적인 이론들을 이미 제시된 문제에 '적용되어야 한다'라고 기술이 된다. 여기에도 어려움이 있다. 왜냐하면 학생들의 입장에서 이론을 자기화하는 선행 과정이 제안되어야 하기 때문이다. 원래 철학자의 측면에서 보면 이때 이론을 형성하는 과정이 사라지게 된다. 철학자와 철학하기를 배우는 자들의 활동 형식이 여기서는 일치하지 않는다. 철학자의 활동을 표현하자면 설명의 궁극적인 층위가 다음과 같이 나오게 된다. 철학자들은 논증하고, 추론하고, 입증하고, 비교하고, 평가하고, 수사학적인 방법들을 적용한다. 선행된 문제제기와 해결책에 대한 추구는 텍스트의 표면에 잘 드러나지 않는다. 이런 활동들을 드러내 보이거나 철학하기를 배우는 학생들에게 전달하기 위해서는 철학적인 이론들의 형성을 주제화하는 것이 의미있는 것이라고 생각한다.

3. 철학적인 텍스트에서 '논증들'이 이해되어야 할 때 '균열'들이 분명해지는데, 항상 분명한 것도 아니고 특정한 가정들에 의해 입증된 이 허점들은 자주 나온다. 연역적인 이론들의 경우에는, 그 시작이 분석의 사전 작업을 드러내지는 않는다(예를 들어, 홉스의 경우 자연 상태로부터 사회 상태로의 변화).

4. 이와 마찬가지로 철학적인 '개념'들도 그 자체로 이해되는 경우는 드물다. 다른 전공과 비교해 볼 때, 철학자들은 일상적인 언어(예를 들어

논리적 혹은 근거나 본질과 같은 단어들)를 이용한다. 이것은 철학이 전문 용어를 가지고 있지 않다는 것은 아니다. 그 때문에 철학의 전문 용어적인 성격은 명확하게 드러나지 않는다. 왜냐하면 철학자들은 대체로 신논리학주의를 포기하고 일상 언어의 새로운 의미들을 중시하기 때문이다. 우선 이런 어려움들을 지적인 도식 안에서 개념의 그물을 통해서 극복하려고 노력할 수 있다. 개념들은 그와 같은 철학적 이론들의 다른 개념들과의 복잡한 관계 속에서 제기되고 이를 통해 그것의 전문적인 의미를 획득하게 된다.[7] 그렇지만 그런 개념의 학습에서 내재적인 구조 관련성을 명확하게 함으로써 충분히 극복될 수 없는 여지가 여전히 존재한다.

맥락 속에서의 철학

특정한 철학 이론의 문제나 논증의 과정 그리고 개념들을 체험적으로 이해한다는 것은 그 철학 이론에 담겨 있는 특정한 전제들을 이해해야 한다. 이러한 이해는 그 자체로 이론의 역사를, 그리고 특히 철학자가 구체적으로 출발한 사회적, 문화적 그리고 학문기술적인(wissenschaftlich-technische) 경험들을 가리킨다. 철학한다는 것은 결국 이러한 이론적, 실천적인 경험들을 특정한 목표를 가지고 특정한 방식으로 만들어내는 것이 아닌가? 학생들에게 철학 이론들을 자기화하고 스스로 철학하기를 요구한다면, 이러한 활동은 또한 그에 상응하는 관련된 철학자의 의도나 활동과 관

---

7 이에 대해서 발달심리학이 매우 흥미롭게 제시하고 있다: Hans Aebli, **Denken: Das Ordnen des Tuns**, Stuttgart 1981; Karel v.d. Leeuw/Peter Mostert, **Philosophieren Lehren**, Delft 1988.

련되어야 한다. 그리고 철학사가 철학수업의 분명한 대상을 구성하는 게 아니라 철학자가 다루었던 그리고 우리가 지금 다뤄야 하는 것을 구성하는 것이라면, 그것은 두 측면 모두에게 이러한 연결을 고려해야 한다는 것에 달려 있다. 우리 학생들의(일상적인 삶에서뿐만 아니라 개별 학문들의 수업에서 갖게 되는 경험들의) 생활세계는 관련된 철학자들의 생활 및 경험세계를 통해 보완되어야 한다. 여기서 제안될 수 있는 '맥락 속에서의 철학'이다.

이외에도 철학사를 이렇게 고려하는 것에 대한 학습이론적 근거를 살펴보자. 철학수업의 중심적인 학습목표가 철학을 단지 골동품적인 관심으로 알고자하는 것이 아니라 스스로 철학하기를 배우는 것에 있다면, 완성된 사유의 체계나 닫혀진 체계로 종종 나타나는 철학을 과정과 활동으로 풀어내야 하며, 더 나아가 학생들이 능동적으로 체험하고 받아들일 수 있는 활동으로까지 풀어내야 한다. 그래서 처음에 나는 "철학이 무엇인가?"라고 묻지 않고, 대신에 "철학자가 무엇을 하는가? 혹은 철학자들이 무엇을 하였는가?", 그리고 "지금 학생들이 철학적으로 사유하는 것을 배우기 위해서 무엇을 해야 하는가?"라고 묻는다. 왜냐하면 철학수업에서는 스스로 사유하는 것(das Selber-Denken)이 칸트가 주장하는 바 대로 중요하기 때문이다. 자주 주장되는 것처럼 철학사의 학습과 철학하기의 학습이 서로 대립되는 것이 아니라, '역사'와 관련시키는 것이 과정이나 활동에서 철학의 변형에 기여할 수 있고 적어도 변증론적인 관점에서 그러한 전환을 위한 힌트가 될 것이다.

이야기로 철학하기

역사적인 맥락을 철학수업에 포함시키는데 도움이 될 수 있는 여러 방법들이 생각될 수 있다.

1. 철학자들은 자기 사유의 이론적, 실천적 환경을 묘사하거나 자기 사유의 유래와 의도를 이야기하는 글을 쓰게 마련이다.[8] 이런 경우에는 (특별한 노력이 없어도) 텍스트 선택의 경향을 통해 분명한 수용, 전승 그리고 구분이라는 형식으로 이전 역사에 대한 통시대적인 관련과 당대의 문화와 학문에 대한 동시대적인 관련을 이용하여 발생론적 측면을 강조하는 것이 가능하다. 이런 방식으로 철학자를 서재에서 혹은 어깨 너머로나마 볼 수 있다〔예를 들면 데카르트의 경우 방법서설, 홉스의 경우는 시민에 대하여(De Cive)나 베헤모스(Behemoth)에 나오는 "독자를 위한 서문(das Vorwort an die Leser)", 샤프츠베리에 대해서는 만드빌(Mandevilles)의 반박, 튀르고(Turgot)의 역사철학과 대립된 루소의 두 번째 담론(Discourse), 칸트의 도덕형이상학원론, 후설의 위기 논문(Krisis-Aufsatz) 등등을 소급(Rueckbezuege), 전수(Uebergaenge) 그리고 대립(Kontroversen)시키고, 그리고 어느 정도 철학사에서 애매하지만 잘 알려진 저작들을 중심으로〕. 이런 관련성은 학생들 스스로 학습할 수 있는 적절한 추가적인 재료들로 보완될 수 있다.

2. 교사는 중요한 이론적 내용들을 다루지 않으면서 철학 이론의 발생

---

8 이 책의 "수업에서 철학하기의 문학적 형식" 참조.

사를 이야기하거나, 그에 상응하는 설명들로 소급해 가는 것에 대하여 부끄러워해서는 안 된다[예컨대 봐이쉐델(W. Weischedel)의 『철학의 뒷 계단』, Die philosophische Hintertreppe]. 소위 안내서들을 살펴볼 때 이런 방식이 매우 동기를 부여할 수 있다(보다 새로운 이야기 대화가 다시 내러티브적 이야기의 관점들을 제기한다). Ceram이 쓴 "『Goetter』, 『Graeber und Gelehrte』"*라는 책이 무엇보다도 큰 성공을 이룬 것은 바로 결과로서의 학문이 아니라 발생사로서의 학문으로 전달되었기 때문이다. 철학수업에서 '내러티브적 철학'의 요소들이 들어오게 되면 철학수업이 풍부해질 것이다.

3. 여기서 제안된 구체적인 수업에서처럼, 철학이론의 역사적인 전제들이 단지 외부에 남아있어서는 안 된다.[9] 여기서 '매개(Vermittlung)'라는 용어는 철학 외적인 경험과 철학적인 이론형성의 결합이 명확히 되는 계기, 즉 외적인 전제들이 이론의 내적 조건들로 전환되는 것을 이해할 수 있게 되는 계기를 의미한다. 그래서 앞에서 언급된 철학 외적인 경험과 철학적인 이론 형성을 매개해주는 중간 부분을 찾아야 한다. 매개기능을 특정한 도식(Schemata), 행위 구조 내지 사유 구조라고 간주하는데, 이것을 여기서 모델(Modelle)이라 부르겠다. 이 것은 일상적인 경험과 학문적인 경험에서 찾아질 수 있을 뿐만 아니

---

9 이에 대해서는 Rohbeck, "Philosophieunterricht als Problem der Vermittlung", a.a.O. (Anm. 3), S. 119ff., "Begriff–Beispiel–Modell", in X 참조.Zeitschrift fuer Didaktik der Philosophie, 7. Jg.(1985), Heft 1, S. 26ff., "Politische Aufklaerung und Moralerziehung", "Proto–Philosophie" in diesem Band, S. 23–27, 109f. 참조.

* 【역자 주】『낭만적인 고고학 산책』, 안경숙 옮김, 2014년, 대원사.

라 철학의 기본적인 요인을 형성하는데도 매우 적절하다. 이것은 어느 정도 '실제적인' 모델에서 출발하는데, 이것은 우선 아주 다른 실천적인 내지 개별학문의 목적에 기여할 수 있고, 철학이론들과 관련해서는 일반적인 구조의 대표가 된다.

이 개념을 여기서 살펴볼 몇 가지 예를 들어 설명하고자 한다. 사회계약의 철학 이론에서는 계약이 내가 설명한 모델유형(Modelltyp)이 된다. 그렇다면 홉스, 로크나 루소같은 계약론자들이 무엇을 할까? 이들은 자신들이 살았던 경험세계로부터 특정 모델을, 그리고 이 경우에는 행위의 모범을 생각해 내고, 이 모델이나 모범을 특정한 역사적 상황에서 본질적인 것으로 간주하고, 계약을 체계적인 사회철학적인 기획의 중심으로 삼은 것이다. 오늘날까지 계약모델은 사회철학에서 역할을 수행한다(롤즈의 윤리학에서처럼). 계약에 대한 대안으로 사회철학자들은 분업(경제학)모델, 가정모델, 사회모델 그리고 집단모델(사회학적인 의미에서)을 기반으로 한다. (계몽의) 역사철학에서는 '역사적 지도(historische Landkarte)'와 기술과 과학의 '진보'가, 기술형태적 모델(technomorphe Modell)이 중요했던 것처럼, 중요하다. 한동안 기계(예를 들어 시계)가 우주론에서는 우주의 기본적인 모델의 표상으로(시계로서의 세계), 인간학에서도(기계로서의 인간), 그리고 국가철학(기계로서의 국가)에서도 기능했다. 자연철학의 경우에서도 기계론 모델뿐만 아니라 유기체모델, 그리고 타 영역으로의 모델전이의 시도들이 있다. 인식론의 경우에서도 오랫동안 수학(유클리드적 기하학과 분석)과 자연과학(실험)이 지배적인 주도 표상이었다. 현재에는 사이버네틱스 모델과 진화모델이 영향력을 행사하고 있다.

모델과 모델변환(은유 Metapher)의 이런 종류의 예시들은 수업에서 추상적인 개념에 대한 체험적인 가시화에만 기여하는 것은 아니다. 더 나아가 이 모델 자체가 개념 형성적 기능을 가지고 있다. 여기서 학습의 본질적인 부분은 모델의 이러한 변형을 수행하는 데 있다. 그렇다면 이것이 어떻게 가능한가? 교사가 개념뿐만 아니라 이런 모델을 철학의 특정한 사유수단으로 이용하고 그것의 이론적(이 경우에는 사변적) 가능성들을 철학적인 관점에서 충분히 이용함으로써 가능하다. 일상적인 구매계약의 예시에서 사회계약의 철학적 이론의 특정한 의미와 전제들이 발견될 수 있다(계약이라는 주제는 역사적인 자료들 외에도 또한 풍부한 기회, 고유한 경험들을 선택할 수 있다). 기계(시계)의 예시는 일반화할 수 있는 구조 특징들을 찾을 때 (동시대적인) 삽화를 이용할 수 있는 기회를 제공한다. "이론적인 가능성을 충분히 이용한다"는 표현은 확장과 제한을 동시에 의미한다. 우선 그런 모델은 새로운 사유가능성을 열어주면서 다른 한편으로는 비판과 극복을 요청하는 한계를 정하기 때문이다.

이런 주장의 기본적인 생각은 계통발생과 존재발생(철학사와 학습사)간의 차이를 혼동하는 것이 아니라 특정한 철학 이론을 형성할 때 역할을 한 그런 경험과 전제들을 주제화해서(어떤 의미에서는 작동시켜서) 이 이론들이 더 잘 이해될 수 있게 하자는 것이다. 철학 교수법에서는 학습의 전개를 위한 발생을 고려해야 한다. 그리고 가능하다면 특정 텍스트가 쓰여진 역사적 상황에서 수단이었던 것을 오늘날의 수업에서 이 이론을 전달하기 위해 사용해야 한다. 여기서 목표는 철학 외적인 것으로부터 철학적인 일반화로 변형하는 것이고, 여기서는 전달과 경계 초월이 중요하다.

제4장

철학수업과 도덕수업의 방법

철학에서는 방법들이 근본적인 역할을 수행한다. 철학이 잘 알려져 있는 것처럼 자신만의 고유한 어떠한 대상도 가질 수 없기 때문에, 숙고를 철학적인 것이라고 여길 수 있는 방식이 매우 중요하다. 학생들에게 철학이 정말 무엇인지를 알게 하고 싶어 한다면 다른 교과들과 유사하게 내용을 언급하려 하지 말고 오히려 철학하기의 특정한 방법을 설명해주어야 한다. 일반적으로 말해서 방법은 특정한 이론적인 목적에 도달하기 위한 사유의 수단, 대체로 철학하기 활동의 구조적 특징이나 처리 규칙의 형식으로 나타난다. 그리고 철학이 다양한 사유 경향이나 흐름 속에서 세분화되어 있으므로 이 방법들은 철학의 방향에 따라 다양하게 나눠진다.[1]

---

1 Wolfgang Stegmueller, *Haupstroemungen der Gegenwartsphilosophie*, 4 Bde., Stuttgart

방법이라는 개념을 철학과 도덕 교수법 안에서 체계화하려 한다면, 일련의 세분화가 필요하다.[2] 수업방식(Methoden des Unterrichts)에 대해서 말한다면, 대체로 다양한 수업운영방식(Verfahrensweise)을 말할 것이다. 이를테면 수업대화, 교재분석, 개념분석과 적용, 논증 분석과 논증 학습, 사유실험의 이해와 구성, 보기의 정리, 도서관 검색, 전문가 설문, 인터넷 검색, 글쓰기, 영화와 그림 찾기, 영상을 통한 설명과 역할놀이 등이 여기에 속할 것이다. 이러한 수업의 방식들이 다양한 수준에서 작동한다는 생각은 이미 입증되었다. 학습기술, 사회형식, 매체 그리고 사유 방법들이 혼합되어 있다. 그래서 여기서는 몇 가지를 구분하려고 한다. 물론 이것을 그 자체의 목적으로 이해하는 것이 아니라 이중적인 교수법적 의도와 연결 짓는 것으로 이해하고자 한다. 한편으로는 교과에 특수한 철학하기의 방법이 보다 강하게 강조되어야 한다. 다른 한편으로는 방법 유형에 대한 구분이 수업 방법을 다양하게 해줄 새로운 결합이 가능하게 해준다. 이러한 배경에는 철학수업이나 도덕수업을 다양하게 구성하고자 하는 실천지향적인 목적이 놓여 있다.

우선 철학하기가 수업에서 상이한 매체로 실현되는데, 여기에는 무엇보다도 철학 교재의 읽기, 철학적 대화 그리고 자기 글쓰기가 속해 있다. 교과에 특수한 방법을 보다 잘 구분할 수 있기 위해서 그러한 매체적 방법과

1987–89; Kurt Wuchterl, *Methoden der Gegenwartsphilosophie*, Bern, Stuttgart, Wien 1999; Ferdinand Fellmann, *Orientierung Philosophie*, Reinbeck 1998, S. 81 ff. 참조.

2 이에 대해서는 Johannes Rohbeck, "Fachdidaktik Philosophie und Ethik", in: Ingrid Weber u.a. (Hg.), *Wege der Vernunft*, Frankfurt/M. 1999, S. 224 ff. 참조.

철학적 방법을 자세히 구분할 것이다.

그렇지만 무엇이 철학하기의 방법일까? 이 물음에 답하기 위해서 다시 한 번 더 철학의 일반적인 방법과 특수한 방법을 구분한다. 일반적인 방법은 앞에서 언급된 매체를 통해 실현되는 것뿐만 아니라 철학적인 사유 경향들의 근저에 놓여 있는 것이다. 여기에는 무엇보다도 개념 정의와 논증이 속한다. 그렇지만 이것은 다양한 방향 안에서 그때그때 특수한 방식으로 일어나게 된다. 그래서 이런 맥락에서 철학적인 사유 경향의 특수한 방법이라고 부른다.

철학수업의 매체들

독일의 철학 교수법에서 첫 번째이자 지금까지 유일한 논쟁은 방법론적인 문제에서 불붙었다. 그것은 특정한 내용에 대한 것이 아니라 수업에서 철학적인 전통에서 나오는 '고전적인' 텍스트를 읽게 해야 하는지 혹은 학생들의 현실적인 경험과 관심이 자유로운 수업대화의 주제가 되어야 하는지에 대한 물음에 대한 것이다.[3] 그동안 원칙에 대한 논쟁 대신에 실용적인 'A는 물론이고 B도(Sowohl-als-Auch)'가 들어섰다. 개개의 철학수업은 학생들의 방향 설정에 대한 필요에서부터 시작하고, 철학적인 텍스트의 도

---

3 Gisela Raupach-Strey, "Philosophieunterricht als Interaktion", in: *Aufgaben und Wege des Philosophieunterrichts*, 9. Jg.(1977), Heft 10, S. 1 ff.; Ekkehard Martens, *Dialogisch - pramatische Philosophiedidaktik*, Hannover 1979; Wulff D. Rehfus, *Didaktik der Philosophie*, Duesseldorf 1980.

움으로 다시금 출발 질문에 직면하게 되는 해결책을 찾으려 한다. 이것은 교과교수법의 연구를 위해서는 다음과 같은 결과를 가져오는데, 여기서 진행되는 수업의 단계들이 이제는 더 이상 극단으로가 아니라 특정 연구를 필요로 하는 다양한 과제의 영역들로 다뤄져야 한다. 텍스트강독의 방법과 수업대화의 방법을 따로따로 만들어야 하고, 그리고 나서 서로 관련지어서 대화로부터 텍스트로 그리고 그 반대 방향으로의 이행 그리고 일상의 이해로부터 철학적인 이론 형성으로의 이행이 이해될 수 있다.

보다 자세하게 고찰해보면 이 방법들은 여기서 수업의 매체(Medien)라고 부를 수 있는 측면에서 서로 관련된다. 매체들은 간단히 말해서 의사소통 수단이라고 생각할 수 있다. 그렇지만 매체들은 수단적 기능이 아니라 전달되는 것들에 대하여 고유한 작용을 행사한다. 철학적인 사유가 그것의 의미를 변경할 수 있다 할지라도 철학적인 사유가 말로 혹은 글로 표현될 때마다 그것이 논문이나 글의 맥락에 있다면, 다시 한 번 더 글 안에서 표현된다. 이것이 철학수업을 위해서 성과 없는 것은 아니다.

텍스트와 대화의 우선성에 대하여 논쟁한다면 언급된 논쟁이 궁극적으로 매체적인 측면을 갖는다는 것을 분명히 우연이 아니다. 왜냐하면 인쇄된 고전 텍스트는 전통적으로 철학수업의 중심에 있었다. 이에 반해 그 이후에는 학습자에게 자신의 질문과 대답을 위한 보다 많은 자유공간을 마련하기 위해 텍스트에 의존하지 않는 대화가 중심이 되었다. 최근에는 철학교수법에서조차도, 자신의 1차 텍스트 쓰기이든 아니면 기존 텍스트의 다시 쓰기이든, 쓰기가 추가되고 있다.[4] 국어 교수법으로부터 자극을 받은[5] 이런 절차는 철학 교수법에서 철학수업의 주목할 만한 확장으로 이끈다. 읽기, 말하기 그리고 쓰기는 이제 철학수업의 본질적인 매체이다.

1. 텍스트 읽기

철학 텍스트의 읽기는 철학과 도덕수업에서 반드시 필요한 부분이다. 학생은 대개는 스스로는 생각할 수 없는 새로운 사유에 직면하게 된다. 학생들에게 매력적인 부분이면서 수업을 흥미롭게 만드는 것이 바로 이러한 새로움이다. 이와 달리 교사는 학생의 사유의 지평을 확장시켜줄 의무가 있다. 익숙하지 않은 그래서 불편한 문제제기와 놀랄 만한 해결책들이 여기에 속한다. 이외에도 철학수업이 학문 분야로서의 철학을 그대로 복사하지 않을 때 비로소 철학수업이라고 주장할 수 있다. 통속적인 표현의 언론의 성공이 철학사에 대한 관심이 어떻게 확산되어 있는지를 입증해준다. 또한 학교의 교육임무는 철학사를 전달할 것을 명한다. 궁극적으로 문화적 전통에 대한 정당한 참여가 중요하다.

철학 텍스트는 대개 포괄적이고 체계적인 논문의 형식으로 우리에게

---

4 Helmut Engels, "Plaedoyer fuer das Schreiben von Primaertexten", in: *Zeitschrift fuer Didaktik der Philsophie und Ethik*, 15. Jg.(1993), Heft 4, S. 250 ff.; Lutz von Werder, *Lehrbuch des kreativen Schreibens*, Berlin 1996; 이에 대해서는 *Zeitschrift fuerDidak tik der Philsophie und Ethik*, 21. Jg.(1999)의 "Montaigne"를 참조.; Volker Steenblock, "Plaudern, Umschreiben, Faszinationsinszenierung", in: *Ethik und Unterricht*, 10. Jg.(1999), Heft 3, S. 43.

5 Gerhard Haas/Wolgang Menzel/Kaspar H. Spinner, " Handlungs- und produktionsorientierter Literaturunterricht", in: *Praxis Deutsch*(1994), Heft 123, S. 17 ff.; Daniela Caspari, *Kreative Verfahren im fremdsprachlichen Literaturunterricht*, Berlin 1995.

제시된다. 논문에서 부분들을 선택하는 것은 맥락에 대한 근본적인 이해가 결여되어 있기 때문에 항상 문제가 있다. 역으로 긴 텍스트는 수업시간에 활용하기 어렵다. 그래서 보완할 대안에 대한 물음이 제기된다.

이미 소크라테스적 대화는 혼합된 형태인데, 이것 자체가 말하기와 쓰기가 고유한 방식으로 서로 결합되어 있기 때문이다. 그리고 이 대화가 글로 된 기록이지만 대화의 실현은 사유의 흐름에 생명력을 불어넣어준다. 그렇지만 결론적인 대답이 주어지지 않아도 되는가에 대한 물음이 제기된다. 해결되기 어려운 결말은 생각을 자극한다. 그렇게 쓰여진 대화를 읽는다면 수업의 대화로의 이행이 쉬워진다.

또 다른 대안은 철학적인 글이다. 이것은 수업에서의 읽기를 위해 잘 쓰이고 비교적 이해될 수 있다는 장점을 가진다. 이것은 생활세계적인 주제를 다루는데, 학생들이 직접 고른 주제이다. 흥미롭고 도전적인 주제에 대해 자발적으로 논의된다. 주관적인 관점이 여기서는 자신의 입장을 가질 수 있게 해준다. 그래서 이것은 설명과 논증, 대화와 논문, 그리고 회의와 체계 사이에서 왔다 갔다 한다. 이러한 예를 몽테뉴(Montaigne)가 어떻게 쓰기가 숙고될 수 있는지[6], 그래서 자기 글의 작성을 위한 가교가 되는지를 보여준다.

---

6 Johannes Rohbeck, "Montaigne ueberschreiben", in: *Zeitschrift fuer Didaktik der Philosophie und Ethik*, 21. Jg.(1999), Heft 2, S. 86 ff.

"나는 누구일까?"라는 물음을 중심으로 다루는 글에서 몽테뉴의 예는 다른 문학 장르, 즉 자서전적인 이야기를 제시한다.[7] 이것은 데카르트의 방법서설, 아우구스티누스나 루소의 고백록에서처럼 다른 저자들에게서도 찾아질 수 있다. 여기서 저자는 자기가 어떻게 철학하는지를 설명한다. 여기서 그 당시의 삶의 상황을 이해할 뿐만 아니라 이론적인 작업의 배경과 동기를 이해할 수 있다. 어떤 사유의 습관으로부터 저자가 벗어나고 싶어 했는지 그리고 어떤 대안적인 전통과 연결하고 싶었는지가 분명해진다면, 문제 상황을 살펴볼 수 있을 것이다. 이외에도 철학하기의 내러티브적 형식은 실감있게 체험할 수 있는 특별할 가능성을 제공해준다.

주관적으로 그리고 의사소통적으로 쓰인 편지들도 철학수업에 적절하다. 편지도 대화의 쓰기 형식을 보여주며, 대화 상대자의 시간과 장소에 따라 다양해지기 때문에 보다 복잡한 소통구조를 가지고 있다. 이것은 친밀한 근접성 그리고 거리를 둔 성찰을 동시에 가능하게 해준다. 최근에 이런 종류의 많은 서신 교환들이 출판되었고, 이에 맞는 자료를 쉽게 찾을 수 있게 되었다. 다수의 저자들이 편지를 문체의 수단이나 숙고의 매체로 발견하게 되었고, 자신의 철학을 편지의 형식으로 쓰기도 한다. 예를 들어 디드로(Denis Diderot)의 '맹인에게 쓴 편지(Briefe an einen Blinden)'는 스스로를 계몽하는 계몽주의의 인상적인 자료이다. 이러한 종류의 편지는 대화와 논문 사이에서 왔다 갔다 하게 된다.

---

7 이에 대해서는 이 책의 "수업에서 철학하기의 문학적 형식" 참조.

전통적인 매체인 말하기와 쓰기 사이에 놓여 있는 텍스트 형식이 중요하다. 이런 근거로 인해서 수업의 대화에서 텍스트 읽기로 그리고 그 반대의 방향을 형성하는데 이러한 텍스트 형식이 매우 유용하다. 이런 주변적인 종류가 수단의 지위를 갖게 되고 단계들을 매개하는 데 기여할 수 있다.[8] 여기서 철학과 문학의 관계만 요청되는 것은 아니며, 철학적인 텍스트의 문학적 형태가 교수법적 계획을 도와준다.

철학적인 텍스트들도 그 자체로 이해되지는 않는다.[9] 철학에 의해 부분적으로 제공되는 방법적인 도움이 필요하다. 이런 관점에서 지난 20여 년간의 교수법을 돌이켜보면, '객관적인' 텍스트 이해가 지배적이었다는 것이 두드러진다.[10] 저자가 의도한 것 그리고 그것이 텍스트에서 표현되는 방법이 이해되어야 한다. 이에 대해서 특정한 절차의 양식이 역할을 수행한다. 우선 그 안에 숨어 있는 진술들을 이해하기 위해서는 어려운 단어들을 확인하고 복잡한 문장구성을 이해해야 한다. 텍스트에서 말해진 것을 명료하게 이해한다면 해석하는 작업이 시작될 수 있으며, 이것은 대체로 세 가지 단계로 이뤄진다. 첫째, 본질적인 철학적 개념들이 명확해지고, 둘째, 논

---

8 Lieslotte Steinbruegge, "Grenzgaenge. Texte zwischen Alltagskommunikation und Literatur", in: *Fremdsprachenunterricht*(1996), Heft 3, S. 195 ff.

9 이 책의 "텍스트를 읽는 열 가지 방법" 참조.

10 이것은 특히 Reinhardt Brandt, *Die Interpretation philosophischer Werke. Eine Einfuehrung in das Studium antiker und neuzeitlicher Philosophie*, Stuttgart–Bad Cannstadt 1984; 이와 연결되어 Wulff D. Rehfus, *Der Philosophieunterricht. Kritik der Kommunikationsdidaktik und unterrichtspraktischer Leitfaden*, Stuttgart–Bad Cannstadt 1986, S. 121 ff., insbes. S. 129; 이와 유사하게 Lothar Ridder, "Textarbeit im Philosophieunterricht aus hermeneutisch–intentionalistischer Sicht am Beispiel des Homo–Satzes von Protagoras", in: *Zeitschrift fuer Didaktik der Philosophie und Ethik*, 21. Jg.(1999), Heft 2, S. 124 ff.

중의 흐름을 재구성하고, 셋째, 비판과 판단이 이뤄진다.

학생이 정확하게 읽도록 가르치는 것이 얼마나 옳은지 그리고 자신의 의견을 일단 유보하고 텍스트에 관여한다는 것이 의미하는 것으로 인해 해석의 가능성이 아직은 고갈되지 않는다. 철학적 해석학에 따르면, 독자는 읽기를 적절하게 각인하고 텍스트를 읽는 과정에서 변경되는 특정한 전이해(Vorverstaendnis)를 갖는다. 확산되는 의미의 지평들이 결합되어야 텍스트에 대한 심오한 이해가 생겨난다. 이로부터 수업에서는 학생의 '주관적인' 관점이 작동하고 생산적인 역할이 읽기에서 자극된다. 그러한 '지평 융합(Horizontverschmelzung)'에 도달하려면 전이해(Vorverstaendnis)와 나중에 획득된 텍스트 이해가 분명해져야 하고 서로 대면해야 한다. 글에 고착된 '읽기-기대(Lese-Erwartung)'가 '읽기-경험(Lese-Erfahrung)'과 비교되어야 한다. 기대와 읽기의 대면은 동일한 텍스트 안에서 반복될 수 있고, 절이나 장을 읽은 후 어떻게 작동하는지를 새롭게 물어봐야 한다.[11] 유예된 읽기의 방법은 전이해와 이해 사이의 긴장을 생산하고 이를 통해 양쪽의 매개를 숙고하게 해준다.

2. 수업 대화(Unterrichtsgespraech)

철학적인 사유를 하려면 자신의 사유를 전개할 수 있는 물음과 대답의 지평이 필요하다. 특정한 인식의 목적이 물음을 통해 전개되는 의도된 수

---

11 Hans Hunfeld, *Literatur als Sprachlehre. Ansaetze eines hermeneutisch orientierten Fremdsprachenunterricht*, Berlin 1990; ders., *Die Normalitaet des Fremden. Vierundzwanzig Briefe an eine Sprachlehrerin*, Waldsteinberg 1998.

업 대화는 상당히 교사 중심적이다. 학생들이 다른 사람의 도움이 없이 공부하기 어려운 주제가 설정된다면, 이러한 대화형식이 포기될 수는 없다. 학생들이 이해하고 해결할 수 있는 문제들이라면 자유로운 철학적 대화가 적절하다. 이를 혼합한 형태가 물음을 통해 전개되는 교사의 대화유도가 텍스트를 지향하는 수업 대화이다. 철학적 대화의 실천적으로 입증된 형태를 넘어서서 철학사에서 수업시간에 다시 불러내올 만한 다양한 모범들이 있다.

수업 대화를 위한 '고전적인' 철학적 패러다임은 의심할 여지없이 소크라테스의 대화인데, 그 방법은 수업을 위해 가장 최선이다.[12] 물론 잘 알다시피 그와 필적할 만한 대화상대자를 만날 수 없다는 점에서 소크라테스의 대화형식이 갖는 오늘날의 매력도는 근본적인 변화를 가져올 지속적인 발전보다는 떨어질 것이다. 우선 진리 발견의 이상이 바뀌었다. 플라톤의 이데아론을 근대 인식론으로 바꿔놓고 이를 통해 참여자의 기여를 새롭게 정의한 것이 바로 신칸트주의였다. 대화 속에서 인식이 공통으로 생겨나지만, 이는 물론 계몽의 역사적 시대의 의미에서 조차도 확실하며, 이로 인해

---

12 Leonard Nelson, "Die sokratische Methode", in: Ders., *Gesammelte Schriften*, Bd. 1, Hamburg 1970, S. 271 ff.; Gustav Heckmann, *Das sokratische Gespraech. Erfahrungen in philosophischen Hochschulseminaren*, Hannover 1981; Martens, *Dialogisch – pragmatische Philosophiedidaktik*, a.a.O.(Anm. 4), S. 36ff.; Juergen Mittelstrass, "Das philosophische Lehrgespraech", in: Wulff D. Rehfus/Horst Becker(Hg.), *Handbuch des Philosophie – Unterrichts*, Duesseldorf 1986, S. 242 ff.; Gisela Raupach–Strey, "Werkstatt–Reflexion aus Leiterin–Perspektive zu einem unvollendeten Sokratischen Gespraech", in: *Zeitschrift fuer Didaktik der Philosophie*, II. Jg.(1989), Heft 1, S. 32 ff.; Detlef Horster, *Das Sokratische Gespraech in Theorie und Praxis*, Opladen 1994; Ute Siebert, *Das sokratische Gespraech. Darstellung seiner Geschichte und Methode*, Kassel 1996.

보편타당한 진리가 가능하고 또 바랄 만한 가치가 있는 것으로 간주되었다.

실용적인 전환의 과정에서 하나의 진리로부터 대화를 통해 형성된 합의가 이뤄진다. 그리고 '자유로운 대화'의 이념 이래로 대화상대자의 동등한 권리가 중시되었고, 그래서 대화를 이끄는 자가 최대한 뒤로 물러나고 집단에서 나온 모든 표현들이 타당한 것으로 되었다. 20년이 지난 오늘에도 지금 교사에게 많은 교과권위가 인정되지 않았다. 추구된 합의가 실제로 그렇게 긴급한 것이었는지에 대해 물어야 한다. 이에 반해 숙고된 이견(Dissens)의 모델도 인정될 수 있다. 항상 수업 목표는 그때그때 상이한 생각을 이해하고 인내하는 것과 연결된다. 관용을 길러주는 그렇게 이해된 이견은 화해를 위해 일치된 합의보다 윤리적이지 못한 것은 아니다.

한걸음 더 나아가서 철학적인 전통에서는 교수법적인 유용성이 검증되어야 할 또 다른 형식이 있다. 중세의 철학적인 대화도 철학수업에 전승될 수 있는 의사소통구조로 구성되어 있다. 소크라테스 – 플라톤적인 대화는 중세에서도 유명한 것은 아니었다. 인상적인 모범이 없기 때문에, 중세의 철학자들은 자신들에게 적절한 대화형식을 새롭게 고안해냈다. 여기서 비교적 많이 보존되고 있는[13] 쓰여진 대화와 대학에서 제도화되었던[14] 논쟁의 토론법을 구분해야 한다. 이 두 유형은 주목할만한 변형을 가지고 있으며, 그래서 교수법적 관점에서 흥미롭다.

---

13 Klaus Jacobi(Hg.), *Gespraeche lesen. Philosophische Dialoge im Mittelalter*, Tuebingen 1999.

14 Peter Schulthess/Ruedi Imbach, *Die Philosophie im lateinischen Mittelalter*, Zuerich, Duesseldorf 1996, S. 151 ff.

쓰여진 대화(geschriebener Dialog)가 개별적으로 매우 다양해도 수업 대화에 자극을 줄 수 있는 일반적인 특징을 확인해볼 수 있다. 우선 그리스도교인, 유대교인, 비그리스도교인이나 철학자가 참여하는 가상적인 대화가 있다. 유사한 대화가 철학수업에서 변경된 역할로 실연될 수 있다. 이와 달리 저자가 스승으로 등장하는 스승과 제자간의 대화형식이 있다. 그렇지만 여기서 구성되는 대화의 불균형은 몇몇 경우에서는 그 역이 된다. 아는 자가 대화의 흐름을 규정한다는 것은 여러 경우 중에 하나일 뿐이다. 상황은 다음과 같다. 제자가 물어보고 대화의 시작을 규정한다. 그래서 두 가지 불균형, 즉 통찰의 불균형과 행동의 불균형이 서로 반대로 발생하게 된다.[15] 교사는 학생에게 물음을 제기하는 것을 가르치고, 능동적인 숙고된 행위를 하도록 학생을 길러준다.

이와 마찬가지로 중세의 논쟁(Disputation)도 수업 대화를 위해 긴장감 있는 대안을 제공한다. 소크라테스의 대화에서는 같은 생각을 가진 친구들과 함께 진리를 얻기 위해 노력하는 반면에 논쟁은 시합의 경쟁과 비유된다.[16] 하나의 주제가 제기되고 공격에 대해 방어한다. 여기서 논증은 찬반으로 양극화되고 첨예화되는데, 이것은 매우 유용할 수 있다. 대중들은 경청하고 누가 더 잘 논증하고 이런 의미에서 이겼는지를 결정한다. 이 경우에도 이 형식의 여러 변형들이 있다. 첫째, 교사는 짧은 어떤 글에서 학생에 의한 이의제기를 통해 문제가 제기될 수 있는 주제를 제시한다. 그러

---

15 Jacobi, "Einleitung", in: Ders.,(Hg.), **Gespraeche lesen**, a.a.O.(Anm. 14), S. 16 f.

16 Schulthess/Imbach, **Die Philosophie im lateinischen Mittelalter**, a.a.O.(Anm. 15), S. 152.

면 교사는 한 번 더 응답할 기회를 갖는다(quaestio disputata). 이와 달리 학생은 교사를 어려움에 빠지게 할 수 있는 불편한 물음을 던진다(quaestiones quodlibetates). 오늘날 학교에서는 논문의 '방어'가 다시 시행되고 있다. 여기서 교과의 전문가에게 자신의 주제를 방어하는 것은 바로 학생이다. 이것은 개인적인 논증 능력과 일반적인 논증문화를 요청한다.

계몽의 쓰여진 대화(die geschriebenen Dialoge der Aufklaerung)는 배분된 역할의 인물들이 정해지면서 가상적 대화의 변형과 연결된다. 흄(D. Hume)의 자연 종교에 대한 대화(Dialoge ueber natuerliche Religion)를 생각할 수도 있다. 여기서 논쟁 대화는 철학내적인 문제로 옮겨지는데, 이 전개과정에서 대변되는 입장들이 변하게 된다. 그리스도교인과 철학자가 대화하는 것이 아니라, 유신론자가 이신론자와 대화하고 합리주의자와 경험론자들이 대화하는 것처럼, 철학자들이 서로 대화한다. 그리고 대화는 이제 열린 그리고 회의적인 결말로 끝나는데, 이를 통해 소크라테스와 유사해진다. 이러한 대화형식은 수업에서 일종의 역할놀이로 실현될 수 있다. 도덕수업에서 아리스토텔레스주의자, 칸트주의자 그리고 공리주의자가 범례에 대하여 논쟁 대화를 할 수 있다. 이것은 개별 입장들이 잘 알려져 있고 그리고 다시 한 번 서로 관련된다면, 수업시간의 흐름에도 적절하다.

3. 자기 글 쓰기

쓰기라는 매체는 다른 교수법에서는 행위지향적인 수업과 생산지향적인 수업[17]이라고 불리는 제작의 요소[18]를 철학수업에게 제공한다. 쓰기를 통해 텍스트 읽기와 수업 대화가 보완될 뿐만 아니라 그 자체로 다시 한 번 더 변하게 된다. 왜냐하면 이 절차가 혁신적인 점은 읽기, 말하기 그리고 쓰기가 하나의 생산적인 관계에 놓여 있다는 것에 있다. 읽기에서 창의적인 쓰기로 이어질 수도 있고 역으로 쓰기에서 새로운 종류의 텍스트 읽기로 이어질 수 있다.[19] 여기서는 기술적인 능숙함뿐만 아니라 텍스트와의 변화된 관계가 중요하다. 이 배후에는 구성주의(Konstruktivismus), 구조주의(Strukturalismus), 그리고 해체주의(Dekonstruktivismus)로부터 나오는 텍스트분석에 대한 특정이론들이 놓여 있다. 그래서 그때그때마다 쓰기의 어떤 형식이 의도되었는지를 구분하는 것이 중요하다.

철학수업에서는 자연스럽게 이미 항상 쓰기가 이뤄지긴 하는데, 다만 이것이 텍스트 부분에 대해 논평하는 것으로 끝나는 것이 보통이다. 이것은 구체적인 과제에 따라 달라진다. 텍스트의 내용을 자기 말로 써야한다면 이미 '다시 쓰기(Umschreiben)'의 형식이 문제가 된다. 더 나아가 주어진

---

17 Haas/Menzel/Spinner, "Handlungs- und produktionsorientierter Literaturunterricht", a.a.O. (Anm. 6), S. 17 ff.; Caspari, *Kreative Verfahren im fremdsprachlichen Literaturunterricht*, a.a.O. (Anm. 6) 참조.

18 이 책의 "철학적인 글쓰기의 양식" 참조.

19 히쓰(Torsten Hiss)가 이 점을 주목하게 만들었다. "Vom Lesen zum Schreiben - Vom Schreiben zum Lesen", in: *Zeitschrift fuer Didaktik der Philosophie und Ethik*, 22. Jg.(2000), Heft, S. 140 ff.

텍스트에 대하여 새로운 자기만의 것이 생겨나기 때문에 텍스트에 대한 모든 쓰는 해석(schriftliche Interpretation)은 창의적인 활동이다. 그럼에도 불구하고 생산적인 측면이 다시 강조될 필요가 있다.

이런 방향에서 쓰기를 자기의 일차 텍스트(Primaertext)를 쓰는 것으로 확장할 것을 제안한다.[20] 논평 대신에 자유로운 쓰기가 이뤄진다.[21] 이것은 학생에게 자신의 경험, 감정, 그리고 생각을 쓸 수 있는 기회를 제공한다. 그래서 개인적인 텍스트가 쓰여지고, 여기에는 주관적이며 진짜인 것들이 표현된다. 또한 이런 종류의 개인지향적인 쓰기는 완전히 새로운 것이 아니라 아마도 국어 수업에서는 더 이상 사용되지 않는 자기 생각 쓰기가 생각날 것이며, 이런 종류의 자기 이해와 자기 발견에 대한 필요가 분명히 있기 때문에 이제 다시 철학수업에서 등장하게 된다.

텍스트와 연결하여 쓰는 과정지향적인 쓰기의 형식은 이와 다르다.[22] 실험적인 그리고 일종의 놀이 방식으로 이러한 텍스트의 언어적이며 문학적인 구조가 다뤄진다. 학생은 자기의 텍스트를 생산하는 것이 아니라 이

20 Engels, "Plaedoyer fuer das Schreiben von Primaertexten", a.a.O. (Anm. 5), S. 250 ff.

21 Martina Dege, "Montaignes 'Essay' – das Versuch, schreibend die Balance zu halten", in: *Zeitschrift fuer Didaktik der Philosophie und Ethik*, 21. Jg. (1999), Heft 2, S. 116 ff.; Caspari, Kreative Vefahren im fremdsprachlichen Literaturunterricht, a.a.O. (Anm. 6) S. 176 f.; Renate Fery, "Der freie Text im Franzoesischunterricht der Sekundarstufe I", in: Helene Decke-Cornill (Hg.), *Begegnung mit Texten*, Pfaffenweiler 1993, S. 123 ff.

22 Haas/Menzel/Spinner, "Handlungs- und produktionsorientierter Literaturunterricht", a.a.O. (Anm. 6), S. 17 ff.; Caspari, Kreative Verfahren im fremdsprachlichen Literaturunterricht, a.a.O. (Anm. 6), S. 188 f.

미 있는 텍스트를 새롭게 만들거나 고쳐 써야 한다. 그래서 유추적인 생산 내지 유사 텍스트가 생겨난다. 정해진 범위 내에서 창의적인 형성 가능성이 열린다. 왜냐하면 제출된 텍스트는 분석되고 적용되어야 하는 수작업 같은 규칙을 가지고 있다. 그렇게 적용된 텍스트 분석의 도움으로 새로운 텍스트가 만들어진다. 학습자의 독창성이 물어지는 것이 아니라 재생산적인 능력이 요구되기 때문에 이러한 절차는 완화되는 측면이 있다. 개별적으로 다음과 같은 기술들이 열거될 수 있다.

견본에 따르는 쓰기: 예를 들어 에세이처럼 특정한 문학적 형태가 있다. 수업에서 몽테뉴의 에세이를 읽고 분석한다면, 이런 텍스트 종류를 모범으로 삼아서 학생이 자신의 글을 쓰도록 해야 한다.[23] 여기서 쓰기의 특정한 방법이 정해지는데, 이 방법은 자기 생각을 할 수 있는 여지를 허용해준다. 이런 종류의 쓰기연습을 위한 견본으로 이미 언급된 가상적 대화 내지 편지와 같은 종류도 적절하다.

철학 텍스트를 고쳐쓰기: 여기서는 학습자가 철학 논문에서 나오는 어려운 텍스트를 에세이로 고쳐 쓰는 것인데, 그래서 텍스트의 애매모호함이 다양한 관점에서 그리고 변하는 이해 속에서 해소된다. 하나의 문장이 딜레마나 대화 또는 편지로 변형됨으로써, 이러한 방법은 에세이에 적용될 수 있다. 학생 스스로 이러한 쓰기 경험을 해야 하는지 혹은 이해를 돕기 위해서 교사가 결과텍스트를 써야 하는지의 여부가 중요하다.

---

23 Rohbeck, "Montaigne ueberschreiben", a.a.O. (Anm. 7), S. 87.

텍스트 주제에 대한 쓰기: 몽테뉴가 자신의 생각을 연결시켰던 고대 철학의 문장들로부터 자주 시작했던 것처럼, 학생도 선별된 인용을 자신의 생각에 따라 쓰도록 자극받을 수 있다. 문학적이며 철학적인 주제들이 쓰기의 자극으로 이용될 수 있다. 클라이스트(Heinrich Kleist)가 쓴 "말하면서 생각을 점점 완성해가는 것에 대하여(Ueber die allmaehliche Verfertigung der Gedanken beim Reden)"에서처럼, 모든 쓰인 문장이 다음 문장의 단서가 됨으로써 쓰기에서도 이런 일이 생겨난다. 쓰기는 자기가 생각하는 것을 경험하기 위한 창의적인 수단이 된다.

텍스트 부분을 재구성하거나 틈을 채우기: 첫 번째 경우에서는 텍스트의 부분들을 다시 합쳐서 관계를 재구성하라는 과제를 가지고 텍스트를 여러 부분으로 나눈다. 소크라테스의 대화편(메논)을 가지고 한 이런 종류의 실험은 성과 속에서 그럴 듯하게 나타나는 다양한 변형들이 만들어진다는 점에서 시사하는 바가 많다. 한편으로는 메논의 자주 교체되는 대답에 있고, 다른 한편으로는 소크라테스가 그렇게 논리정연하지 못하게 논증한 것에도 그 이유가 있다. 전체를 읽고 시작했더라도 다른 관점에서 읽힌 원본텍스트와의 대면은 참여자들에게는 놀랄 만한 것이었다. 많은 재구성은 원본보다 더 "소크라테스적"이었다. 텍스트에서 한 부분을 잘라내어 학생들로 하여금 보완하도록 한다면, 비슷한 경험을 할 것이다.

이런 종류의 실험은 바로 실행될 수 있다. 그렇지만 국문학이나 외국 문학의 교수법에서 개발된 방법이 직접적으로 철학수업이나 도덕수업에 도입될 수 있는지에 대한 의심이 제기된다. 이런 쓰기 기법을 적용한다면 형식주의의 위험이 있는데, 여기서는 특정한 철학적 방법들은 실패하게 된다. 이런 이유로 인해 어떤 절차가 특별한 방식으로 적절한지, 그리고 철학교과나 도덕교과에 어떤 변화가 적절한지에 대하여 숙고해보아야 한다. 이 물음에 답하려면 철학하기의 일반적 방법을 지향하는 몇몇 기준이 생겨난다.

 - 철학의 개념(Begriff)들에 대한 숙고적인 접근이 중요할 경우에는 개념들을 가지고 실험하는 기회가 제공되어야 한다. 이에 상응하는 과제는 주어진 텍스트의 핵심 개념을 자기 글을 쓰는 출발점으로 삼는 것이다.[24]

 - 논증(Argumentieren)에도 이와 마찬가지이다. 주장을 위해서 항상 여러 근거들을 끌어들여야 하고, 역으로 근거된 진술로부터 다양한 결론의 추론이 나올 수 있다. 논증의 이러한 이질성이 있다면 논증은 창의적으로 변화될 것이다.

 - 궁극적으로 비판(Kritik)이 철학하기의 본질적 특징이라고 한다면, 잘 알려진 텍스트에 대하여 반박해야 한다는 요청이 나온다. 대안적인 논증 속에서 반대 텍스트(Gegentext)가 생겨난다.

 - 도덕수업에서 다른 사람의 입장이 되어볼 수 있는 능력이 매우 중요하다. 동감이나 동정의 윤리적 접근은 그러한 관점 전환(Perspektivwechsel)의 근거로 작용한다. 그래서 여기서의 쓰기과제는 다른 관점에서 특정 사태에 대하여 기술하고 판단해보라는 것이 된다.

---

24 이에 대해서는 Chritian Gefert, "Text und Schrift. Dekonstruktivistische Verfahren in philosophischen Bildungsprozessen", in: *Zeitschrift fuer Didaktik der Philosophie und Ethik*, 14. Jg. (1992), Heft 2, S. 133 ff.

적어도 여기서는 철학수업이나 도덕수업에서 창의적인 쓰기의 형식이 철학적인 방법을 주목하게 만든다는 것을 알 수 있다. 철학적인 방법과 결합해서 다뤄질 때, 임의성을 피할 수 있으며 교과 전문적으로 전환될 수 있다. 이에 대해서는 다음에 자세히 다루겠다.

철학하기의 일반적 방법

앞에서 언급된 매체들은 철학하기의 일반적 방법과 구분될 수 있다. 이 방법은 텍스트 이해에서뿐만 아니라 수업 대화나 자기 글을 쓰기에서도 실현될 수 있다. 비경험적인 개념을 형성하기, 개념의 정확한 정의를 내리고 활용하기, 논증을 통해 입증하기, 텍스트와 사태를 해석하기, 철학적 문제를 구성하고 해결책을 제시하기, 사유실험을 실현하고 스스로 구성해보기, 비판하고 대안을 제시하기 등등은 소위 매체의 중립적인 방법에 속한다.

일반적인 정의를 근거로 한다면, 철학의 방법에 대하여 다음과 같은 합의가 이뤄질 것이다: 철학에서는 개별 학문들의 정초를 넘어서는 근거들이 탐구된다. 교수법에서는 이것을 확장질문(Weiterfragen) 내지는 궁극적인 정초라고 말한다.[25] 이에 따르면 철학은 근본적인 무전제성 내지 근본성이라고 표현된다.[26] 이것은 비판적인 사유성의 정도와 관련되며, 이 사유성은

---

25 Martens, Dialogisch-pragmatische Philosophiedidaktik, a.a.O. (Anm. 4) S. 17; Wulff D. Rehfus, *Didaktik der Philosophie. Grundlage und Praxis*, Duesseldorf 1980, S. 174 ff.

26 Norbert Diesenberg, "Entwurf fuer einen Kanon der Vernunft", in: *Zeitschrift fuer Didaktik der Philosophie und Ethik*, 19. Jg. (1997), Heft 2, S. 84.

항상 자신의 사유를 의식하고 있다는 것 안에 있다. 분명히 이러한 자기에 대한 기술(Selbstbeschreibung)이 철학에 적합하다. 철학하는 사람들이 일반적으로 자기의 행위에 대하여 명확해지는데 자기 기술이 기여하는 의미가 있다.

이와 반대로 이러한 철학적인 방법이 매체적으로 매개된 실천가들에게 교과 전문적인 특성을 부여해준다. 자기 글쓰기의 예에서 알 수 있는 것처럼, 철학 교수법적 변형은 개념형성, 논증 그리고 비판의 핵심적인 방법들이 창의적인 쓰기과정 속에서 전환될 경우에만 성공할 수 있다. 그래서 이런 방법들에 대해 이제 논의해야 한다. 이 영역에서는 대부분의 사전 작업이 있긴 하지만 참조하기에 충분하지 않다. 이에 반해 철학적인 방법과 앞에서 언급된 매체들과의 조합이 새로운 것이며, 이를 통해 수업과정이 다양해질 수 있다. 이러한 단계가 철학적인 방향들의 특수한 방법들의 수준에서 성공한다면 매우 가치가 있다.

1. 개념, 은유, 모델의 이해와 적용

다른 학문들처럼 철학도 자신만의 전문용어를 가지고 있지만, 철학적인 텍스트와 대화 속에서는 이런 측면이 분명하게 드러나지는 않는다. 왜냐하면 개별 학문들과는 달리 철학자들은 일상적인 언어를 사용하며, 이것에 특정한 철학적 의미를 부여한다. 여기에 철학자들의 말의 악의가 숨어 있다: 친숙한 단어를 듣거나 읽지만 그럼에도 불구하고 이해 못하거나, 그런 단어를 사용하면서 관례적인 용법에서 추정되는 것과는 다른 것을 말한다. 다른 어떤 학문에서도 전문용어가 이런 식으로 은폐되어 있지는

않다.[27]

예를 들어 칸트가 '정언명법(der Kategorischen Imperativ)'을 말할 때, 누구나 그것이 그 안에 들어있는 철학 이론을 알아야 비로소 이해할 수 있는 전문용어임을 알 것이다. 그렇지만 칸트가 '그 자체로 선한 의지(der an sich gute Wille)'를 말할 때, 아마도 그 의미를 즉시 이해했다고 믿을 것이지만, 이 표현이 이론적으로 어떻게 되어있는지를 배워야만 한다. 무엇보다도 헤겔이나 하이데거처럼 관례적인 언어 사용에 철학적인 의미를 더 강하게 부과한 최근의 철학자들에게서 일상적인 말과 철학적인 의미 사이의 불일치가 존재(Sein), 형성(Werden), 현존재(Dasein), 본질(Wesen) 등에 대해 말할 때 더욱 커진다. 이로부터 나온 교과 전문적인 개념들도 관련되어 있다. 그에 상응하는 방법적인 노력을 해야 극복될 수 있는 특별한 어려움을 수업에 야기한다.

개념이 특정 맥락 안에서의 용례에서 자신의 의미를 얻게 된다는 것이 적절하다면, 수업에서도 이런 관계를 재구성해보아야 할 것이다. 개념을 다른 개념과 관련지어 보고, 개념의 네트웍이 생성되는 것을 통해 일어난다. 수많은 변형이 생각될 수 있다. 개념의 영역들을 기획하고, 의미 관련된

---

27 Karel v.d. Leeuw/Pieter Mosten, *Philosophieren Lehren. Ein Modell fuer Plannung, Analyse und Erforschung des einfuehrenden Unterricht*, Delft 1988, S 67 ff. 참조; 개념 이해에 대해서는 Helmut Engels, "Zum Umgang mit Begriffen im Philosophieunterricht", in: Mitteilungen des Fachverbandes Philosophie (1984), Heft 25, S. 2 ff. 참조; ders, "Wie man der Mehrdeutigkeit der Sprache im Philosophiunterricht begegnen kann", in: *Zeitschrift fuer Didaktik der Philosophie und Ethik*, 14. Jg. (1992), Heft 2, S. 110 ff.

개념들을 찾아내고, 반대개념을 만들어보고, 의미를 지정하고, 상하위 개념들을 규정하고, 개념의 계보를 만들어 본다. 시금석은 특수한 경우들에 적용해 보는 것이다. 읽은 텍스트와 관련해서뿐만 아니라 텍스트와 무관한 수업 대화 내에서도 연습해볼 수 있다. 찾아낸 관계를 가시적으로 만드는 그래픽 구조 또한 도움이 될 것이다.

철학적인 개념은 매우 일반적이면서 명료하지 않기 때문에 이해하기 어렵다. 이것은 학습자의 추상화능력을 강하게 요청한다. 그래서 직관에 대한 필요에 상응하는 모든 가능성을 이용해야 한다. 철학 텍스트 안에는 우선 은유(Metapher)와 모델(Modell)이 있다. 이것들은 단지 설명적인 것이 아니라 이론 형성에서 구성적인 기능을 수행한다. 왜냐하면 비교를 통해서 새로운 유사성과 새로운 종류의 의미들이 생겨나기 때문이다.[28] 이것들의 도움으로 철학 이론이 재구성될 수 있다. 개념 분석과 구분하여 이런 영역이 교수법적으로는 덜 개발되었다.

이것들이 다음과 같이 예를 들어 설명될 수 있다. 근대 은유이론에 대한 대표적인 보기는 홉스의 문장이다: "인간은 인간에게 늑대이다." 상호간의 비교로부터 자신의 종을 위험하게 만들 수 있는 존재가 등장한다. 이러한 새로운 의미는 리바이어던의 핵심 진술을 이해하기 위해서 수업에서 단계적으로 재구성될 수 있다. 역사철학에서 다음에 나올 예시는 또 다른 변형

---

28 Ruediger Zill, "Vom Bildnis zum Modell. Formen ikonischen Denkens", in: *Zeitschrift fuer Didaktik der Philosophie und Ethik*, 14. Jg. (1992), Heft 2, S. 71 ff., insbes. S. 75 참조.

을 보여준다. 전통적으로 역사 전체는 개별적 개인의 생명의 순환과 비교된다: 출생, 아동기, 청소년기, 청년기, 노년기 그리고 사망. 여기서 역사는 순환으로 설명되며, 개별적인 삶의 시대가 역사적으로 이해된다. 계몽주의자인 퐁트넬(Fontenelle)은 청년기 이후에 몰락이 오는 것이 아니라 무한한 상승이 온다고 주장하면서 이런 순환을 처음으로 깼다. 튀르고(Turgot)는 다음과 같이 표현하였다. "인간이라는 종을 그 기원부터 고찰해본다면, 그 종은 철학자의 눈에는 모든 개인처럼 아동기를 갖고 스스로 진보하는 하나의 거대한 전체로 보인다."[29] 학생들에게는 그러한 전수의 결과를 스스로 구성해보라는 과제가 제시될 수 있다. 그렇다면 전통의 단절과 계몽주의적 역사철학의 새로움을 알 수 있을 것이다.

많은 개념으로 간단한 도식뿐만이 아니라 모델, 즉 기술적, 사회적, 문화적 혹은 개별학문적인 관련들로부터 나오는 전체 행위도식과 복잡한 인지구조가 철학 안으로 옮겨진다. 그러한 모델은 예를 들어 법적 계약을 들 수 있는데, 법적 계약은 철학적인 맥락에서는 사회계약론으로 바꿔서 표현된다.[30] 학생이 그런 모델의 구조를 일상적인 실천에서 습득하고 나서 텍스트에서 다시 알게 된다면 학생에게는 그런 종류의 이론에 대한 이해가 쉬울 것이다. 이런 방식으로 그러한 매개의 구성이 공급되며, 이 매개의 구성은

---

29 Anne Robert Jacques Turgot, *Ueber die Fortschritte des menschlichen Geistes*, hg. v. Johannes Rohbeck/Lieselotte Steinbruegge, Frankfurt/M. 1990, S. 140.

30 Johannes Rohbeck, "Begriff, Beispiel, Modell. Zur Arbeit mit philosophischen Texten anhand des 'Leviathan' von Thomas Hobbes", in: *Zeitschrift fuer Didaktik der Philosophie und Ethik*, 7. Jg. (1985), Heft 1, S. 26–42; 같은 책의 "Proto–Philosophie", S. 109 f. 참조.

철학 이전의 실천 형식에서 철학적인 사유 형식으로의 변화를 그대로 이해하게 될 것이다.

2. 논증 학습

개념형성처럼 논증하기도 철학하기의 방법적인 핵심부분이다. 철학적인 개념들이 대부분 경험적인 종류가 아니기 때문에, 이성적인 연결이 중요하다. 이것에 대해서는 특정한 규칙이 있고, 그것이 논리학이든 특수한 논증이론에서 나오건 간에, 이것은 특별한 방식으로 방법적이다. 수업에서는 그래서 철학 활동의 이런 측면이 정확하게 매개될 수 있어야 한다. 이 측면은 비교적 명료하게 가르쳐지고 배우고 또 검증될 수 있다. 여기서 매체는 완전히 열려 있다. 논증은 텍스트에서나 대화 속에서 검증될 수 있어야 한다. 논증은 자신의 글쓰기의 주제가 될 수 있다. 그러한 연습의 장점은 철학 텍스트와 상관없이 구체적인 사례들이 독자적인 논증의 출발점으로 선택될 수 있다는 것이다.[31] 논증에서 학생들의 경쟁은 단계적으로 전개될 수 있다.

논증이라는 것이 주장을 이성적으로 정초하는 것이라고 부른다면, 첫 번째 단계는 상응하는 근거들을 구분하는 것이다. 행위를 정당화하는 사람은 대체로 세 가지 종류의 근거들, 다시 말해서 (1) 특정한 사태, 즉 행위의 사실적인 조건 (2) 특정한 이해관심이나 감정, 즉 개별적인 행위의 동기

---

31 이에 대한 예시로서는 Volker Pfeifer, *Ethisch argumentieren*, Buehl 1997; Matthias Tichy, *Die Vielfalt des ethischen Urteils*, Bad Heilbrunn 1998.

(3) 특정한 규범 내지 가치, 즉 더 많이 혹은 더 적게 일반화될 수 있는 행위 규칙을 언급한다. 이런 수준들은 구분되어야 하며, 구체적인 사례들에서 그런 종류의 세분화를 연습하는데 경험적으로 많은 노력을 필요로 한다. 사실적인 것과 규범적인 것을 기본적으로 구분을 해야 철학적–윤리적 정초 유형을 연구하는 게 가능해진다.

두 번째 단계는 철학수업이나 도덕수업에서 할 수 있는 정당화이다.[32] 고전적인 유형은 아리스토텔레스가 제시한 '실천적 삼단논법(praktische Syllogismus)'인데, 이것은 (1) 일반적인 주장 (2) 개별적인 경우에서의 주장 (3) 상응하는 추론으로 구성된다. 전통적으로 유용한 수단은 여기서 그림으로 설명하는 것이다.[33] 이런 종류의 이론구성적인 수단을 교수법적으로 이용하고 이를 다시 정교화하는 것이 가능하다. 학생이 윤리적인 사례에서 논증적인 해결책을 글로 썼다면, 그 텍스트는 앞에서 언급된 부분들로 쪼개져서 삼단논법의 원형에 따라 정렬될 수 있다. 중간단계의 성과로부터 출발하면, 논증을 그에 적절한 논리적인 형식으로 보다 쉽게 가져올 수 있다. 이와 같은 절차가 다른 논증적인 견본에도 적용될 수 있으며, 마찬가지로 그래픽적인 학습 잠재성을 가지고 있는 T–도식에도 적용될 수 있다. 텍스트 가공 체계의 도움으로 컴퓨터에서 그러한 보다 복잡한 정리를 쉽게 나타낼 수 있다.

---

32 이 책의 "수사학과 철학 교수법" 참조.

33 학문의 역사를 연구하는 사람들은 'paper tools'에 대해서 말하는데, 이것은 교수법적 기능을 충족시킬 수 있다. 여기서 나오는 제안은 Charles Grant Luckhardt/William Bechtel, *How to do things with logic*, Hillsdale 1994, S 33 ff. 참조.

논증의 세 번째 단계에서는 특정한 규범과 가치에 집중한다면, 관련된 규범적인 원칙을 정하고, 이를 통해 결정을 준비해야 할 문제가 발생한다.[34] 대체로 규범과 가치들은 여기서 상충되며, 그런 규범갈등의 해소를 위해서는 새로운 규칙이 요청된다. 그래서 규범이 상위 내지 하위일 경우에는 서열의 규칙, 규범이 관여되지 않은 경우에는 모순의 규칙, 특정 규범이 다른 규범보다 선호될 경우에는 선호의 규칙을 구분해야 한다. 학생이 이러한 규칙들을 알고 있다면, 자신의 윤리적인 결정을 논증적으로 근거지울 수 있는 능력이 생긴다.

이외에도 전형적으로 철학적인 논증방식이 있는데, 이 또한 수업에서 자신의 대화를 이끌기 위해서뿐만 아니라 철학 텍스트의 이해를 위해서 응용될 수 있다. 그것은 무엇보다도 철학사에서 중요한 역할을 했던 무한 소급(regressus oder progressus in infinitum)이나 숙고(Reflexion)이다.[35] 예를 들어 행위의 자기 목적이 어디에 있는지를 이해하거나 스스로 파악하고자 하는 사람은 이 두 가지 방법을 알고 적용해야 한다. 한편으로는 목적을 위한 수단으로만 기여하는 행위가 어떻게 또 다른 행위로 이끄는지 등이 보여야 한다. 다른 한편으로는 이 끝없는 사슬이 숙고적인 종착지, 이를 테면 행위 '그 자체(um ihrer selbst willen)'의 형태로 정해져야 끝날 수 있다. 그래서 아리스토텔레스뿐만 아니라 호르크하이머(Max Horkheimer)에서 아렌트

34 Thomas Zoglauer, *Normenkonflikte − zur Logik und Rationalitaet ethischen Argumentieren*, Stuttgart−Bad Cannstadt 1998 참조.

35 Norbert Diesenberg, "Begriffslernen − 'poiesis und 'praxis' bei Aristoteles", in: *Zeitschrift fuer Didaktik der Philosophie und Ethik*, 12. Jg. (1990), Heft 3, S. 148 ff.

(Hannah Arendt)에 이르기까지 20세기의 문명비판도 그렇게 논증한다. 행위의 '궁극적(letzt)' 동기를 정당화하고자 하는 사람도 이와 유사한 방식으로 하게 된다. 이런 사유구조가 가설적인 성격을 가지기 때문에, 이런 논증 형식은 똑같이 철학에 속하는 사유실험에 가깝다.[36]

자신의 철학하기를 가능하게 해주는 비판도 결국 논증에 속한다. 교수법의 과제는 이 영역에서 가르치고 배울 수 있는 방법적 기준을 제공하는 것이다. 수업에서 학생이 철학 텍스트를 비교적 진지하게 이해하고, 자신의 입장이 요청되는 경우 기껏해야 자신의 의견만 제시함으로써 논증의 수준에서 갑자기 수준이 낮아져버리는 경우가 허다하다. 이런 잘 알려진 문제를 극복하기 위해서는 철학적인 비판도 철학의 전문적인 방법을 학생들에게 알려주는 것이 필요하다.

철학하기의 특수한 방법

예를 들어 언급된 철학하기의 일반적 방법은 매체적인 관점에서 일반화될 수 있을 뿐만 아니라 철학의 모든 사유 경향들 내에서도 있다. 분석철학에서뿐만 아니라 해석학이나 현상학에서도 당연히 정확한 개념을 구성하고 사용하며, 이성적으로 논증하고, 정초된 비판 등을 하고자 한다. 그것은 사유 경향 내에서 그때그때 특수한 방식으로 일어난다. 이런 방향들에

---

36 Helmut Engels, "Das Gedankenexperiment im Philosophieunterricht", in: *Philsophie, Anregungen fuer die Unterrichtspraxis*, 10 Jg. (1988), Heft 16, S. 34 ff.; Hans–Ludwig Freese, *Abenteuer im Kopf. Philosophische Gedankenexperimente*, Weinheim, Berlin 1995.

서 근본적으로 유사한 것들에 대하여 이미 앞에서 요약하여 언급되었다. 철학이 어떻게 존재하느냐와 관련이 있는 것이 아니라 우리는 매우 다양한 철학적 방법들과 관련이 있다. 그래서 이것을 철학적 사유 경향의 특수한 방법들이라고 이해한다.

분석철학, 구성주의, 현상학, 변증법, 해석학 그리고 해체주의가 현대 철학의 사유 경향에 속한다. 물론 그렇게 분화된 방법들이 동일한 부분을 구성하지는 않는다. 오히려 변증법, 해석학 그리고 현상학은 각각 다양한 변형들을 가진 긴 역사를 갖는다. 분석철학, 구성주의 그리고 해체주의처럼 비교적 최근 접근들은 점차 분화되어서 자신의 학파가 생겨났다.

철학이라는 학문분과의 관점에서 보면 철학의 사유 경향을 수업의 철학적인 방법으로 변형하려는 프로젝트가 너무 늦은 것처럼 보인다. 왜냐하면 철학에서는 이와 반대되는 합의가 실현되려고 시작하는 동안에 교수법 학자들은 철학적인 사유 경향의 잠재적 가능성을 한눈에 찾아내기 때문이다. 철학적인 경향은 오래전부터 더 이상 절대적인 것이 아니며, 이것은 최근 50여 년 동안에 규칙이 되어 버렸다. 여기에는 물론 통일 이후 구시대의 유물이 되어 버린 이데올로기적인 논쟁도 역할을 했다. 고대의 철학자들의 전쟁에서는 구분이 그렇게 심각하지 않다는 통찰이 사라져버렸다. 철학의 교수법은 그동안 이러한 전통으로부터 결코 현혹되지 않았다.

한편으로는 교수법이 철학적인 경향들을 수업실천적인 맥락 안으로 가져온다면, 교수법이 늦은 것은 아니다. 이 영역에서는 아직도 발전을 가져올 수 있어서 보완적인 의도에서 우선 차이(Differenz)가 전면에 등장해야 한다. 이런 변형이 이념형적, 패러다임적, 혹은 절충주의적으로 다뤄지는 지의 여부를 알려면, 각각의 경우에서 철학수업과 도덕수업의 다양성을 촉진시키기 위해서 방법론적인 의식을 구분해야 한다. 여기서 희망하는 다원주의가 분리될 수 있다.

다른 한편으로는 현재의 논의의 상태가 기회로 여겨질 수 있다. 수업을 위해서 철학적인 방법들이 서로 보완해주고 동시에 이용될 수 있다는 결론이 나온다. 처음 시작할 때 추측했던 것보다 더 많은 공통점이 밝혀진다. 또한 조합과 결합형식도 생각해 볼 수 있다. 여기서 강요적인 차례나 분류적인 질서도 없다. 무엇보다도 모든 접근이 공통된 발전 도식 안에서 압축되는 하나의 일관된 메타체계가 제공된다. 대학의 교수는 대체로 특정한, 즉 자신의 경향을 대변하지만, 학교의 교사는 가능한 한 다양한 방법들을 실험해야 한다. 아마도 여기서 학교 수업이 선구자 역할을 할 수 있다.

이런 관점을 극단화하면, 관찰하고 이해하기, 분석하고 숙고하기, 반박하고 비판하기, 실험하고 수정하기와 같은 아주 기본적인 활동이 말해질 수 있다.[37] 이런 방법들은 생활 세계나 개별 학문에서는 일상적으로 실천되고 있다. 이것들이 철학에서는 숙고되고 일반화되며, 이는 종종 절대화를 가

---

37 Thomas Rentsch, "Der Status der Philosophie", in: Peggy H. Breitenstein/Volker Steenblock/ Joachim Siebert (Hg.), *Geschichte-Kultur-Bildung. Philosophische Denkrichtungen*, Hannover 2007; Ekkehard Martens, "Fachspezifische Methodik 'Praktische Philosophie'", in: *Ethik & Unterricht*, 12. Jg. (2001), Heft 3, S. 7 f.; ders., *Methodik des Philosophie- und Ethikunterrichts. Philosophieren als elementare Kulturtechnik*, Hannover 2003.

져오기도 한다. 그래서 이 절차의 방식이 전적으로 철학적인 본질인 것 같은 인상이 생길 수 있다. 이에 대하여 철학적인 사유 경향을 이미 잘 알려진 처리법으로 소급할 수 있는지에 달려 있다. 이것은 광범위한 교수법적 결과를 가져온다.

수업에서는 단지 철학적인 사유 경향에 대해 말할 것인지 아니면 그것의 방법들을 스스로 실천할 것인지에 대한 중요한 선택이 제기된다. 예를 들어 대상으로서 현상학을 다룬다면, '판단중지(Epoche)', '사유이전의 감각 침전물(praereflexive Sinnsedimente)', '의향성(Intentionalitaet)', '파지와 예지(Retention und Protention)' 등과 같은 어려운 전문용어가 사용되어야 하는데 몰이해에 부딪힐 것이다. 그 대신 이와 반대로 학생들에게 현상학적 연습을 시키려 한다면, 이런 방식이 우리의 습관적인 지각과 행위와 연결된다는 것을 보여줄 것이다. 이 방법들이 다른 방법들처럼 능력으로 매개되어 터득될 수 있다면, 일상의 실천에 대하여 숙고하고 더 나아가서 생활세계 안에서의 근본적인 방향 설정에 기여할 것이다. 철학수업과 도덕수업의 특별한 과제는 학습자의 방법적인 능력을 촉진시키는 것이다. 나중에 보다 확장되겠지만, 여기서 간단하게 도식화하면 다음과 같다.

【표】철학 및 도덕수업의 역량과 사유 경향

역량	활동	사유 경향
분석 (Analyse)	개념과 논증규칙을 분석하고 스스로 이용하기: 범례를 해결할 수 있고 이에 대해 논리적인 논증을 구성하기	분석철학
숙고 (Reflexion)	언어사용에 대하여 숙고적으로 이해하기: 개념과 논증의 재구성, 즉 일상적인 행위로 돌아가서 가정들을 설명하기	구성주의
관찰 (Beobachtung)	자신의 생활세계의 관찰 그리고 주관적인 의식상태를 기술하기: 여기서 숨겨져 있는 의미를 밝혀내기	현상학
비판 (Kritik)	비판대상의 모순과 결핍을 이용하여 비판하기	변증법
이해 (Verstehen)	텍스트와 대화를 문화적 관련 하에서 이해하기: 독자의 전이해와 저자의 의도를 하나의 의미관련 속으로 데려오기	해석학
창의성 (Kreativitaet)	진술을 맥락 속에서 재구성하고 이와 연결하여 새로운 텍스트를 구성하기, 단절과 틈을 발견하기, 창의적으로 쓰기	해체주의

이 방법들이 다음 장의 주제이므로 여기서는 특정한 철학적 방법에 대하여 설명하지는 않을 것이다. 교수법적 변형의 기본 아이디어를 고려하면서 철학과 수업의 매개를 두 가지 측면에서 분석할 것이다.

철학적인 사유 경향의 교수법적 가능성이라는 장에서 나는 철학의 전통에서 생성된 중요한 사유 경향들에서부터 시작하였다. 이러한 경향을 생각해내었다고 주장하는 철학 교수법 전문가들은 없다. 교수법적 기술은 오히려 그 경향 안에 내포된 방법들을 수업의 절차로 변형하는데에 있다. 이것은 철학적인 상태를 실험적으로 다루는 것뿐만 아니라 수업실천적인 목적에 대한 분명한 표상도 요청한다.

그래서 철학적 역량이라는 장에서는 철학적인 방법에 배워야 하는 학생의 경험으로부터 시작하였다. 여기서 앞에서 열거된 이런 방법들의 기본적인 형식을 생활세계 안에서 그리고 무엇보다도 일상의 수업교과에서 실천하는 것이 중요하다. 이런 절차의 방식을 시작하고 지속시켜나가는 것이 매우 중요하다. 예를 들어 학생은 오랫동안 사태적인 그리고 문학적인 텍스트를 '이해'하는 것을 배운다. 학생은 그러한 것들을 국어 수업에서도 특정한 기술들을 습득한다. 철학수업의 과제는 이러한 '이해'의 특성을 숙고하고 확장 발전시키는 것에 있다. 여기서 중요한 것은 이런 학습과정에서 숙고적 적용의 수준이 실제로 향상된다는 것이다. 이것은 다시 '교수법적 가능성'이 가능한 한 철저하게 이용되어야 한다는 것을 전제로 한다.

바로 이 때문에 다음에 나올 구성주의적 그리고 변증법적 방법에 대한 두 연구가 중요하며, 이 두 연구에 의거하여 어느 정도나 교수법적 관점에서 그러한 이용이 가능한지를 입증하고자 한다. 이 두 방법을 선택한 것은 개인의 경험에서 비롯되었는데, 나의 철학하기는 우선 헤겔의 변증법에 의해 각인되었고, 철학수업에 대한 평가에 대해 특별한 연구가 이뤄졌다. 현상학적 그리고 변증법적 방법에 대한 예들은 "철학적인 글쓰기의 양식"에서 다뤄질 것이고, "텍스트를 읽는 열 가지 방법"에서는 관련된 방법들의 전문적인 적용이 제시될 것이다. 이런 조망 하에서 첫 번째 텍스트가 나올 것이다.

제2부

철학의 방법들

| 제5장 |

철학적인 사유 경향의
교수법적 가능성

철학을 교육과 연구에서 전문적으로 다루는 사람이라면 '철학(die Philosophie)'도 없으며 '철학하기(das Philosophieren)' 내지 '철학자(der Philosoph)'도 없다는 것을 경험으로 알 것이다. 오히려 철학과 철학하기는 서로 구분되면서도 부분적으로는 대립되는 다양한 사유 경향 내지 흐름들로 구성된다. 학문에서는 이런 것이 전혀 예외적인 것은 아니지만 철학에서는 경향의 다양성이 적어도 이 분야가 생활세계적, 종교적, 그리고 세계관적 방향 설정에 의해 많이 좌우되기 때문에 중요한 역할을 한다. 고대부터 지금까지 철학하기는 대립적인 사상가와 학파들의 논쟁으로 이어오고 있다. 단지 '나쁜' 철학사에서나 이것을 단선적이고 조화로운 과정으로 설명할 따름이다. 20세기에 들어서부터 철학의 다양한 흐름들이 세련되고

제도화되기 시작했다.[1] 이에 대해 유감스러워 하며 잃어버린 과거의 통일성 때문에 슬퍼할 수도 있을 것이다. 그렇지만 이런 다양성을 통해 철학의 통일성이 통째로 문제가 되는 것은 아니다. 철학적인 이성의 이러한 사실 (Faktum)외에 오늘날 남아 있는 것이 없을 것이다.

교수법의 통일성과 다양성

철학적인 경향의 다원성을 숙고하여 다루는 것은 대학과 전문대학에서는 당연하다. 어떤 전공이든 그리고 어떤 이론에서든 모든 강사는 이를 긍정한다. 이런 측면은 다뤄지는 저자를 선택하는데 뿐만 아니라 선호되는 철학적 방법들에서도 나타난다. 그리고 학습자들은 – 자주 그리고 자신도 모르게– 자신이 그러한 사유 양식에 어떻게 각인되는지를 느끼게 된다. 이 것은 마치 소금과 같으면서 철학자의 수프에 들어간 특별양념과 같다.

철학과 도덕의 교수법에서는 이러한 상황이 지금까지 별로 고려되지 않았다. 이에 대해서는 일련의 충분한 근거들이 있다. 철학 교수법의 초기에는 개방성과 다원성을 입증하기 위하여 특정한 철학적 경향을 주장하지는 않았다.[2] 이것이 2차 세계대전 이후의 서유럽에서 실존주의에 반하는 방

---

1 Wolfgang Stegmueller, *Hauptstroemungen der Gegenwartsphilosophie*, Stuttgart 1987-1989, 4 Bde.; Kurt Wuchterl, *Methoden der Gegenwartsphilosophie*, Bern/Wien 1999; Ferdinand Fellmann, *Orientierung Philosophie*, Reinbek 1998, S. 81ff; 교수법의 "통일성"에 대해서는 Matthias Tichy, *Die Vielfalt des ethischen Urteils*, Bad Heilbrunn 1998, S. 220ff. 참조.

2 Ekkehard Martens, *Dialogisch-pragmatische Philosophiedidaktik*, Hannover 1979, S. 17; Wulff D. Rehfus, *Didaktik der Philosophie*, Duesseldorf 1980, S. 9.

향을 지향하는 철학수업뿐만 아니라 동유럽에서는 국가에 의해 요구되는 맑스-레닌주의적인 지시에 반하는 방향으로 돌려졌다. 이와 반대로 무엇보다도 담론이론이 나타났고, 이것은 철학수업이 대화당사자들에게 다양한 입장과 논증을 제공한다는 것을 보증해 준다.[3] 그러나 여기서 아펠(Karl-Otto Apel)과 하버마스(Juergen Habermas)의 의사소통이론도 어떻게 승인되고 합의될 수 있는지에 대하여 다루는 많은 대표적인 철학 중에 한 가지일 뿐이라는 것이 간과되어서는 안 된다. 그래서 철학 교수법을 특정한 흐름과 연결하는 것은 많든 적든 의미있는 것이다.

이외에도 철학적인 방향에 대한 논쟁을 교수법으로부터 멀리해야 하는 것에 대한 교육정책적인 근거들도 중요하다. 학교수업이나 철학 교수법 전체도 일면적이어서는 안 된다는 것은 분명하다. 그러나 개별적인 교수법적 접근은 정부가 통제하는 교수계획과 혼동되어서는 안 된다. 다원주의가 보장되는 한 철학의 다양한 방법들이 특정 교수법의 기초가 된다는 것에 반대할 수 없다. 서로 협동하는 그런 종류의 전문화된 기획으로부터 균형적인 총체개념이 생겨날 수 있다. 교수법의 통일성이 철학적인 경향에서뿐만 아니라 교수법적 방향에서의 다양성을 의미할 수 있다는 것은 유추적으로 철학에 속한다. 다른 전공의 교수법에서는 그러한 전문화가 오랫동안 이뤄져 왔다. 철학과 도덕의 교수법이 초기 단계를 벗어난 이후에야 이러한 단계로 나아갈 수 있다. 다원성은 차별화를 전제로 한다.

---

3 Gisela Raupach-Strey, "Philosophieunterricht als Interaktion," in: *Aufgabe und Wege des Philosophieunterrichts*, 9. Jg. (1977), Heft 10, S. 1ff.; Martens, *Dialogisch-pragmatische Philosophiedidaktik*, a.a.O. (Anm. 2), S. 36ff.

변형(Transformation)

철학의 사유방식을 수업의 철학적 방법으로 변형해야 한다는 것이 중요하다. 분석철학, 구성주의, 현상학, 변증법, 해석학 그리고 해체주의가 현대 철학의 흐름들에 속한다. 변형(Transformation)은 이러한 철학을 학생들이 배우고 스스로 적용해볼 수 있는 철학적인 실천으로 전달(Uebertragung)하고 형태를 바꾸는 것(Umformung)을 의미한다. 이것은 선별, 수정 그리고 교수법적 맥락에서 특히 잘 실현될 수 있는 그러한 가능성들의 보완을 필요로 한다. 기본적이고 구체적인 운영방식에 집중하기 위해서 형이상학적인 짐들을 덜어내면서도 동시에 이론적인 활동을 해야 한다. 철학 내지 도덕 수업을 보다 철학적인 색채가 나도록 하는 것이고 이런 방식으로 수업을 다양하게 구성하는 것이 목적이다.

오해를 막기 위해서 이러한 기획이 의도하지 않는 것을 자세히 다룰 필요가 있다. 여기서 염두에 둔 것은 학문적인 입장의 단순한 '묘사'도 아니며 또한 잘못된 교수법화(Didaktisierung)도 아니다. 철학은 그 자체가 고유한 교수법이라기보다는, 교수법적 잉여가능성을 가지고 있는데, 이는 여러 부분들에 대한 연구를 통해 얻을 수 있다. 그래서 철학 교수법은 자신의 고유한 전공을 구성하는 부분들을 분명히 기억해야 한다는 것을 의도한다. 그래도 교수법이 철학이 주도하는 대로 결정되어서는 안 되기 때문에 여전히 선택가능성에 있어서는 자유로워야 한다.

철학의 경향들이 여기서 철학수업의 대상으로 다뤄져서는 안 된다. 이것은 전혀 새로울 것도 아니다. 철학자들은 교수법적 가능성까지 고려하지는 않는다. 철학자들이 가르치는 방법은 2차적이다. 왜냐하면 철학자가 자신의 교수법적 가능성들을 이용하는 것이 아니라고 생각할 수 있기 때문이다. 여기서 다뤄지고 있는 철학적인 방법들은 형식적이거나 혹은 단순히 기술적인 것으로 이해되어서는 안 되며, (자연)과학적 계몽, 역사적 문화 내지 생활세계에 대한 방향에 대한 이해처럼 특정한 내용과 기본입장들은 앞에서 언급한 흐름들과 연결된다. 철학과 도덕수업이 몇몇의 흐름들에 따라 구성되는 것은 어떤 경우에도 목적이 될 수 없다. 대학 교수들이 대체로 하나의 특정한 즉 자신의 방향을 대변하는 반면에 학교교사들은 이러한 요청을 명심하면서 가능한 한 다양한 방법들을 사용해야 한다. 아마도 학교 수업이 선두적인 역할을 할 수 있다. 여기서 의도된 다원주의가 확장 가능해진다.

이를 적극적으로 하기 위해서는 다양한 철학들을 수업방법으로 변환시키려는 교수법적 변형의 몇몇 기준들이 제공해야 한다.

- 학생들이 배우고 스스로 적용해 볼 수 있는 적절한 방식을 철학적인 사유 경향들이 가지고 있는지에 대해 물어야 한다.
- 이 방법은 그래서 특정 활동을 위하여 분명히 이해될 수 있는 과제들로 형태가 바뀔 수 있어야 한다(umformulieren).
- 모든 방법은 학생들의 일상적인 경험뿐만 아니라 다른 교과의 수업에서의 학습경험과도 관련되어야 한다.
- 이 방법은 서로 연결되어 동등하게 실행될 수 있어야 한다.
- 이 방법은 수업중의 대화, 텍스트 읽기 그리고 글쓰기처럼, 수업의 다양한 매체로 적용될 수 있어야 한다.
- 이러한 방법의 성취능력은 특정한 수업목표 그리고 매개되는 능력의 관점에서 매우 중요하다.

다음에는 앞에서 언급된 철학적인 방법들을 수업에 적용해보는 것에 대해 논의하겠다. 이외에도 매우 다양한 활동영역을 볼 수 있도록 만들기 위해 첫 번째 체계화를 시도하고자 한다.

철학의 사유 경향과 수업의 방법

교수법적 관점에서 다음과 같은 사유 경향들을 언급하고자 한다. 구성주의에서는 철학적인 진술들이 반성적으로 일상언어적인 행위로 소급되는 반면에 분석철학에서는 정확한 개념과 논리적인 연결에 가치를 둔다. 현상학의 특성은 이에 반하여 일상의 경험들을 최대한 정확하게 기술하는 것에 있다. 변증법은 비판되는 것의 모순과 결함을 이용하는 비판의 특정 절차들에 있다. 해석학은 독자의 전이해가 저자의 의도와 함께 의미 관련 속으로 들어옴으로 인해 텍스트, 예술작품 그리고 사건의 해석에 기여한다. 이에 대해 해체주의는 보다 큰 해석공간을 가진 독자의 생산성을 강조한다. 이런 스펙트럼에서 개념이나 논증과 같은 일반적인 특징들이 당시의 특정한 표현을 가지게 된다.

처음에 철학 전반에서와 마찬가지로 이렇게 분화된 방법들에서도 유사한 문제가 제기된다. 또한 소위 철학적인 경향들이 존재하지 않는다. 오히려 변증법, 해석학 그리고 현상학은 수많은 변형을 가진 오래된 역사를 갖고 있다. 또한 분석철학, 구성주의와 해체주의와 같은 최근의 접근들은 시간이 흐르면서 분화되어 자신의 학파들이 생겨났다.

이러한 혼란된 상황에서 세 가지 교수법적 전략이 제시된다. 철학적인 방법을 이념형적인(idealtypisch) 방식으로 특징짓고 수업을 위해서 실용적으로 만들거나,[4] 이런 방향들 중에서 수업을 위해 성공적일 것이라고 보이는 하나의 특정한 유형을 패러다임적으로 선택한다.[5] 세 번째 가능성은 절충적인 방식으로 부분적인 전략을 다양한 분류에서 분리하여 수업을 위해 변환시키는 것이다.[6] 그렇게 이해된 철학적인 방법들을 교수법적인 관점에서 이런 방식으로 설명하겠다.

1. 분석철학(Analytische Philosophie)

철학하기의 방법론적 측면이 분석철학에서처럼 분명하게 드러난 적은 없었으며, 분석철학은 개념 정의(Begriffsdefinition), 논증(Argumentation) 그리고 비판(Kritik)의 명확한 규칙에 대한 요청을 제기한다. 철학자는 특히 경험적이지 않은 개념을 다루기 때문에 철학자의 설명에는 언어분석적인 방법으로 해결을 해야 하는 의미론적 물음이 들어가 있다. 이러한 종류의 방법 역시 철학수업에서 매개될 수 있다. 즉 배울 수 있고 적용될 수 있다.

---

4 Dittmar Werner, *Alltag und Lebenswelt*, Dresden 2005.

5 툴민(Toulmin)의 논증도식을 중심으로 Volker Pfeifer가 이런 제안을 하고 있으며 ("Analytische Philosophie und ethisches Argumentieren", S. 94-102), "대화적인 구성주의(dialogischer Konstruktivismus)"를 선호하는 Silke M. Kledzik("Der dialogische Konstruktivismus als Ausgangspunkt und Grundlage methodenbewussten Philosophierens", S. 102-109), "의도적인 해석학 (intentionalistische Hermeneutik)"을 선호하는 Lothar Ridder("Textarbeit im Philosophieunterricht aus hermeneutisch-intentionalistischer Sicht", S. 124-132, in *Zeitschrift fuer Didaktik der Philosophie und Ethik*, 22. Jg.(2000), Heft 2.

6 Christian Gefert는 해체주의와 연결하여 이러한 전략을 선택한다: "Text und Schrift. Dekonstruktivistische Verfahren in philosophischen Bildungsprozessen", in: *Zeitschrift fuer Didaktik der Philosophie und Ethik*, 22. Jg.(2000), Heft 2.

이것은 이미 영국에서 출판된 학생들에 대한 교재를 통해 입증된다.[7] 다른 철학적 경향에서와 마찬가지로 선택될 수 있는 분석 철학의 다양한 유형들이 존재한다. 예를 들어 파이퍼(Volker Pfeifer)는 툴민(Stephen Toulmin)의 논증모델을 중심으로 구성하는데, 이 모델은 구체적인 범례(Fallbeispiel)들을 분석하는데 매우 유용하다.

이와 연결하여 다른 논증의 모델이 수업에서 다뤄질 수 있는지에 대해 생각해보아야 한다. 툴민은 판단의 다양한 수준들을 구분하기 위해 법리적 모델을 지향한다. 그래서 학생들은 사태, 이해관심 그리고 규범을 구분하여 판단하고, 자신의 결론을 도출하는 것을 배운다. 철학수업에서는 이를 넘어서 논증하기와 비판하기의 철학적인 형식들이 고려되어야 한다. 여기에는 순환 논증(regressus in infinitum), 부조리 환원(reductio in absudum), 악순환(circulus vitiosus), 선결 문제 요구의 오류(petitio principii) 가 포함된다.[8] 이것들은 철학적인 텍스트에서뿐만 아니라 그 자체로도 구성될 수 있다.

언어분석적 방법의 교수법적 잠재성을 펼치는 것이 특히 중요하다. 언어철학이 언어를 주제로 삼는 반면에, 분석 철학에서는 개념과 명제의 의미 추론을 위해서 철학하기를 수업에서 할 때 투입될 수 있는 이론적인 보조수단이 중요하다. 그래서 이 방법은 다음과 같은 활동들, 즉 개념의 논리

---

7 C. Grant Luckhardt/William Bechtel, *How to do things with logic*, Hillsdale 1994; Gareth B. Matthew, *Philosophische Gespraeche mit Kindern*, Berlin 1993.

8 Herbert Schnaedelbach와 연결하여 다음 글을 참조하시오. Nobert Diesenberg: "Begriffslernen-'poiesis' und 'praxis' bei Aristoteles", in: *Zeitschrift fuer Didaktik der Philosophie, 12.* Jg.(1990), Heft 3, S. 16ff.

적 구조와 기능을 분석하기(Gottlob Frege), 다른 개념을 위해 개념의 의미영역과 구성적인 역할을 알기(Rudolf Carnap), 언어 유희와 생활형식의 실천적 장에서 언어의 사용을 규정하기(Ludwig Wittgenstein), 진술에서 다양한 발화행위를 확인하기(John Austin), 개념의 다의성을 고려하기(William V.O. Quine), 개념의 맥락과 구성을 구분하기(Donald Davidson)를 지도할 수 있다. 이중 몇 가지는 이미 철학 교수법적으로 전환되었지만[9] 아직 연구 중인 것도 있다.

2. 구성주의(Konstruktivismus)

구성주의적 방법도 다양한 방식으로 교수법에 이용될 수 있는 여러 측면들을 가지고 있다. 그중 하나는 대화적 구성주의(dialogischer Konstruktivismus)인데, 이것은 수업을 '도입하는 이해(einfuehrenden Verstaendigung)'의 과정으로 생각할 수 있는 가능성을 제공한다.[10] 여기서 가르치는 사람과 배우는 사람은 논증의 이해가능성과 정초가능성을 신경 쓰는 것뿐만 아니라 스스로 한 번 더 자신의 철학하기의 방법에 대해 숙고해 본다. 이것은 철학 이전의 행위, 혹은 언어행위 내지 비언어적 실행에 소급하면서 일어난다. 구성주의는 그래서 오히려 철학적인 개념, 진술 그리

---

9 Helmut Engels, "Zum Umgang mit Begriffen im Philosophieunterricht", in: *Mitteilungen des Fachverbandes Philosophie*(1984), Heft 25, S. 2 ff.; ders.,"Wie man der Mehrdeutigkeit der Sprache im Philosophieunterricht begegnen kann", in: *Zeitschrift fuer Didaktik der Philosophie*, 14. Jg.(1992), Heft 2, S. 110ff.;Karel v.d. Leeuw/Peter Mostert, *Philosophieren lernen*, Delft 1988, S. 67 ff.

10 Kuno Lorenz를 인용하면서 글을 쓴 Silke M. Kledzik, "Der dialogische Konstruktivismus als Ausgangspunkt und Grundlage methodenbewussten Philosophierens", a.a.O. (Anm. 5); Martens, *Dialogisch-pragmatische Philosophiedidaktik*, a.a.O. (Anm. 2), S. 39 ff.

고 이론의 재구조화(Re-Konstruktion)이다. 범례에 적용될 수 있는 완성된 규칙을 배우는 것이 아니다. 오히려 규칙 그 자체를 일상적인 삶의 실천에 대한 숙고를 통해 얻게 된다.

발생적 (재)구성주의(genetischer (Re)Konstruktivismus)는 보다 폭넓은 교수법적 잠재성을 가지고 있다. 에어랑어(Erlanger) 학파에서는 학문적인 이론과 전(前)학문적 실천 사이를 매개해 주는 중간 단계를 소위 원형이론(Prototheorie)이라고 알려져 있는 것으로 부른다.[11] 처음에 측량술과 결합되어 만들어졌던 원형물리학(Protophysik)이 점차 화학, 생물학 그리고 사회과학으로 확장되었다. 그래서 유추적으로 원형철학(protophilosophie)에 대해서도 생각해봐야 할 것이다. 이것은 철학 이전의 실천 형식으로부터 철학적인 사유 형식으로의 이행을 체험할 수 있게 해주는 매개 부분을 찾아야 한다는 것을 의미한다.[12] 이런 행동모델의 예로 철학적인 맥락에서는 사회계약론으로 변형될 수 있는 법률적 계약을 들 수 있다. 학생들이 이러한 모델의 구조를 일상적인 생활에 적용하고 텍스트에서 다시 읽어본다면, 이러한 이론을 이해하게 될 것이다.

구성주의를 극단화한다면 그것은 다른 학생활동으로 변형될 수 있다.

---

11 Peter Janich, *Das Mass der Dinge. Protophysik von Raum, Zeit und Materie*, Frankfurt/M. 1997; Eva Jelden(Hg.), *Prototheorien - Praxis und Erkenntnis?*, Leipzig 1995.

12 이것을 이미 나는 제안한 바 있다: "Begriff, Beispiel, Modell", in: *Zeitschrift fuer Didaktik der Philosophie*, 7. Jg.(1985), Heft 1, S. 26 ff.; "Philosophieunterricht als Problem der Vermittlung", in: Wulff D. Rehfus/Horst Becker (Hg.), *Handbuch des Philosophie-Unterrichts*, Duesseldorf 1986, S. 114 ff., 105-117.

그래서 교사는 낯선 이론을 단지 "묘사"하거나 "모방"하는 것을 통해 자기화해서는 안된다. 오히려 교사는 따로따로 나눠진 부분들을 시행착오를 통해 종합해 보면서 자연히 알게 된다. 이러한 것이 철학수업에서도 마찬가지다. 또한 철학수업에서 사유를 통해 구성될 수 있는 산재해 있는 철학학설들을 일단 받아들이고, 극단적 구성주의의 방법을 통해 이런 노력의 과정으로 덕이 형성될 수 있다. 그렇게 되면 학생은 자신들이 조합할 수 있는 철학이론을 위한 기초를 가지게 된다.

3. 현상학(Phaenomenologie)

후설의 제자인 라이나흐(Adolf Reinach)는 『현상학에 대하여』라는 강연을 시작하면서 "나의 과제는 여기서 현상학이 무엇인가를 말하려는 것이 아니라 현상학적으로 사유하고자 한다"고 말하고 있다.[13]

교수법의 과제는 현상학을 관찰과 기술의 기본적인 실천들로 변형하는 것이다. 학생들이 자신의 생활세계에 대한 보다 나은 이해와 자신의 일상적인 의식에 대한 숙고를 할 수 있도록 돕는 것이 목적이다. 베르너(Dittmar Werner)는 일련의 방법론적 단계들을 제안하는데, 이것은 수업에서 현상학적 방식으로 철학하기를 할 수 있도록 맞춰져 있다.

현상학에서 이러한 변형은 매우 어려운데, 그 이유는 이론적인 상부구조와 실제적으로 이용되는 실천 간의 불일치가 크다는 것이다. 이러한 정

---

13 Adolf Reinach, *Gesammelte Schriften*, Halle/S. 1921, S. 379.

초가 학생들을 위한 목적을 위해서는 많은 노력뿐만 아니라 부분적으로는 오히려 잘못 이끌려질 수도 있다. 지금까지 획득한 앎을 중지하고 스스로 '사태 자체로(Sachen selbst)'를 취하라는 잘 알려진 요청은 결코 충분한 지시를 주지 않는다. 추상적인 규칙도 충분하지 않다. 실제로 현상학자들도 사태로 접근하기 전에 자신의 이론을 오랫동안 생각한다. 학생이 사물의 '본질'을 해명해야 한다면, 어떤 방향으로 일반화의 여행을 가야할지가 주어져야 한다. 이를 위해서는 위에서 제시한 모델처럼 창의적인 수정을 자극하는 예시뿐만 아니라 어떤 일반적인 관점에서 대상이 관찰되어져야 하는지를 알려주는 목표설정이 도움이 될 것이다.

'모으는' 활동에 대한 자신의 경험을 쓰기 위해서는[14] 다음과 같은 힌트가 도움이 될 것이다.

> (흩어져 있는 것들을 함께 모으고 관찰할 수 있는) 모음의 일반적인 도식(Schema)을 찾아라.
> 모음의 유형을 (미적인 것을 유지하면서) 설계하라.
> 데리고 오기(Herholen)의 어떤 운동형식과 단계들을 알아보라.(떠나고 다시 돌아오기 weggehen und heimkehren) 등

철학적 해석학처럼 유예된 지각으로 작용하는 것도 가능하다. 좀머(Manfred Sommer)가 훗설(Edmund Husserl)의 저작에서 보여준 것처럼 현상학적 실천에서는 '어둡게 하기(Abschattung)'가 중요한 역할을 한다. 대상은

---

14 Manfred Sommer, *Sammeln: ein philosophischer Versuch*, Frankfurt/M. 1999. 참조.

우선 한쪽 면으로부터 지각되고 나서야 시간의 흐름 속에서 다른 쪽이 보일 수 있다. 내가 지금까지 지각한 것은 무엇인가? 나는 그 다음의 지각에서 무엇을 기대하는가? 내가 대상에 대해서 더 많이 알게 되면 지각이 어떻게 바뀔 것인가? 이러한 방법들을 수업 안으로 가져올 수 있다. 잘 알려지지 않은 동전의 앞면만 보여주고 나서 뒷면을 어떻게 상상할 것인가? 학생에게 학급여행 목적지의 사진만 보여주고 자신의 희망, 그리고 증명 내지 실망을 제시해보라고 할 수 있다. 기대의 지평과 경험의 지평이 서로 대립될 때, 자기관찰(Selbstbeobachtung)의 정확한 과제가 제기된다. 이런 종류의 현상학적 연습은 철학 및 윤리 수업을 매우 풍부하게 할 것이다.

4. 변증법(Dialektik)

변증법은 그 역사에서 다양한 변화를 가지고 있지만, 여기서는 이를 다시 상술하지는 않을 것이다. 변증법적 관점에서는 두 가지 특징이 본질적이다. 첫째, 변증법의 방법은 대화와 관련 있다. 변증법이 단지 가상의 싸움만이 아니라면, 그것은 플라톤 이후로 말하고 대답하는 것 안에 있는 자신의 주장을 논증적으로 해명하는 것에 있다. 철학수업을 이해의 대화적 과정으로 생각하기 위해서는 철학적인 대화의 형식을 가진 방법이 교수법적 모델이 될 수 있다.[15] 둘째, 독일 낭만주의의 '해석학적 전환(hermeneutische Wende)' 속에서 형성된 변증법과 해석학의 관계는 덜 알려져 있다. 철학수업에 있어서 이러한 맥락은 흥미로운데, 그 이유는 그것으로부터 비판의 방법이 나올 수 있기 때문이다. 헤겔과 관련하여 철학적인 텍스트 읽기가 일

---

15 Martens, *Dialogisch-pragmatische Philosophiedidaktik*, a.a.O.(Anm. 2), S. 75; S. 121-123.

련의 비판적인 관련으로 조직될 수 있다. 계속되는 사유는 이전의 사유의 모순들로부터 전개될 수 있다. 그래서 부정적인 결함으로부터 긍정적인 대안이 나오게 된다.

여기서 물론 어떻게 학생이 변증법적 방법을 독자적으로 적용해볼 수 있는 상황에 처하게 하는지에 대해 물을 수 있다. 변증법을 통해 학생은 유사한 방식으로 비판을 해볼 수 있는 상황에 처할 수 있는 형식을 가질 수 있다. 이에 따라 학생은 최대한 이론적인 대안이 나올 수 있는 특정한 결함을 텍스트 안에서 찾는다. 예를 들어 홉스의 계약론을 잘 알고 있을 경우, 복종의 계약에 대한 비판은 개인에게 보다 많은 자유의 권리를 보장해주어 그 계약을 보완해주는 계약모델로 이끌어질 수 있다. 이러한 비판은 로크나 루소에게서 읽혀질 수 있지만, 이것 또한 이론적인 것이다. 그래서 쓰기의 매개가 여기에서는 필요하다. 과제는 "상응하는 반대의 안을 자신의 비판과 관련하여 제시하시오"가 될 것이다.

이를 통해 변증법의 방법이 텍스트와 상관없이 실행될 수 있는지에 대해서도 고려해 보아야 한다. 이에 대해 다시 헤겔은 중요한 그러면서도 변증법적인 예시를 제공한다. 『누가 추상적으로 사유하는가?』[16]라는 자신의 짧은 글에서 그는 살인자가 처형장에 끌려와서 다양한 재판의 대상이 되는 상황을 묘사한다. 일반적인 대중들은 이 사람에게서 처벌되어야만 하는 살인만을 보는데, 부인들은 이 사람이 매우 튼튼해 보이고 멋있다는 것을 알게

---

16 "Philosophisches Meisterstueck" in: *Zeitschrift fuer Didaktik der Philosophie*, 15. Jg.(1993), Heft 4, S. 268 ff. 참조

된다. 결국 인간을 잘 이해하는 사람은 이런 운명에 대한 근거들을 찾게 되는데, 그가 교육을 받지 못한 데에서 그렇다고 믿게 되는 근거를 찾는다. 그래서 놀랄 만한 결과가 나온다. 배우지 못한 사람들은 추상적으로 생각한다. 왜냐하면 이들은 인간을 살인이라는 속성으로 단순화하기 때문이다. 여기서 사정보지 않고 깨져버린 일상적인 이해의 이러한 전환은 자유로운 문제토론을 위하여 수업원칙 안에서 변형될 수 있다. 토론에서 많은 추상적인(단순화된) 규정들이 일면적이거나 빈약하거나 폭력적인 것으로 입증될 수 있다. 여기서 그러한 추상화를 삶의 실제적인 경우와 관련시키면서 점점 구체화하는 것이 과제이다. 일반적으로 형식화한다면 변증법적 방법은 추상에서 구체로 상승하는 것이다.

5. 해석학

철학하기의 매개로부터 시작한다면 철학 텍스트의 읽기는 수업에서 없어서는 안 될 부분이다. 그렇지만 텍스트가 그 자체로 이해되지는 않는다. 여기에는 철학에서 전개되어 해석학이라고 불리는 특별한 방법이 필요하다. 이 경우에는 다양한 종류들이 있기 때문에 어떤 방법을 어떤 방식으로 철학수업에 맞춘 것인지를 보다 자세히 구분해야 한다. 그래서 리더 (Lothar Ridder)는 해석적 의도주의(hermeneutischer Intentionalismus), 철학적 해석학(philosophische Hermeneutik), 구조주의(Struktualismus)와 해체주의 (Dekonstruktivismus)의 4가지 종류를 구분한다. 그가 여기서 해석학적-의도주의적 방법을 선택한다면 그것은 저자가 자신의 진술로 의도했던 것을 텍스트에서 추출해내는 작업을 수업에서 한다는 것을 의미한다.

다른 종류들이 가진 교수법적 가능성은 어디에 있을까? 구성주의와 해체주의는 각자가 철학의 흐름으로 다뤄질 수도 있다. 그래서 여기서는 철학적 해석학으로 제한될 것이다. 철학적 해석학은 후기의 발전의 방향을 가르키는 접근들을 포함한다. 그것은 우선 낯설음과 차이(Fremdheit und Differenz)에 대한 강조인데, 이것이 없다면 이해는 문제가 될 수 없으며, 둘째는 독자의 적극적인, 혹은 더 나아가서, 생산적인 역할이다. 가다머(Gerog Gadamer)는 이 두 측면을 강조하고 자신의 철학적 해석학의 원칙으로 삼았다.[17] 그에 따르면 독자는 특정한 전이해(Vorverstaendnis)를 가지고 있는데, 이것은 독서를 중요하게 각인시키며 텍스트를 읽으면서 변화된다. 이 두 의미의 지평이 서로 융합되면 텍스트이해가 깊어진다.

'지평융합(Horizontverschmelzung)'은 학생의 전이해(Vorverstaendnis)와 읽은 후의 텍스트이해(Textverstaendnis)을 분명히 하고 대립시킴으로써 특정한 수업방법에서 전수될 수 있다.[18] 특정한 철학적인 기대지평을 만들어내기 위해서는 철학수업에서 핵심개념, 논증 혹은 사유물들이 적합하다. 읽기 전에 구체적인 쓰기과제는 "이 텍스트에서 생각할 수 있는 기대를 제시하시오"일 것이다. 글에 대한 읽기-기대(Lese-Erwartung)는 그래서 읽기-경험(Lese-Erfahrung)과 비교된다. 기대는 특정 텍스트에서 입증되거나 실망시키거나 뛰어넘을 수 있을 것이다. 예를 들어 핵심어가 동정이라면 이

---

17 Hans-Georg Gadamer, *Wahrheit und Methode. Grundzuege einer philosophischer Hermeneutik*, Tuebingen 1990, S. 270 ff.; 이 방향에 대해서는 이미 쉴라이에어마흐(Friedrich Schleiermacher)와 쉴레겔(Fridrich Schlegel)이 제시하였다.

18 Reinhard Lindenhahn, "Die Leseverzoegerung als Methode des Deutschunterricht", in: *Der Deutschunterricht*, 33. Jg.(1981), Heft 2, S. 28 ff.

와 관련된 흄의 도덕원칙을 읽는 것이 본질적으로 기대에 상응하는 것이 될 것이다. 그렇지만 우정이라는 주제가 준비된다면, 아마도 아리스토텔레스의 니코마코스 윤리학을 읽는 것이 기대로부터 벗어난다. 왜냐하면 오늘날 사람들은 이 주제에서 목적결합, 정치적 관계, 그리고 지배관계를 포함시키지 않기 때문이다. 결국 앞에서 나온 헤겔의 "누가 추상적으로 사유하는가?"라는 글이 읽혀진다면 기대와 텍스트진술은 매력적인 방식으로 맞지 않을 것이다.

기대와 읽기의 대립의 방법은 개개의 장이나 절을 읽고 나서 읽고 있는 학생의 추측에 따라 어떻게 되어가는지를 새롭게 물어봄을 통해 동일한 텍스트 안에서 반복될 수 있다. 예를 들어 데카르트의 『성찰(Meditationen)』의 회의의 단계를 느끼게 한 후, 수수께끼의 해결이 어떻게 생각될 수 있는지 물어볼 수 있다. 회의적인 태도를 견지하는 학생이라면 그것으로부터 나오는 앎의 체계에 도달하기 어렵다는 것에 놀랄 것이다. 유예된 읽기의 방법은 해석학적 맥락에서는 전이해와 이해 간의 긴장을 산출하고 이를 통해 양 측면의 매개를 숙고하게 하는 데 기여한다. 확산적인 지평이 항상 다시 수행되어야만 비로소 텍스트이해의 목표에 도달하게 된다.

6. 해체주의

해체주의적 방법에서는 철학적 해석학이 극단화된다. 저자와 독자의 공통적인 지평을 생산한다는 것이 원칙적으로 문제가 되기 때문에, 분명한 텍스트의 의미가 더 이상 존재하지 않는다. 다양한 의미들이 가능하며, 텍스트에 대한 끊임없는 언급들이 겹쳐진다. 저자는 이미 독자이며, 독자는 이미 저자가 된다. 해체주의와 쓰기 사이에는 특별한 유사성이 있다는 것은 분명하다.

이 관점에서는 역설적인 교수법적 상황이 발생한다. 의심의 여지없이 학생에게 있어 가능한 해석의 영역이 극대화된다. 그리고 동시에 이 해석이 결코 아무렇게나 되지는 않는다. 왜냐하면 빗나간 해석을 요구하는 것도 텍스트이기 때문이다. 근본적으로 텍스트는 수업에서 보다 자세히 읽혀야 한다.[19] 학습자는 특히 단절, 결함(빠진 부분), 그리고 주변 그리고 또한 숨겨진 진술을 찾아야 하며, 이것은 두 번째 해석에서 분명해질 것이다. 여기서 해체는 단어적 의미로 '텍스트에서 보이지 않는 것을 보이게 하거나 주변현상을 중심으로 가져오는 것'을 의미한다.

한 번 더 자주 인용되는 데카르트의 『성찰』의 예를 다뤄보면 다음과 같다. 방법적 회의의 과정에서 저자는 자신의 고유한 추론에 놀라워한다: "내가 알지 못한 것과 말도 안되는 것을 비교해야만 한다. [···] 그러나 그것도 역시 말도 안되는 것이며, 내가 그것을 예를 들고 싶을 때에는 마찬가지로 그것이 의미있는 것처럼 보인다."[20] 이 문구를 푸꼬(Michel Foucault)와 데리다(Jasque Derrida)는 이성주의적 철학 안에서 이성의 다른 형식이 이론적으로 그리고 실천적으로 제외된 것에 대한 증거로 삼는다. 이러한 분산(Um-

---

19 Juergen Belgrad/Karlheiz Fingerhut(Hg.), *Textnahes Lesen: Annaeherungen an Literatur im Unterricht*, Hohengehren 1998.

20 Descartes, *Meditationen ueber die Grundlagen der Philosophie*, hg. v. Lueder Gaebe, Hamburg 1960, S. 16. - Michel Foucault, *Wahnsinn und Gesellschaft*, Frankfurt/M. 1960, S. 68f.; Jacques Derrida, *Die Schrfit und die Differenz*, Frankfurt/M. 1972, S. 53 ff.

Zentrierung)의 행위를 학생이 시도할 수 있게 된다. 학생은 경험적으로 저자가 인용된 부분에서 논증하는 것이 아니라 수사학적 수단을 사용한다는 것을 발견하게 된다. 그래서 과제는 다음과 같을 것이다:"'광기(Wahnsinn)'에 대한 진술을 철학적인 글의 중심으로 삼아라."

수업 방법과 매체

학생들이 자신의 사고방향을 연습해 볼 수 있는 활동형식이 읽기, 말하기 그리고 쓰기와 같은 수업 매체에 달려 있기 때문에 이것은 철학적 방법의 변형에서 중요한 역할을 수행한다.[21] 역으로 특정한 활동형식은 다루는 철학의 방향에 따라 변한다. 그래서 예를 들어 언어 분석적, 현상학적, 해석학적, 또는 해체주의적 방법의 범위 내에서 쓰기가 이뤄지는 경우 본질적으로 구분된다. 우선 언어 분석적 방법의 경우에는 엄격한 논증, 현상학적 방법에는 자세한 관찰, 해석학적 방법과 해체주의적 방법에는 주어진 텍스트에 대한 적절한 논평 내지 유희적 재해석이 중요해진다. '창의적 글쓰기'를 철학수업에서 이런 방법들과 연결한다면, 그것은 어떤 형식으로 논의되는 게 아니라 진정한 철학적인 개념을 재생산한다.

이런 구분에서 활동가능성의 지평이 열린다. 여기서 활동가능성은 다음과 같이 경계와 교차되는 것을 포함하여 도식으로 요약될 수 있다.

---

21 이 책의 "철학수업과 도덕수업의 방법" 참조.

【표】철학과 윤리수업 방법

매체 사유 경향	말하기	읽기	쓰기
분석철학	• 개념들을 자세히 정의하고 정확하게 사용하고 합리적으로 논증하기 • 범례를 분석하고 이에 대해 토론하기	• 철학 텍스트의 논증과정을 직접 해보기 • 개념적 정확성, 논리적 추론의 정당성, 그리고 개연성 검증하기	• 주장의 논증을 보완하고 정확하게 하기 • 문제 사례들을 논증적으로 해결하기
구성주의	• 자신과 타인의 언어사용을 숙고적으로 그리고 대화적으로 이해시키고 행위와 관련짓기	• 철학 진술들에 드러나지 않는 전제들을 재구성하기	• 행위 및 산출 지향적인 자기의 논증적인 글쓰기
현상학	• 자신의 관찰과 의식상태를 전달하고 서로 비교하고 일반화하기	• 현상학적인 사례를 읽으며 자신의 고유한 경험을 검증하고 일반화를 판단하기	• 일상적인 경험을 기술하고 여기서 '본질적인' 특징을 도출해 내기
변증법	• 말하고 대답하면서 논쟁하고 일상적 이해와 전문적 이해에 대해 근본적으로 문제 제기하기	• 철학 텍스트에서 모순과 결함을 찾아내어 비판하기	• 사유를 비판적인 관점에서 전개하고 이론적인 대안을 기획하기
해석학	• 타인과 자신의 신념을 이해하도록 배우고 서로 승인하기	• 철학적 그리고 문학적 텍스트를 해석하기 • 전이해를 명확히 하고 의미를 이해하기 • 지연된 읽기	• 철학적, 문학적 텍스트 혹은 다른 예술작품에 대한 비평 쓰기
해체주의	• 개념, 논증, 주장, 은유 그리고 사유물에 대한 유형을 파악하기	• 텍스트에 대하여 단절, 결함, 주변 그리고 숨겨진 진술의 관점에서 문제 제기하기	• 텍스트 다시 쓰기: 결함 채우기, 숨겨진 것을 드러내기, 맥락을 변화시키기, 새로운 중심을 구성하기

이 표는 단지 발견술적 기능을 충족시킬 뿐이다. 좌측에 있는 사유 경향들은 그 차이가 논증하기, 숙고하기, 관찰하기, 비판하기, 새롭게 해석하기처럼 비교적 명확하게 규정될 수 있다. 우측의 매체에서는 구분에 약간의 어려움이 있다. 한편으로는 개별 사유 경향들에서는 사유 양식의 어느 정도의 동일성이 드러나고, 다른 한편으로는 매체의 변경에서 발생하는 분명한 차이를 알 수 있다. 쓰기를 읽기와 연계되는 행동으로 조직하려고 한다면 활동형식은 분명히 변한다. 읽을거리에 대한 특정 방법이 그렇게 연결되는 쓰기를 비록 결정하지만, 쓰기는 텍스트에 대한 하나의 반응뿐만 아니라 다른 종류의 반응이다. 종합적으로 볼 때 완결된 해결이 미래의 과제보다 덜 중요하다.

즐거운 절충주의

결론적으로 다양한 사유 경향과 방법들이 가지고 있는 관계에 대한 물음이 제기된다. 물론 오늘날 일관된 고도의 체계(Hypersystem)가 제공되며, 이 안에서 모든 접근이 헤겔적인 방식으로 공동의 발전 도식으로 강요된다. 또한 분명하게 규정되는 시작이 없는데, 그것은 모든 방향이 고유한 기원의 신화를 가지고 있으며 다른 방향과 논쟁하기 때문이다. 분석철학에서는 언어가, 구성주의와 실용주의에서는 행위가, 현상학에서는 '사태 그 자체'가, 변증법에서는 모순이, 해석학에서는 대화적 이해가, 해체주의에서는 텍스트가 있다. 물론 구분되는 근접성과 거리의 멂뿐만 아니라 교차와 이행이 관찰될 수 있다. 또한 분석철학과 구성주의가 논증의 엄격함으로 결합될 수 있다.

발화행위의 이론에서는 언어학과 현상학이 결합될 수 있다. 구성의 원칙으로서의 대화는 변증법에서뿐만 아니라 구성주의에서도 발견된다. 이와 달리 현상학처럼 구성주의는 일상의 경험을 언급하지만 다시 현상학과 해석학이 공통으로 자연과학적 모델과는 거리를 둔다. 결국 해체주의는 해석학에 대한 비판으로부터 나오게 된다.

철학수업에 있어서 이러한 다양하면서도 뒤섞인 사유의 경향들로부터 일련의 순서의 과정들이 강요적인 것이 아님을 알 수 있다. 그래서 분류학적인 순서는 없다. 왜냐하면 모든 방법들은 높거나 낮은 학습수준에서, 복잡하거나 기본적으로, 그리고 어렵거나 혹은 쉽게 사용될 수 있기 때문이다. 게다가 예를 들어 현상학은 생활세계적으로 관련된 철학하기를 위한 첫 번째 입구를 제공할 수 있지만, 엄격한 의미에서 이것을 한다면 이것은 어렵게 매개될 수 있는 방법에 속한다. 그리고 비록 해체주의가 의심의 여지없이 많은 노력을 요구하는 절차임에도 불구하고 아주 단순한 쓰기 과제에서 자극을 줄 수도 있다.

개별적인 사유 양식은 철학하기의 다양한 측면을 강조하며 특정 활동을 도입할 수 있다. 철학 전체가 교수법적 잠재성을 가지는 것처럼 개별적인 경향들이 특정한 수업실천적 가능성을 갖는다. 해석학과 해체주의가 주어진 텍스트와 결합되는 반면에 분석적, 구성주의적, 그리고 현상학적 방법은 텍스트와 무관하게 적용될 수 있다. 그래서 해석학은 학문지향적이지만 현상학은 학생지향적이라 할 수 있다.

방법의 선택에서 중요한 것은 학생이 습득해야 할 특정한 역량(Kom-petenz)을 매개할 수 있는 수행능력(Leistungsfaehigkeit)을 가지고 있는지의 여부이다. 앞에서 설명한 것처럼, 이러한 방법들은 그에 상응하는 개별적인 수업 목표에 도달하기 위한 각자의 장점, 즉 논증적인 능력의 향상, 언어 사용에 대한 숙고, 지각의 의식, 비판능력의 개발, 텍스트 이해의 전달, 창의성 촉진 등을 가지고 있다. 교사가 어떤 능력을 추구하는지에 대해 명확해지면 그에 맞는 방법을 찾으면 된다.

철학적인 방법을 교수법의 실제로 변형시킬 때 이념형적, 패러다임적, 절충적 방법을 사용하는 모든 경우에 이런 방법들을 겹치거나 동시에 실행하게 된다. 결국 처음에 생각했던 것보다는 많은 공통점들이 생겨난다. 그리고 결합과 융합의 형식들도 생각해 볼 수 있다. 그럼에도 불구하고 보충적인 의도에서 방법론적인 의식을 분명하게 하고 철학 및 윤리 수업의 다원성을 촉진하기 위해 우선 이러한 차이를 말한 것이다. 결국 '즐거운 절충'이 이뤄진다.

제6장

철학적 역량

　〈지식사회(Wissensgesellschaft)〉의 슬로건에 따르면, 오늘날 학교의 내부와 외부의 전반적인 학습에 지대한 영향력을 행사하는 다양한 변화들이 일어나고 있다. 과학, 기술, 학문의 발전으로, 특히 새로운 정보 통신 기술을 통해, 새로운 지식이 기하급수적으로 증가하고 그와 아울러 전통적인 지식이 급속하게 낡은 것으로 전락하는 역설적인 상황이 생겨나고 있다. 그에 따라 학교의 지식도 위기에 처해 있다. 그래서 우리의 지식은 점점 문제가 있다는 것이 확실해짐에도, 과연 '어떻게 유용한 지식이 전달 및 전수될 수 있는가?'라는 물음이 교과교수법 전문가에게 제기된다. 최근 들어 제기되는 어려움은 정보를 찾아서 보관하는 것에 있는 것이 아니라, 오히려 정보의 생산 네트워크에 있다.

이러한 변화된 상황에 직면하여 교육연구자들은 새로운 학습문화를 요구한다.[1] 그 새로운 학습문화란 학습이 체계적으로 반영되면서, 아울러 학습 자체를 학습할 수 있도록 하는 것에 있다. 체계적인 학습이란 획득한 지식을 유연하고 독립적으로 처리할 수 있도록 이끌어 가는 것이다. 지식은 변화된 상황에 적용될 수 있어야 하며, 아울러 다른 지식 분야에 그리고 구체적이며 실천적인 상황에도 적용될 수 있어야 한다. 기술적으로 전수된 정보들을 개인적인 지식으로 획득해야만 하는 사람은 자신의 고유한 목표를 알맞게 선택하고 또한 평가할 수 있도록 하기 위한 포괄적인 방향을 필요로 한다. 이러한 문화적인 종합을 전통적으로 교육(Bildung)이라 한다.[2]

개념적으로 볼 때 역량(Kompetenz)은 그러한 발전을 고려하고자 시도된 것이다. 우선적으로, 그 개념은 평생에 걸쳐 수행되는 직업에 결부되어 있는 자격(Qualifikation)의 개념과는 다르다. 이와 달리, 어떤 삶의 과정에서 직업적인 활동들이 점점 더 변화하는 경우라고 한다면, 능력(Faehigkeit)은

---

1 교육, 과학, 연구 및 기술 담당 부처에 발주한 프로젝트인 ˙Wissens-Delphi˙의 요약은 다음의 연구서에서 찾을 수 있다: Bernhard von Rosenblatt (Hg.), *Bildung in der Wissensgesellschaft*, Muenster 1999. 그리고 다수의 글 중에서 여기서는 두 권의 책 정도만 소개하고자 한다: *Kompetenzentwicklung '99. Aspekte einer neuen Lernkultur, Muenster* 1999, *Kompetenzentwicklung 2000. Lernen im Wandel-Wandel durch Lernen*, Muenster 2000.

2 Ekkerhard Martens, "Philosophie als Kulturtechnik humaner Lebensgestaltung", in: *Zeitschrift fuer Didaktik der Philosophie und Ethik*, 17. Jg. (1995), Heft I, S. 2 ff.; Frank Witzleben, "Wozu Bildungskategorien in der Philosophie?", in: *Zeitschrift fuer Didaktik der Philosophie und Ethik* 19. Jg. (1997), Heft 2, S. 74 ff.; Volker Steenblock, *Theorie der kulturellen Bildung. Zur Philosophie und Didaktik der Geisteswissenschfaten*, Muenchen 1999; Volker Steenblock, "Philosophische Bildung als ˙Arbeit am Logos˙", in: Johannes Rohbeck (Hg.), *Methoden des Philosophierens*, Dresden 2000, S. 13 ff.; Gisela Raupach-Strey, "Bildung zwischen Widerspruch und Anspruch", in: Peggy H. Bereitenstein/Volker Steenblock/Joachim Siebert (Hg.), *Geschichte-Kultur-Bildung*, Hannover 2007, S. 193-205 참조.

새로운 적용 분야로 지식을 전수하고 그에 따라 적응하는 것을 요구한다. 그리고 일정한 변화가 규칙적으로 전개되는 경우라고 한다면, 평생에 걸친 체계적인 학습이 전체적으로 만들어질 필요가 있다. 역량(Kompetenz)이란 곧 이와 같은 방식의 유연화뿐만 아니라 필요한 습관화도 포함한다. 역량 은 실제적인 행위와 실행적인 능력에 적합하기 때문에, 오늘날 능력보다 더 선호된다.[3]

이러한 새로운 문제 상황은 어떤 역량들이 일반적으로 가르쳐져야만 하는지를 개별적으로 명명하는 제안들에서 반영된다. 핵심역량은 다음과 같다. 첫째, 새로운 문제를 인식하고, 더 나아가 복잡하게 변화하는 연관관 계를 파악하고 아울러 실천적으로 대처하기 위한 인지적 혹은 전문적 역량 (Sachkompetenz). 둘째, 네트워크로 연결된 세계에서 협력과 의사소통을 할 수 있으면서도 새로운 협동 형태를 규범에 맞게 평가할 수도 있는 사회적 혹은 협동적 역량(Kooperationskompetenz), 마지막으로, 자신의 변화 내부에 서 자신의 고유한 정체성 즉, 독립성, 책임 그리고 창의성을 보장하는 이 정 체성을 찾을 수 있는 개인적 혹은 자기 역량(Selbstkompetenz)이다. 사회 및 인문학적 교육학에서 유래한 것으로서, 기본역량(Grundkompetenzen)은 다 음과 같다. 분석적이며 해석학적인 역량들을 포함하는 인지적(kognitive) 역 량, 담론적 이해의 패러다임에 기반 한 상호적(interaktive) 역량, 그리고 개 인적 전기의 맥락에서 자신의 경험과 이해를 포함하는 미적(aesthetische) 역

---

3 Ekkehard Martens, *Dialogisch-pragmatische Philosophiedidaktik*, Hannover 1979, S. 25 ff.; Volker Steenblock, *Philosophische Bildung, Einfuehrung in die Philosophiedidaktik und Handbuch: Praktische Philosophie*, Muenster 2000, S. 89 ff.; 이와 마찬가지로 새로운 학 교 교과서 시리즈인 *Philosophieren koennen*, Bayerischer Schulbuchverlag, hg. v. Ekkehard Martens/Volker Steenblock 참조.

량이 그것이다.[4]

    이와 같은 교양 이론적 배경에서 제기되는 문제가 있는데, 그것은 철학 및 도덕수업이 그 역량들을 위해 구체적으로 어떤 기여를 할 수 있는가 하는 점이다. 무엇보다도 철학 및 도덕 교과의 중요성이 미래 교육의 지평에서 그 물음에 따라 좌우된다. 교과교수법적인 과제는 요구되는 역량들과 교과의 고유하며 특수한 방법론들 사이의 매개를 달성하는 것에 있다.

철학함을 통한 역량들

    철학수업은 특별한 방식에서의 새로운 도전에 직면하게 되었다. 왜냐하면 철학수업에 있어서 숙고(Reflexion)는 전문 직업을 위한 사고와 학습에 속하기 때문이다. 철학은 곧 숙고의 학문으로 지칭될 수 있다.[5] 철학적 근본 역량은 다음과 같은 방법론적인 역량들로 구분될 수 있다. 자기 자신의 철학함의 전제가 되는 놀라움을 느끼고, 철학적 문제들을 형성하여 그 해결들을 발견하며, 이를 위해 비-경험적인 개념을 형성하고, 그 개념을 정확하게 규정하고 평가하며, 아울러 가능한한 논리적이며 엄격하게 논증하고, 텍스

---

4 Juergen Kreft, Grundprobleme der Literatur di dak tik, Heidelberg 1977. - 디트리히(Julia Dietrich)는 "Wissenschaftsethische Problem erkennen und strukturieren-wie geht das eigentlich", in: *Zeitschrift fuer Didaktik der Philosophie und Ethik*, 23. Jg.(2001), Heft 2, S. 147-157. 에서 지각하기, 움직이기, 방향잡기, 논증하기, 결정하기, 행동하기를 역량으로 구분하였다.

5 Martens, *Dialogisch-pragmatische Philosophiedidaktik*, a.a.O. (Anm. 3), S. 17; Wulff D. Rehfus, *Didaktik der Philosophie*, Duesseldorf 1980, S. 9; Nobert Diesenberg, "Entwurf fuer einen Kanon der Vernunft", in: *Zeitschrift fuer Didaktik der Philosophie und Ethik*, 19. Jg. (1997), Heft 2, S. 174 ff. 참조.

트와 사실을 해석하며, 비판하고 대안을 개발하며, 근거에 입각한 판단들을 내릴 수 있어야 한다.

이러한 일반적인 방법들에 관해서는 보다 더 광범위한 합의가 있다. 하지만 그 일반적인 방법들이 특수한 사유 수업의 맥락에서 어떤 특정한 특성을 가지고 있는지는 구체적인 적용 속에서 나타난다. 물론 철학 일반이 그렇게 된다는 것은 아니지만, 방법들은 다양한 철학적 경향들에 의해 영향을 받는다. 그 방법들에 속하는 것들로는 분석 철학, 구조주의, 현상학, 변증법, 해석학 그리고 해체론 등이 있다. 앞장에서 철학적 생각 수업의 특수한 방법들을 실천적인 방식들 속에서 변형하는 교수법적 과제가 제시된 바 있다.

그러나 이번 장에서는 그 관점을 변경한다. 지금까지 철학적인 방법들이 교수법적인 의도에서 설명되었다고 한다면, 이제는 학생들이 달성해야만 하는 역량들이 탐구의 출발점을 형성한다. 각각의 모든 철학적 생각 수업은 그에 상응하는 수업목적을 달성하기 위한 그 나름의 특수한 강점을 가지고 있다. 그리고 각각의 모든 수업의 방향은 특정 활동들과 이들을 통한 역량들을 가능하게 하는 철학함의 특수한 측면들을 강조한다. 철학 전체가 교수법적인 잠재력을 가지고 있는 것처럼, 개별적인 철학의 경향들도 수업 실천의 다양한 가능성들을 제시하고 있다. 그때그때마다 어떤 역량이 추구되는지에 관해 교사들이 명확하게 알고 있다면, 그들은 그 역량에 적합한 방법을 찾게 될 것이다.

프로그램과 수행과정으로부터 알 수 있는 것은, 방법이란 단순한 형식적인 절차에서가 아니라 기술적인 의미에서의 수업 방법들로서 이해되어야 한다는 것이다. 그 반대로, 철학적 생각 수업의 방법들은 내용적인 것을 함유하고 있으며, 그것은 철학함의 특정한 기본 설정에 맞춘 경향들과 결합되는 것이다. 논리와 정확한 학문 그와 더불어 분석 철학에 기반 한 구성주의는 생각하기와 말하기 그리고 소통하기를 가능한 한 명료하게 하기 위해서 언어 사용과 논증 추리 방식을 반영하는 것을 구체적인 목표로 한다. 불명료한 언어가 지배적으로 사용될 수 있고 또한 합리적인 담론이 민주주의 한 부분이기 때문에 그 속에서 계몽적인 자극이 생겨난다. 한편 과학기술의 지배에 맞서고 기술적으로 지배되는 세계에 대항하는 현상학은 그러면서 동시에 생활세계의 대안적 주제영역을 개척한다. 현상학은 자신의 고유한 인식과 주관적 경험을 발굴하려는 의도를 추구한다. 이론적인 선입견으로부터 일단 눈을 돌린 방법론적인 시도는 처음부터 해방적인 충돌의 방향을 가지고 있다. 그와 같은 종류의 방법론적 역량들은 따라서 특정한 내용 및 목표와 연관되어 있다.

교수법적 차이

엄밀히 말해서 오래전부터 생활세계 및 개별학문의 실천에 기본적으로 해당하는 즉, 관찰하고, 이해하고, 분석하고, 반성하고, 반박하고, 비판하고, 실험하고 수정하는 것과 같은 기초 역량이 무엇보다 중요하다. 그 능력들은 잘 알려진 방법들에서 찾아질 수 있으며, 또한 학생들이 일상생활 및 교과목으로부터 알게 되는 방법들로부터도 찾아질 수 있다. 철학 및 윤리 수업은 공통의 지각, 생각 그리고 행동을 주제화하기 때문에, 그러한 능력들에 긴밀히 결부되어 있다.

철학 텍스트에서 공부할 수 있는 것은 기초적인 방법들을 일반화하고, 분석하고 반성하는 것이다. 또한 이 영역에서 관찰될 수 있는 것으로는 각각의 철학자들이 아주 다른 방법들을 저마다의 사유 속에서 일치시키는 방법을 찾는 것에 있다.[6] 예를 들어, 헤겔은 물론 변증법의 대표자로 간주되지만, 그러나 그는 '감각적 확실성'으로 시작하는 『정신현상학』을 저술하였으며, 또한 그의 『논리학』은 그가 급진적으로 비판하는 분석에 매우 정확하게 관련되어 있다. 또한 더 나아가서 그가 최초로 '역사성'의 개념을 각인했을 때, 그는 진정한 해석학적 원리를 표현한 것이라 할 수 있다. 오늘날에 이르기까지 대부분의 철학자들은 그와 같은 방식으로 연구를 수행하고 있다. 텍스트를 꼼꼼히 해석하고, 명확하고 이해할 수 있는 개념을 사용하며, 합리적으로 논증하고, 그에 맞게 자신의 경험들을 고려하고, 비판을 수행하고 모범 텍스트를 창의적으로 서술하는 요청을 누가 자신의 일로 받아들이지 않겠는가?

따라서 그러한 방법들이 철학과 도덕 교육의 필수 불가결한 요소들이어야 함은 자명한 것이다. 더 정확히 말해서, 그러한 방식의 모든 형식 속에 이러한 방법들이 항상 실행되어 왔다. 또한 철학과 도덕의 교수법도 처음

---

6 회페(Otfried Hoeffe)가 아리스토텔레스와 관련하여 언급한 것에 대하여는 Ekkehard Martens, "'Praktische Philosophie' aus fachdidaktischer Perspektive-Schwerpunkt: Methodik", in: *Philosophieunterricht in Nordrhein-Westfalen* (2000), Heft 34, S. 21 ff. 참조.

에는 그러한 방식과 함께 작동했었다. 학습자 중심의 수업의 경우에서 학습자들의 경험세계가 고려된다면, 그것은 '현상적인'것으로 간주될 수도 있다. 아울러 텍스트가 해석되고 진술이 평가되고, 주장들이 비판된다면, 이러한 활동들은 확실히 '해석적', '분석적' 그리고 '변증법적'성향이라 할 만하다.

하지만 여기서도 어떤 다른 문제가 있다. 철학의 특정 사상 경향들에서 알려진 방법들은 일상적인 것을 넘어설 뿐만 아니라 보편철학적인 이해 또한 넘어서는 방식으로 재차 개선된다. 이러한 특정한 잠재 가능성을 교수법적인 맥락에서 응용하고 또한 그에 상응하게 수정하는 것이 필요하다. 이것은 단일 학파의 모사를 의미하는 것이 아니라, 학생들이 학습할 수 있고 학생 스스로 적용할 수 있는 철학적 실천 속에서 교과의 교수법적인 방향의 변형을 의미하는 것이다. 이러한 잠재 가능성을 선택하고, 변경하고 보완하는 데 있어서 주도적인 것은 학습자들에게 그때그때 가르쳐야만 하는 철학적 역량들이다.

이와 같이 전문 철학적 맥락으로부터 수업실천적 맥락으로의 변형을 위해 내가 교수법적인 차이라 부르는 하나의 준거가 있다. 분석, 해석 혹은 비판의 방법들은 철학적 체계에서 '궁극의 근거들'로 확립되면서, 동시에 그 방법들은 그때그때 마다의 구성적인 기초로 설명 된다. 그 방법들은 구성적 이론에 자주 부각되면서도 자주 사라지는 메타 언어에서 아주 단순한 형태로 양식화된다.[7] 철학사는 그러한 타당성 주장이 고취되고 아울러 그 주장에 반대하여 논쟁하게 되는 그런 장소이다. 이런 점에서 방법적으로 수행되는 철학적인 것의 생생한 성취를 이루어내고 아울러 수업에서 전달 가능한 역량들로 전환하는 것이 가능하다. 따라서 교수법적 차이는 구성과 방법을 구분하는 것을 의미한다.

아이러니는 수많은 철학자들이 한 번도 자신의 고유한 방법론적인 잠재 가능성들을 충분히 사용하지 않았다는 것이다. 헤겔의 일화에서 잘 알려진 것이지만, 그의 철학은 물론 비판적 반성을 위한 다양한 분석을 제공하고 있지만, 그는 자신의 철학적 체계를 그의 수업을 듣는 '중간 및 상위 클래스' 학생들로 하여금 노트에 받아쓰게 하였다. 또한 '스스로 생각하라!'는 칸트의 모토에 대해서 생각해 볼 때, 칸트도 강단에서 그 '스스로 생각하기'를 설교조로 강의하였다는 사실을 숨길 수가 없다. 후설의 현상학에서도 그의 가장 근본적인 철학적 성과들이 발견되지만, 반면 그 자신의 현상학적인 방법들은 예로서 거의 입증되지 않았다. 배워왔던 '철학(Philosophie)'으로부터 '철학함(Philosophieren)'을 배우는 전환을 진지하게 해야 할 때라고 한다면, 앞선 모범자들의 이론과 실천을 넘어서는 교수법적인 노력들이 필요하다. 교수법적인 차이는 우선 실행 가능한 방법을 목표로 삼는다. 요구되는 변형을 위해서는 폭 넓은 결과들을 가진다.

---

7 Thomas Rentsch, "Der Status der Philosophie", in: Peggy H. Breitenstein/Volker Steenblock/Joachim Siebert (Hg.), *Geschichte-Kultur-Bildung. Philosophische Denkrichtungen*, Hannover 2007, S. 221-231.

개별 학문을 넘나드는 사유 경향

철학의 사유 경향을 수업의 철학적 방법과 그에 상응하는 역량으로 변형하는 기획은 철학의 관점에서 보면 이미 늦은 것처럼 보인다. 왜냐하면 교수법 전문가들은 철학적 사유 경향의 가능성을 한눈에 알 수 있으며, 이때 철학 안에서는 이와 정반대되는 경향들이 생겨나기 시작하였기 때문이다. 최근 50여 년 동안 규칙이 되어버린 것처럼 이 경향들은 이미 절대적인 것으로 더 이상 간주되지 않았다. 여기서 물론 이데올로기적인 분석이 통일 이후에는 쓸모없는 것이 되어 버린 역할을 수행하였다. 그래서 낡은 진영 싸움에서 그러한 구분이 그렇게 중요하지 않으며 경향들이 서로 보완적이라는 통찰이 나오게 된 것이다.

그럼에도 불구하고 교수법이 철학적인 경향들을 수업실천적인 맥락으로 가져오려고 시작한다면 그리 늦은 것은 아니다. 이 영역에서 발전을 따라잡아야 하며, 보상적인 의도에서 철학 및 도덕수업의 다양성을 촉진하기 위해서 특수성들이 만들어져야 한다. 여기서 우리가 원하는 다원주의가 확장될 수 있다.

이를 넘어서 교수법이 교차, 혼합 그리고 조합을 한다면, 현재의 경향들과도 연결될 수 있다. 왜냐하면 개별 철학자들은 그때그때 다양한 방법들을 사용할 뿐만 아니라 철학적인 사유 경향들도 여러 방법을 동시에 가지고 있기 때문이다. 철학사적으로 보면 개별 사유 경향은 여러 흐름들에서 나타나며 그런 한에서 섞여 있는 형태이다. 그래서 변형될 방법들이 다양한 사유 경향에서 발견되며, 여기서 구체적인 특징들이 다양해질 수 있다. 경계구분이 강한 경우도 있고, 경계를 벗어나는 경우도 있다. 상호적인 교정도 자주 일어난다. 이러한 것들이 예를 들어 설명될 것이다.

1. 분석 철학과 구성주의

이 두 사유 경향들에서 매우 큰 근접성이 관찰될 수 있는데, 이 경향들은 구성주의가 분석철학에서 나온 것처럼, 역사적으로 서로에게서 나왔다. 공통점은 가능한 최대한의 명료한 말을 위한 노력이다. 사용된 개념과 논증방식에 대한 숙고가 이에 기여한다.[8] 이와 달리 구성주의는 생활세계의 실천적인 행위로부터 나오는 논증의 유래와 논증자들 간의 대화를 강조한다. 이런 방법들의 제공으로부터 학생의 논증역량을 확장시키는 특정한 절차를 선별해내는 것이 좋다. 과제는 다음과 같다. '개념의 내연과 외연, 관계 규정, 애매모호함 찾기 등을 가지고 개념을 규정하시오.'[9] 또는 '툴민(Toulmin) 도식에 따라 논증을 구성하시오.'[10]

---

8 이 사유 경향에 대해서는 Silke Kledzik, "Der dialogische Konstruktivismus als Ausgangspunkt und Grundlage methodenbewussten Philosophierens", (S. 103-109) 와 Volker Pfeifer, "Analytische Philosophie und ethische Argumentieren", (S. 94-102) 참조. 이 글들은 *Zeitschrift fuer Didaktik der Philosophie und Ethik*, 22. Jg.(2000), Heft 2 에 있음. 그리고 Helmut Engels, "Sprachanalytische Methoden im Philosophieunterricht: Mittel der Kritik, Hilfe beim Verstehen und Erkennen, Schutz vor den Fallstricken der Sprache" (S. 35-80), Volker Pfeifer, "Kohaerentismus und ethisches Argumentieren", (S 11-34) 참조. 이 글들은 Johannes Rohbeck (Hg.), *Philsophische Denkrichtungen*, Dresden 2001에 있음.

9 Helmut Engels, "Wie man der Mehrd eutigkeit der Sprache im Philosophieunterricht begegnen kann", in: *Zeitschrift fuer Didaktik der Philosophie und Ethik*, 14. Jg. (1992), Heft 2, S. 110 ff.; ders, "Sprachanalytische Methoden im Philosophieunterricht, Mittel der Kritik, Hilfe beim Verstehen und Erkennen, Schutz vor Fallstricken der Sprache', in: *Philosophische Denkrichtungen*, a.a.O. (Anm. 9), S. 35 ff. 참조.

10 Volker Pfeifer, *Was ist richtig, was ist falsch? - Ethische Argumentieren anhand von aktuellen Faellen*, Buehl 1998; ders., "Analytische Philosophie und ethisches Argumentieren", in:

구성주의를 분석철학의 수정으로 파악한다면 논리 체계의 애매함이 사라질 것이고, 일상 언어나 행위에 적용해보려는 시도가 될 것이다. 대안적인 과제는 다음과 같다. '구체적인 삶의 상황에서 도덕적인 정당화의 논증 구조를 분석하시오.'

인간 존엄성과 같은 핵심개념의 '애매모호한 곳'이 생산지향적이며 담론적인 절차 속에서 채워진다면 분석적, 해석학적 그리고 담론적 방법의 결합이 이뤄질 수 있다. 마찬가지로 분석적 방법이나 구성적인 방법이 다른 방법들처럼 도덕적인 판단 역량을 향상시키는데 기여할 것이다.

2. 해석학과 해체

해석학과 해체에서도 이와 유사하다. 이것의 역사가 — 관점에 따라서는 — 연속성으로 혹은 단절로 보일 수 있다.[11] 텍스트의 '의미'가 독자에 의해 생산되어야 한다는 서로 중첩된 시각이 교수법적 맥락에서 중요하다. 표준적인 전이해가 '유예된 읽기'라는 수업 실천의 절차로 변환될 수 있어

Zeitschrift fuer Didaktik der Philosophie und Ethik, 22. Jg. (2000), Heft 2, S. 94 ff.; ders., "Kohaerentismus und ethisches Argumentieren", a.a.O. (Anm. 9), S. 11 ff. 참조.

11 이에 대해서는 Lothar Ridde, "Textarbeit im Philosophieunterricht aus hermeneutisch-intentionalistischer Sicht" S. 124-132, Christian Gefert, "Text und Schrift. Dekonstruktivistische Verfahren in philosophischen Bildungsprozessen", S. 133-139, Torsten Hiss, "Vom Lesen zum Schreiben – vom Schreiben zum Lesen. Strukturalistische und dekonstruktivistische Taetigkeiten im Philosophieunterricht", S. 140-148 in: *Zeitschrift fuer Didaktik der Philosophie und Ethik*, 22. Jg. (2000), Heft 2 참조. 또한 Lothar Ridder, "Methoden der Interpretation im Philosophieunterricht" S. 116-143, Volker Steenblock, "Hermes und die Eule der Minerva. Zur Rolle der Hermeneutik in philosophischen Bildungsprozessen", S. 81-115 in: Rohbeck (Hg.), *Philosophische Denkrichtungen*, a.a.O. (Anm. 9), S. 116 ff. und 81 ff.

야 한다. 과제는 다음과 같다. '자기가 읽을 거리에 대한 읽기기대를 대면하기 위해서 완전하지 않은 텍스트에 대하여 자신의 읽기기대를 제시하시오.' 해체적인 관점에서의 과제는 다음과 같다. '텍스트의 중요하지 않은 측면을 중심으로 삼으면서 자신의 글을 쓰시오.'

현대적인 거리를 두고 보면, 해석학과 해체라는 사유 경향은 동일한 것도 아니고 서로 배제하는 것도 아니다. 여기서는 강조점의 변화가 중요한데, 이것이 서로를 해명해주는 데 기여하고 있다. 전통적인 해석학이 '객관적인 의미'와 '저자의 의도'를 절대시하는 위험에 처하는 반면에, 해체는 텍스트의 본래의 의미를 이해하기 위해서 쓰는 의도를 규정적인 이념으로 필요로 한다.

3. 해석학과 현상학

해석학과 현상학도 일련의 관련을 가지고 있는데, 정신과학적인 관심, 이해와 해석의 과정을 투명하게 만드는 것이 중요하다. 해석학에서는 전통적인 텍스트가 중요하며, 그것의 해석을 방법론적으로 숙고하는 것이라면, 현상학에서는 사태와 인간의 행위가 중요하며, 그것의 의미는 특정한 규칙에 의해 알려져야 한다는 것이다. 여기서 상호보완과 수정이 일어난다. 현상학적 관찰방식의 해석학적 방법을 따른다면 텍스트뿐만 아니라 대상도 주관적인 의미의 관점에서 해석될 수 있다. 과제는 다음과 같다. '대상의 의미를 구체적인 상황에서 설명하면서 대상을 기술하시오.'

4. 변증법과 현상학

현상학이 19세기에 학문적으로 이해된 변증법에 반대하였기 때문에 이 경향들은 서로 떨어져 있는 것처럼 보인다. 그럼에도 불구하고 기대하지 않던 곳에서 공통점이 있다. 현상학에서 현상을 구명하는 것이 중요하다면, 변증법의 '존재와 가상(Sein und Schein)'이라는 전통적인 숙고 관계와 유사점을 찾아볼 수 있다. 또한 '가상'을 단순한 사기로 오해하는 것이 아니라 삶의 실제성의 계기로 평가해볼 수 있다. 일상적인 지각의 '가상적인' 자기 이해를 해명하는 것이 목적이다. 과제는 다음과 같다. '지각을 관점교체의 방법으로 기술하시오.'

이 경우에도 이론적인 약점과 일면성을 피할 수 있는 조합이 기여한다. 현상학의 구호인 '사태 자체로(Zu den Sachen selbst)'가 '직접적인' 지각의 기만을 생산한다면 그것은 잘못된 것이다. 이것은 모든 지각이 이미 전제되어 있는 것들이 많고, 사유, 감정, 그리고 판단에 의해 미리 밑그림이 그려져 있다는 통찰로 인해 수정된다. 과제는 다음과 같다. '자신의 체험에서 침묵하고 있는 전제들을 설명하시오.'

이렇게 옮겨진 의미에서 그러한 조합을 '학문 초월적(transdisziplinaer)'인 것으로 말할 수 있다. 학제성(Interdisziplinaritaet)은 이미 서로 구분되는 개별 학문의 영역을 전제로 한다. 우리의 경우에는 철학적인 사유 경향들이 경직된 블록으로 입증될 것이다. 공통의 절차를 교수법적으로 전환하기 위해 경향들 사이에 교차하는 결합이 만들어진다면 이것은 이중의 장점을 보여줄 것이다. 하나는 철학 체계들에서 나오는 방법들의 해체가 교수법적으로 중요한 절차에 집중할 것을 요구한다는 것이다. 다른 하나는 사유 경향들을 통해 방법에 대해 서로 비판하면서 방법들이 수정될 수 있다는 것이다.

사유 경향과 역량

경계를 넘나드는 것이 학문적인 관점에서나 교수법적 관점에서 중요하다면, 이로부터 학생들이 습득해야 할 철학적 역량들을 규정하기 위한 결론이 나온다. 사유 경향과 역량은 결코 1:1의 관계를 갖지 않으며, 특정한 역량이 전적으로 하나의 특정한 경향에 속하지는 않는다. 이런 사정을 철학과 도덕의 교수법이 고려해야 한다. 이러한 다차원을 기록하기 위해서는 발견술적인 도식을 따라야 한다.[12]

첫째, 이미 설명한 것처럼 체계적인 근거를 가지고 철학하기의 고유한 성질에 속하는 중첩이 그 안에 있어야 한다. 그렇지만 중첩이라 해도 이것이 무차별이 되지는 않을 것이다. 왜냐하면 계속된 강조점의 변화가 마치 색의 스펙트럼 상에서처럼 매우 유사한 활동에서부터 극단적으로 다른 활동까지 포괄하고 그렇게 분명한 차이들을 보여주기 때문이다. 교차된 부분에서는 특정한 상관관계(회색 영역)가 표시되는데, 이 영역에서는 역량과 사유 경향이 매우 밀접한 관계를 가진다.

둘째, 모든 사유 경향은 다양한 역량들을 습득하는데 기여한다. 모든 사

---

12 이 도식에 대해서는 이 책의 "철학수업과 도덕수업의 방법", S. 70 참조.

상은 개념분석의 방법, 논증, 해석, 숙고, 비판 등을 사용할 것을 요청한다. 다만 이것이 실행될 때에는 그때마다의 특정한 방식으로 일어난다. 분석철학이 분석으로 환원되지 않는 것처럼, 분석철학에서 숙고, 비판 그리고 창의성이 부인될 수는 없을 것이다.

셋째, 이와는 역으로 모든 철학적인 근본 역량이 다양한 사유 경향들의 맥락 속에서 획득될 수 있고 여기에서 특정한 특징을 가질 수 있다는 결론이 나온다. 예를 들어 비판은 분석철학에서는 무엇보다도 언어사용이나 논증,[13] 변증법에서는 일상의 오성, 현상학에서는 진정한 지각을 방해하는 이론적인 태도와 관련된다.

다음의 표에서 기록된 것을 통해 순서대로 해야 할 과업을 말하려는 것은 아니다. 오히려 이를 통해 많든 적든 간에 수업에서 가능한 행동공간의 지평을 확장하고 철학적인 방법의 스펙트럼과 역량을 극대화하고자 한다. 이 표는 그래서 비교적 복잡하고, 개별적으로는 동시에 대강의 것들을 말한다. 철학적인 활동의 영역은 새로운 수업의 이념들을 자극해야 한다. 제시된 선택들의 구체적인 활용이 실제 수업을 위해서 중요하다.

---

13 분석적인 관점에서는 Norbert Diesenberg, "Formen der philosophischen Kritik oder 'Stimmt das eigentlich, was da im Text behauptet wird?' Zur Schulung der kritischen Urteilskompetenz im Philosophieunterricht", in: *Methoden des Philosophierens*, a.a.O. (Anm. 2), S. 76 ff. 참조.

【표】 철학수업과 도덕수업의 사유 경향과 역량

경향\역량	분석철학	구성주의	현상학	변증법	해석학	해체주의
분석	개념과 논증을 분석하고 구체적으로 사용하기	개념과 논증을 실천적인 행위로 소급하기	의식 상태를 분석하기	극단적인 대립과 그것의 한계를 알아보기	텍스트, 예술작품 그리고 행위의 의미를 분석하기	텍스트 구조를 분석하고, 여기에서 단절, 결함, 그리고 주변에 주의하기
숙고	언어사용을 숙고하고 검증하기	언어적 행위를 생활세계의 맥락에서 재구성하기	자신의 지각과 주관적인 경험을 숙고하기	관점 교체를 통해 보다 상위의 관련을 찾아보기	전이해와 읽기이해를 숙고하기	텍스트의 특성을 파악하는 것을 배우기
지각	언어를 관찰 문장으로 분석하기	행위와 언어에 내재된 규칙을 이해하기	생활세계를 기술하기: 외부사물, 자기 몸, 사건들	자명한 것처럼 보이는 것을 관찰하고 그 근거를 물어보기	자신의 읽기 경험을 지각하고 기술하기	텍스트가 독자에게 미치는 영향을 관찰하기
비판	부정확한 언어사용을 비판하기	정당하지 못한 전제들을 설명하고 비판하기	이론적인 태도를 포기하기	일상적인 이해의 확실함에 대해 문제를 제기하기	문화적으로 전통적인 신념들을 비판하기	저자의 의도를 상대화하기
이해	결론과 판단을 논리적으로 해보기	합리적인 논증의 논리적인 과정의 진술을 이해하기	대상과 사건의 의미를 이해하기	논증의 찬반을 이해하고 판단하기	텍스트와 대화를 문화적인 맥락에서 이해하고 관용하기	텍스트의 의도하지 않은 결과를 알아보기
창의	대안적인 개념과 논증을 찾아보기	대안 규칙을 구성하고 스스로 판단하기	다양한 관점에서 현상을 바꿔서 해석하기	대립과 모순을 장난처럼 다뤄보기	저자의 입장이 되어보기: 그렇다면 어떻게 될까?	텍스트를 창의적으로 바꿔 써보기; 텍스트의 주변적인 진술을 핵심으로 옮겨보기

수업 실천의 단계

철학수업이나 도덕수업에서 철학적 역량들이 어떤 단계에서 매개될 수 있을까? 지금까지 나온 실천 보고서나 기본원칙에 대한 논문들을 보면 사유 경향들의 방법이 개별 과제에서 어떻게 실천되고 있는지가 분명해진다. 물론 이 과제들이 수업의 진행에 어떻게 결합될 수 있는지에 대한 물음은 열려져 있다.

철학적인 사유 경향을 언급만 할 것인지 아니면 그것의 방법들을 실제로 실천해보고 적용해볼 것인지를 수업에 있어서 선택해야 한다. 텍스트 제시에 대한 단순한 주석만으로도 생산지향적인 절차가 의미 있는 보완을 제공할 것이다.[14] 이런 종류의 방법역량들을 매개하기 위해서는 독자적인 연습이 필요하다. 어떤 순서를 정하지 않고 어떤 방법을 연습해보고 이에 다른 연습을 연결할 수 있다. 다음의 단계들은 실천을 통해 입증된 것이다.

1단계

학생은 특정 사유 경향의 범위 내에서 사유하지만 아직 이론적으로 밝혀지지 않는 방법적인 과제를 갖게 된다. 현상학적인 연습의 관점에서 예

---

14 이런 절차가 룬텐베르그의 논문의 중심 주제이다. Christa Runtenberg, "Bioethik und Produktionsorienterung", in: *Zeitschrift fuer Didaktik der Philosophie und Ethik*, 23. Jg. (2001), Heft 2, S. 122-129 참조; Helmut Engels, "Plaedoyer fuer das Schreiben von Primaertexten", in: *Zeitschrift fuer Didaktik der Philosophie und Ethik*, 15. Jg. (1993), Heft 4, S. 250ff.; 그리고 쓰기와 경향간의 상관관계에 대해서는 이 책의 "철학적인 사유 경향의 교수법적 가능성", S. 87 이하 참조.

를 들면 대상, 색체 혹은 생활공간이 기술되어야 한다.[15] 분석철학적인 관점에서 볼 때 과제는 특정 개념을 정의하거나 논증의 형식적인 구조를 재구성하는 것이다. 이런 방식으로 방법론적인 문제제기를 통해 첫 번째 경험을 하게 된다.

2단계

이제는 방법론적인 접근을 배우는 것이 중요하다. 이 단계에서도 사유 경향이 수업의 대상을 구성하는 것은 아니다. 오히려 특정한 방법들이 철학의 이론적인 상부구조로부터 자유롭게 되고 실천될 수 있는 절차로 입증되어야 한다. 저자들이 자신의 방법을 입증하는 예들이 여기에 가장 적절하다. 사르트르에게서 볼 수 있는 변증법과 현상학의 종합처럼 중첩과 혼합의 형태들이 드물지 않게 관련된다.

이 단계에서 중요한 것은 학생 스스로가 쓰기를 할 때 지향할 수 있는 방법론적인 견본을 찾는 것이다. 물론 그러한 견본은 초기 시도에서 귀납적으로 얻어질 수 있다. 그렇지만 모든 경우에 이러한 중간단계가 필수적이며, 이를 통해 새로운 방법을 알게 되고 연습해보며 철저히 해볼 수 있게 된다. 숙고적인 도입이 없다면 방법론적 학습 종류의 기회가 철학 및 도덕

---

15 토마스의 수업 사례 참조, Philipp Thomas, "Habe Mut, dich deiner eigenen Anschauung zu bedienen", in: *Zeitschrift fuer Didaktik der Philosophie und Ethik*, 23. Jg. (2001), S. 104-112.; Dittmar Werner, "Alltag und Lebenswelt. Perspektiven einer didaktischen Phaenomenologie", in: *Zeitschrift fuer Didaktik der Philosophie und Ethik*, 22. Jg. (2000), Heft 2, S. 110 ff.; ders., "Didaktische und methodische Grundfiguren fuer einen phaenomenologisch ausgerichteten Philosophieunterricht", in: *Philosophische Denkrichtungen*, a.a.O. (Anm. 9), S. 165 ff.

수업에서 활용되지는 않을 것이다.

3단계

철학적 사유 경향의 방법들이 예시되면, 학생들은 제시된 글에 따라 자신의 글을 써 봄으로써 배운 절차를 스스로 적용해보는 과제를 갖게 된다. 이를 통해 '창의적인 글쓰기'가 교과적인 색깔을 갖게 된다.

한편으로는 이 범위내에서 창의적인 형성가능성이 열린다. 체험의 진실성과 표현의 기만에는 한계가 없다는 것을 현상학적 연습을 통한 경험으로 알게 된다. 예를 들어 다음과 같은 주제가 선택된다. 자전거 타다 떨어지는 것, 한겨울에 얼음 목욕하는 것, 여럿이 같이 노는 것 혹은 '내가 버스를 잘못 탔다는 것을 알았을 때'를 기술하시오.

다른 한편으로는 방법적인 혜택이 제한으로 작용하지만 또한 편하게 해주는 것으로도 작용한다. 왜냐하면 학습자의 '천재성'을 묻는 것이 아니라 재생산적인 능력을 묻는 것이기 때문이다. 자신의 사례에서 적용되어야 하는 직접 만든 규칙이 있다. 무엇보다도 사유 양식을 흉내 내는 것은 모방적인 계기를 갖기도 한다.

4단계

여기에서 자기가 쓴 텍스트가 수업에서 읽혀지고 이에 대한 의견이 제시된다. 평가에서는 다시 방법적인 엄격함의 기준이 수행된다. 독창성과 창의성이 중요한 역할을 하지만, 주어진 방법을 적용하는데 있어서의 꼼꼼한 정확함도 마찬가지이다. 이것은 결국 수행평가를 수월하게 해준다. 이런 방식으로 방법론이 철학수업과 도덕수업의 예외적인 구성요인이 된다.

방법적인 기본적인 것들을 알고 나면 어떤 수업에서도 사용될 수 있다. 역으로 그러한 특정한 연습들이 진행되는 연속적인 수업 안에서도 실현될 수 있다. 방법적으로 유도된 글쓰기는 자신이 행하고 있는 것을 인간이 가장 잘 통찰할 수 있다는 오래된 법칙을 입증해준다.

| 제7장 |

철학의 원형(Proto-Philosophie):
구성주의적 방법 – 변증법적 적용

1955년 잘 알려진 미국 영화(이유없는 반항, Rebel Without a Cause)의 독
어 제목이 '자기가 무엇을 행하는지 모르기 때문에 [⋯]'로 번역되어 있었
다. 자신의 행위의 전제들을 숙고하지 않는다는 것이 이론적인 실천에서
도 가능하다. 어쨌든 철학수업에서의 매개 문제에 대한 제안을 했을 때 그
랬었다.[1] 이때 내가 제시한 해결책이 어느 정도나 구성주의에 의해 영향 받
았는지 모르고 있었다. 보다 자세히 말하면 헤겔의 변증법에 근거한 접근

---

1 Johannes Rohbeck, "Begriff, Beispiel, Modell. Zur Arbeit mit philosophischen Texten
anhand des 'Leviathan' von Thomas Hobbes", in: *Zeitschrift fuer Didaktik der Philosophie*,
6. Jg.(1985), Heft 1, S. 26-42; ders., "Philosophieunterricht als Problem der Vermittlung", in:
Wulff D. Rehfus/Horst Becker(Hg.), *Handbuch des Philosophie-Unterrichts*, Duesseldorf
1986, S. 114 ff. 참조. 그리고 이 책의 "교수법적 도전으로서의 철학사" 부분도 참조.

이 구성주의적 방법과 어떻게 양립가능한지를 알지 못했다. 이제는 방법적으로 재구성되고 확장된 파악, 즉 변증법적 관점에서의 철학원형(Proto-Philosophie)을 갖게 되었다.

매개와 발생론적 구성주의의 변증법

60년대 말에 몇몇 대학의 학생들은 철학이 자신의 상아탑에서 나와서 '실천적'으로 될 것을 요구하였으며, 그래서 대치된 충돌의 방향을 가지고 있는 학문적인 프로그램이 의도되었다. 이를 보다 자세히 살펴보면, 철학이, 그것이 거부된 곳에서조차도, 항상 이미 사회적 실천의 정해진 형식 속에 있다는 것을 알게 되었다. 이러한 확신으로부터 전공의 거짓된 내재성을 버리고 철학의 사회적이며 개별학문적인 조건들을 주제화하는 과제가 생겨났다.

물론 첫 번째 시도가, 그 당시 확장되었던 이데올로기 비판처럼, 전부 문제없는 것은 아니었다. 철학 이론들의 배후에 숨겨져 있는 사회적 관심과 권력관계를 폭로하든, 전도된 의식 내지 전도된 사회적 관계에 대한 적절한 의식이든 간에 그랬다. 이것의 배후에는 잘 알다시피 마르크스, 프로이드, 니체가 있었으며, 대체로 호르크하이머나 아도르노의 비판이론까지 그리고 푸꼬에 이르기까지 실제로 남아 있었던 방식이 있었다.

순수하게 이데올로기 비판적인 방법에서의 결손이 간과될 수 없었으며, 철학 이론의 방법이 근본적으로 외적이었고 이에 상응하는 철학자들의 타당성의 요청이 진지하게 받아들여지지 않았다. 이데올로기 비판은 의심쩍은 이론의 거짓을 밝혀냄으로써 그것의 진리를 부정하였다. 그럼에도 불구하고 철학 이론의 조건 분석을 다 그만두지는 않을 것이다. 이 방법들은 철학하기의 고유한 시도로 소급될 수 있으며, 언급된 전제들 하에서 오늘날의 철학하는 사람들이 자신의 역사적인 상황에 대한 자기 이해를 검증해야만하기 때문이다.

그렇게 제기된 매개의 문제를 철학적인 수단으로 다룰 수 있는 가능성을 이것이 철저히 제외하는 것은 아니다. 그래서 우선 철학사에서 철학자들이 생활세계에 연결하고 거기서 획득한 경험을 고유한 체계로 변형하는 데 어떻게 성공했는지를 탐구해보아야 한다. 철학 이론의 형성에서 역할을 했던 그런 계기들이 이 이론의 습득을 오늘날의 수업으로 끌어올 수 없는지에 대해서 생각해 보아야 한다.

이데올로기 비판의 부정적 결과를 피하면서 동시에 철학의 전제성을 고려하기 위해서는, 철학보다는 선행하지만 철학의 담론에서의 자신의 계기로 변화되어 상대적인 자율성을 갖게 되는 특정한 조건들을 찾는 것이 중요하다. 이론의 내적 요인들 안에서 외적인 전제들의 변형이 중요하다. 이러한 변형을 위해서 변형될 수 있고 이를 통해 양 극단의 매개가 실행되는 사이 내지 중간 부분을 찾고자 한다.

이러한 매개 부분이 순수하게 철학적인 종류일 필요는 없다. 왜냐하면 일상적이고 개별학문적인 표상들과의 연결점이 이미 있기 때문이다. 이러한 매개 부분이 또한 사회적 내지 학문사적 성질을 가질 필요도 없다. 왜냐하면 그로부터 철학이론이 나올 수 없기 때문이다. 오히려 매개의 부분은 철학의 외부에서나 내부에서 원하는 변화를 가능케 하는 역할을 수행한다. 여기서 철학이 항상 관련짓고자 하는 현실이 이미 그때그때의 구조화된 내지 형식화된 형태로 우리가 대하게 된다는 기본 전제로부터 시작하고자 한다. 무엇보다도 철학적인 재료들을 만드는 것은 개별학문이다. 학문이전이거나 학문적이지 않은 실천이 구조화된 통일성을 가지고 있는데, 이 통일성은 철학자들에 의해 파악되고 이런 의미에서 철학자의 사유를 미리 형성해준다.

이러한 매개의 변증법을 발생론적 구성주의와 비교해본다면, 공통된 기본 생각이 드러난다. 이에 따르면 교사와 학생은 철학이전의 행위(vor-philosophische Handlungen), 혹은 언어 행위(Sprachhandlungen) 혹은 비언어적 실천(nicht-sprachliche Praktiken)을 근거로 자신의 철학하기의 방법을 숙고해본다. 구성주의는 철학적 개념, 진술 그리고 이론을 재구성한다. 이것은 수업에서 광범위한 결과를 가져온다. 사례에 적용될 수 있는 확정된 규칙을 배우는 것이 아니다. 오히려 규칙 자체도 일상적인 삶의 실천에 대한 숙고에서 얻어져야 한다. 학문적 이론과 학문이전의 실천 사이를 매개하는 사이 단계를 잘 알려져 있듯이 '원형이론(Prototheorie)'[2]이라고 부른다. 유추적인 방식으로 원형철학(Proto-Philosophie)이라는 것도 말해질 수 있을지에 대해서도 숙고해보아야 한다.

---

2 Peter Janich, *Das Mass der Dinge. Protophysik von Raum, Zeit und Materie*, Frankfurt/M. 1997; Eva Jelden (Hg.), *Protheorien - Praxis und Erkenntnis*, Leipzig 1995. 참조.

모델의 매개

이런 유형의 재구성을 위해서는 특정 행위구조와 사유구조 혹은 도식을 기반으로 삼아야 하는데, 여기서는 잠정적으로 이것을 모델이라고 부르겠다.[3] 모델은 일상적 경험에서뿐만 아니라 학문적인 경험에서도 발견될 수 있으며 또한 철학의 근본 요소를 구성함으로써 유용하다. 여기서는 구조화된 현실의 단면들이 모델이라고 이해되는데, 이러한 단면들이 철학 안으로 이동되어 특정한 이론적인 수행을 하게 된다.

그렇다고 해서 '세계관'이나 '사유형식'과 같은 유형들을 염두에 둔 것은 아니다.[4] 또한 이론을 명료하게 하기 위해 제시되거나 발견술적인 목적을 넘어서서 실제적인 내용을 가지고 있지 않는 모델개념과는 거리를 두고자 한다.[5] 이 책의 관점은 이와 정반대이다. '실제적인(real)' 모델, 즉 사회적, 기술적 그리고 학문적인 실천에서부터 나오는, 그래서 우선 아주 다른 실천적 내지 개별학문적인 목적에 기여하고 나서 철학이론의 맥락에서 일반적인 구조의 재현이 될 수 있는 대상들이나 행위 도식들에서 시작한다. 이미 발견되어 철학적인 문제를 해결하는 데 가져올 수 있고 철학과 통합되

---

3 Rohbeck, "Begriff, Beispiel, Modell", a.a.O. (Anm. 1), S. 28f.; Ruediger Zill, "Vom Bildnis zum Modell. Formen ikonischen Denkens", in: *Zeitschrift fuer Didaktik der Philosophie*, 14. Jg. (1992), Heft 2, S. 71 ff.

4 Karl Jaspers, *Psychologie der Weltanschauungen*, Berlin 1919; Hans Leisegang, *Denkformen*, Leipzig 1928; Wilhelm Dilthey, *Gesammelte Schriften*, Bd. 8, Leipzig 1939; Max Scheler, *Philosophische Weltanschauung*, Bern 1954.

5 이런 모델 개념에 대해서 비판적인 글로는 Max Black, *Models and Metaphors*, Ithaca 1962; Max Jimmer, "Die Entwicklung des Modellbegriffs in den physikalischen Wissenschaften", in: *Studium Generale*, 18. Jg. (1965), Heft 3, S. 166 ff. 참조.

어도 새로운 문제 제기를 불러일으키는 모델의 개발이 중요하다.

모델을 인식의 수단으로 파악한다면, 수단 사용의 일반적인 특징들이 모델에게도 적용된다. 주어진 목적을 실현하는데 이론적인 수단이 있는 것이 아니라 다른 맥락으로 옮겨지면서 지금까지 알려졌던 것보다 더 많은 가능성을 나타나게 한다. 수단에 의해 재현되고, 문제와 해결책이 움직이고 변경될 수 있는 지평을 정하는 것은 바로 이런 잠재적인 과잉이다. 철학자의 특정한 활동이 여기서는 어느 정도까지는 모델에 대한 사변적인 가능성들을 충분히 활용하여 현실화하는 데 있다.

사변적 가능성의 현실화라는 표현은 다음과 같이 두 가지 의미가 있다. 첫째, 그런 모델이 있다는 것이나 시도되기 전에는 생각할 수 없었던 새로운 사유가능성을 이 모델이 열어준다. 둘째, 그러한 모델이 다른 모델을 통해야 극복될 수 있는 한계를 설정한다. 생각은 자유롭지만 그럼에도 모든 시대에 모든 것이 생각될 수 있지는 않다. 왜냐하면 항상 그에 상응하는 수단이 있는 것은 아니기 때문이다. 인식의 수단은 확장과 동시에 제한을 의미한다.

다음과 같은 선택이 그래서 중요하다. 모델이 이미 완성된 이론을 그저 따라가며 보여주면서 설명해주는 기능을 행사하든지, 아니면 이 모델이 — 여기에 이 책의 핵심 주제가 있다 — 그 자체로 철학적인 이론을 형성하는데 도움이 되든지, 이런 의미에서 볼 때 철학하기가 구성적이라고 할 수 있다.

사회계약론

모델을 이용하여 철학과 생활세계의 매개라는 개념을 예를 들어 설명하고자 한다. 사회계약의 철학적 이론에서 계약이 여기서 설명한 모델유형을 보여준다. 그로티우스, 홉스, 로크, 푸펜도르프 혹은 루소와 같은 17, 8세기의 계약론자들이 무엇을 했을까? 이들은 자신의 경험세계로부터 당시의 역사적 상황에서 본질적이라고 간주되는 특정한 행위 견본을 파악하고, 이를 체계적인 사회철학적인 기획의 출발점으로 삼았다. 이들은 자신의 경험세계로부터 그 당시의 역사적 상황에서 본질적인 것이라고 생각하는 특정한 행동양식에 착안하여, 이것을 체계적인 사회철학적인 기획의 출발점으로 삼는다. 오늘날까지 사회철학에서 계약모델은 중요한 역할을 수행하며, 윤리학에서도(롤즈에게서처럼) 많은 의미를 갖게 된다.[6]

철학적인 의도로 사용하기 위한 전제를 계약은 충족시킨다. 왜냐하면 계약이 사회화의 특정한 형식을 대변함으로서, 계약은 사회적 실천의 결정체를 구성하기 때문이다. 그리고 개별학문에서 이 경우에 법학에서 계약의 복잡한 구조는 해석되고 연구되어 계약이 사회철학의 이미 숙고된 기본구조로 기여할 수 있다.

17, 8세기에 사법은 근본적인 변화를 겪는데, 이 변화는 계약을 근대철학을 위해 충분히 이론적으로 다룰 수 있게 만들었다. 초기의 법해석에서

---

6 John Rawls, *Eine Theorie der Gerechtigkeit*, Frankfurt/M. 1975.

계약은 단지 해석적이며 부분적으로 구성되면서, 수학과 자연과학의 방법적인 모범에 따른 계약이 구성되기 시작하였다.[7]

자연법의 범위 내에서 법적인 체계화에 참여한 것은 철학자들이었다. 그래서 그로티우스(Hugo Grotius)는 계약을 사람들에 대하여 '개인의 권리의 획득'일 뿐만 아니라 '사물에 대한 소유의 획득'이라고 이끌어 내었다.[8] 그가 계약의 다양한 종류를 서로 비교해보면서 새롭게 일반화되는 계약 개념에 도달했다. "다른 행위에게 유용한 모든 행위는 자선을 제외하고는 계약의 이름으로 입증된다."[9] 계약 당사자 간의 평등과 의지의 자유에 대한 요청이 이것과 결합된다.

그 후에 홉스로부터 영향을 받은 푸펜도르프(Samuel Pufendorf)는 계약을 정확한 도덕(more geometrico)으로 구성하였고, 그로티우스와는 달리 사물에 대한 권리에서 사람에 대한 권리로 넘어갔다. 나중에는 사법적인 계약으로부터 공법적인 계약을 연역하는 것까지 시도하였다.[10] 법의 역사의 이 단계에서 공법의 발전이 사법의 확장으로 반작용하는 전도의 경우가 등장했던 것이다. 이런 방식으로 특정한 사법 철학이 생겨났다.

---

7 Ulrich Wesel, *Juristische Weltkunde*, Frankfurt/M. 1984, S. 97 ff.

8 Hugo Grotius, *Drei Buecher vom Recht des Kriegs und des Friedens*, hg. v. Walter Schaetzet, Tuebingen, 1950 S. 174 ff.

9 위의 책., S. 247.

10 Erik Wolf, Grotius, Pufendorf, Thomasius. *Drei Kapitel zur Gestaltgeschichte der Rechtswissenschaft*, Tuebingen 1927.

이러한 법적-철학적 배경 하에 다음과 같은 계약의 일반적인 특징이 열거될 수 있다:

1. 정의: 권리의 상호 양도
2. 전제: 이해관계의 상호성, 모든 계약 당사자는 급부와 반대급부에서 이익을 기대한다.
3. 누구나 이익에 의해 행동하며 목적합리적이다.
4. 계약은 구체적인 합의의 내용을 제외한다. 계약은 내용적으로는 임의의 이익에 대한 쌍방의 승인이라는 형식적인 일치에 있다.
5. 계약 당사자들의 법적 평등성이 전제되어야 한다.
6. 계약의 자유와 사적 자율성: 계약 체결은 자유로운 의지의 행위이다.
7. 결론적으로 계약의 확실성은 보장되어야 하며, 실현되지 않을 경우에 국가 권력의 제재가 필요하다.

계약모델의 사법적인 전제가 이렇다. 실천적으로 계약이 체결되면, 계약은 특정한 개별적인 목적을 실현한다. 다양한 계약 유형을 체계화하는 법학자나 법철학자는 계약의 구조를 이론적으로 철저하게 이용한다.

그렇지만 어떤 방식으로 이러한 행위도식으로부터 그리고 개별학문적인 숙고로부터 사회계약의 철학적 이론이 나올 수 있을까? 이 물음은 법이론에서 나오는 계약모델을 정치철학으로 옮겨서 재구성해보면 답해질 수 있을 것이다.

전이의 단계들

모델 전이의 과정을 다음의 개별 단계별로 나누어서 자세히 다루고자 한다.

1. 모델의 선별

첫 번째 단계는 모델의 선별인데, 모델로 부상되어 전이되어야 한다고 여겨지는 그런 모델의 원본을 선정하는 것이다. 이를 위해서는 역으로 철학자의 이론적인 필요에서부터 출발하는 것이 필요하다. 왜냐하면 원하는 설명력을 갖기 위해서는 미래의 모델로 어떤 현실의 단면들이 부각되어야 하는지를 돌아보는 방식으로 결정되는 것이 철학의 본질이기 때문이다.

고대의 폴리스 모델과 사회적 결합으로서의 그리스도교적 신국모델이 붕괴된 이후에, 근대의 철학자들은 원자화된 개인의 집합으로 이해되는 시민사회가 형성되는 현상에 직면하게 되었다. 이렇게 알려진 판단은 여기서 그로부터 나오는 문제를 계약이 해결한다는 것을 약속한다는 의미에서 중요하다. 한편으로는 개인들이 사적 인격으로 만나게 됨으로써 사회적 원자주의(der soziale Atomismus)가 속일 수 없는 사실로서 승인된다. 다른 한편으로는 개인들이 적어도 구속의 최소부분을 생산해낼 수 있기 때문에 여기에서 생기는 틈을 계약이 연결할 수 있다.

이전의 해결책에서처럼 이런 문제 상황에서부터 홉스가 출발하는데, 그는 자신의 역사적 상황을 영국 혁명에서의 당파 투쟁과 그 당시 형성되고 있는 시장사회의 독특한 결합과 연결시켜 기술하였으며, 그에 상응하는 원자적 인간론을 자기 철학의 근거로 삼았다. 사법적인 계약은 고대 이전부터 현재까지 존재한다. 그렇지만 근대 초기에는 계약이 법적 그리고 철학적 경력을 가질 기회를 갖게 된 것이다. 이용할 수 있는 행위의 유형과 이론적인 체계의 상호작용을 통해서 하나의 모델로 제시된 계약은 당시의 획기적인 개연성을 얻게 된다. 고유한 전수는 일방적인 것이 아니라 모범과 맥락의 상호관계 속에 일어난다.

2. 특징의 선별

이제 철학자는 자신의 모델에 특징적인 도식의 특징을 선별한다. 이런 유형의 선별을 다시 홉스의 경우에서 예를 들어 찾아볼 것이다. 리바이어던에서는 열거된 정의와 함축들이 완전히 다시 등장한다. 홉스는 계약을 일반적으로 '권리의 상호적인 이전'으로 정의하고, 여기에서 매매계약의 기본 형식을 언급한다.[11] 더 나아가 그는 이해관계에 의해 이끌리는, 자유로우며, 쌍방의 이익을 숙고하는 계약당사자를 가정한다. 법과 계약의 안전성도 중요한 역할을 수행한다. 요약하자면, 법률적인 형식에 의해 선결되지 않는 것은 실제로 아무런 문제가 없다는 것이다. 역으로 말하면 홉스는 제삼자를 위하여 양도의 법 형식을 매우 일면적으로 선택하고 이런 특수한 변형을 바로 규범으로 제시한다. 이 양 측면에 대해 보다 자세히 살펴보겠다.

---

11 Thomas Hobbes, *Leviathan*, hg. v. Iring Fetscher, Neuwied, Berlin 1966, S. 102; ders, *Vom Menschen. Vom Buerger*, hg. v. Guenter Gawlick, Hamburg, 1959, S. 128 참조.

홉스와 같은 철학자는 그러한 구조의 특징을 발견한 것이 아니라 상세하게 텍스트에서 입증될 수 있는 것처럼 자기 모델로부터 읽어 낸 것이다. 따라서 계약모델은 사회계약의 철학 이론을 앞서서 구조화시켰다. 그렇지만 오해를 막기 위해서는 여기서 모델이 철학하기를 결정한다고 말하는 것은 아니다. 물론 모델과 그 특징을 선별하는 것은 자신의 결정을 보여준다. 그리고 계약 그 자체가 구체적인 모양으로 전수되는 것이 아니라 하나의 이상적인 형태로 만들어지는 선별된 측면이 전수되는 것이다.

철학자가 얼마나 독자적이고 창의적으로 자신의 모델을 다루는지 첫 번째 두 가지 선별과 연결하여 행해지는 혁신적인 작업 속에서 보일 것이다. 여기서 다루는 모델은 하나의 유형으로 다뤄질 것이고, 계약 그 자체에서는 결코 시도되지 않을 방식으로 그리고 앞으로 보겠지만, 오히려 모델에 반대될 수 있는 유형일 것이다.

3. 철학적 보편화

계약모델이 특정한 철학적 보편화로 본질적인 확장이 시작된다. 철학자는 가능한 한 보편적이고 원칙적인 정당화를 요청한다. 물론 이것의 문제점도 분명히 있을 것이다. 이런 의미에서 홉스도 자신이 선택한 모델을 사용한다. 그는 국가 공동체의 포괄적인 근거로 계약을 이중의 방식으로 일반화한다. 첫째, 공동체의 모든 인간은 서로 계약을 체결했거나 체결할 수 있다는 것, 둘째, 계약은 사회를 형성하는 유일한 형식을 구성한다는 것을 홉스는 생각하였다. 이러한 전체성(Totalitaet)의 요청이 법적인 계약에 의해 충족될 수 없으며 이로 인해 홉스의 설명력에서 부담이 되었다.

4. 방법적 변형

이런 유형의 보편화는 방법론적 변형을 통해서만이 가능하다. 홉스는 다른 계약론자들과 마찬가지로 쉴러의 뤼틀리서약(Ruetlischwur)에서처럼 사람들이 국가 계약을 실제로 체결할 거라고 단순하게 가정하지 않았으며, 루소가 매우 통찰력 있게 숙고했던 것과는 다르다. 가설적 구성이 잘 알려져 있다. 시민들은 마치 공동계약에 자발적으로 동의한 것처럼 모여 산다. 이런 사유는 법적인 자명함의 범위 밖이며 모델의 전이가 일어난 것이다.

칸트는 계약모델을 모든 (경험적인) 인간학적 전제로부터 떼어놓았다. 후에 롤즈에 의해 일반화된 계약론에서는 방법론적인 대체물이 남겨져 있게 된다.[12]

5. 궁극적 정당화의 난제

보편화가 궁극적인 정당화라고 말하지는 않겠지만, 특정 유형의 사회철학적인 정당화와 관련 있으며, 홉스에게서는 다음과 같이 논증될 것이다. 계약은 특정한 조건하에서만 체결되고 유지될 수 있고, 계약의 안전성은 국가라는 전제하에서만 보증될 수 있다. 사회계약은 이와 달리 자신의 고유한 조건을 만들어야 하며, 사회계약으로부터 국가의 전제가 추론되어야 한다. 홉스는 이러한 난점을 충분히 알고 있었다. 사람들이 자신의 약속

---

12 Immanuel Kant, Metaphysik der Sitten, in: Ders., ***Werkausgabe in 12 Baenden***, Bd. 8, hg. v. Wilhelm Weischedel, Frankfurt/M. 1977, §§ 18-21, S. 382-388; Rawls, ***Eine Theorie der Gerechtigkeit***, a.a.O. (Anm. 6), S. 27 ff.

을 지키도록 할 수 있는 힘이 약속 그 자체에 있는 것이 아닌 반면에, 국가에서는 계약의 신뢰에 대한 어떤 의심도 존재하지 않는다. 왜냐하면 국가의 힘을 통해 사람들이 그렇게 하도록 강제되기 때문이다.[13] 홉스의 주장이 지금까지 계약모델의 단순한 설명 범위 안에 있다면, 그는 계약의 전제 가능성에서 고유한 철학적인 문제를 본 것이다. 국가의 힘이 미리 주어져 있지 않다면, 국가 자체는 계약을 통해 형성될 수밖에 없다.

이것은 난제로 기술될 수 있는데, 계약론에게 특정한 요청, 즉 성립되는 공동체의 모든 구성원들에게 구속력 있고 강제적인 힘이 생겨나게 하는 계약을 찾아내야 한다는 요청이 제기된다. 계약은 기본적으로 스스로 구성되어야 한다. 여기서 우리는 숙고적이고 궁극적으로는 순환적인 논증의 결말에 처하는데, 이는 철학적인 논증에 있어서 전형적인 것처럼 보인다. 출발 모델은 자신의 수용력의 경계까지 이끄는 근본적인 기능의 변화를 겪는다.

6. 모델의 지양

끝으로 계약론의 그 후의 역사에 대한 개괄을 보면 어떻게 모델이 자신의 지양으로까지 과도하게 이끌리는지를 알 수 있다.

홉스가 개인의 이해관계의 계산과 두렵게 하는 국가권력의 필연성을 주장하였기 때문에 계약모델을 지배와 피지배의 방식으로 설명하였다. 다른 계약론, 이를 테면 로크나 루소에게서는 개인의 자기 규정과 계약의 구

---

13 Hobbes, *Leviathan*, a.a.O. (Anm. 11), S. 124-127.

속적인 성격이 강조된다.[14] 홉스와 반대되는 루소의 주장 중에 하나는 국가 공동체의 구성원 간의 동등하지 않은 계약이 허용된다는 것에 있다. "한편에는 절대적인 지배를 그리고 다른 한편에는 무제한 복종을 설정한다면 이것은 아무것도 아니거나 모순된 계약일 것이다."[15] 이 점에서 한편으로는 철학적인 논증도 자세히 살펴보면 자기 모델의 이상향을 많이 지향하고 있는지가 다시 분명해진다. 다른 한편으로는 이러한 해석은 동일한 모델 개념 안에서도 매우 다양한 종류의 해석이 가능하다는 것을 보여준다.

이와 동시에 특히 루소는 특정한 모델의 범위가 어떻게 나오는지를 보여준다. "일반의지(volonté générale)에서 개인은 엄격한 자유주의적 의미에서 보면 사적 인간이 아니라 더 이상 계약의 당사자도 아니다. 왜냐하면 개별의지는 하나의 동일한 일반의지에 합쳐지기 때문이다. 루소가 그럼에도 불구하고 사회계약에 대해 말한다면, 계약에는 공허한 외형만 남아 있는 것이고, 다르면서도 모순되는 내용이 들어 있는 것이 된다. 그렇지만 그가 계약을 홉스보다 더 신뢰한다고 설명하는데, 이것은 실제로 이 모델의 속을 도려내고 있는 것이다. 계약모델은 이로써 스스로 지양된다.

헤겔은 이를 분명히 파악하여, 국가의 일반성이라는 이념을 부분적으로는 루소를 지향하면서 동시에 계약모델로부터 근본적으로 벗어나게 되

---

14 John Locke, *Zwei Abhandlungen ueber Regierung*, hg. v. Walter Euchner, Frankfurt/M. 1967, S. 256; Jean-Jacque Rousseau, *Vom Gesellschaftsvertrag*, hg. v. Luwig Schmidts, Paderborn 1977, S. 73 f.

15 Rousseau, *Vom Gesellschaftwvertrag*, a.a.O. (Anm. 14), S. 67.

었다. 이미 부분적으로 로크와 스코틀랜드 도덕철학자들은 개인의 실제적인 사회 형성의 전제에 대한 물음을 제기하였고, 여기서 경제적이며 특히 사회적인 경험을 문제 삼았다. 어떤 조건하에서 사람들이 계약을 체결하고 유지할 수 있는지가 의문시되었다. 이런 관계에서 모델 내재적인 분석이 모델을 넘어서는 요인들로 이끌어졌고, 이러한 것에 대한 연구가 계약모델의 구성에 대한 비판과 대안의 형식을 요청하게 되었다. 자유주의적 계약모델에 대해 실제로 대안이 된 것은 소위 공동체주의(Kommunitarismus) 내에서 직접적인 공동체성의 이념이다.

【모델의 변형】

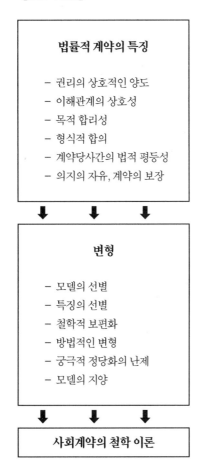

법률적 계약의 특징

- 권리의 상호적인 양도
- 이해관계의 상호성
- 목적 합리성
- 형식적 합의
- 계약당사간의 법적 평등성
- 의지의 자유, 계약의 보장

변형

- 모델의 선별
- 특징의 선별
- 철학적 보편화
- 방법적인 변형
- 궁극적 정당화의 난제
- 모델의 지양

사회계약의 철학 이론

수업의 절차

이미 일상적인 매매계약의 예에서 사회계약의 철학적 이론이 가지고
있는 특정한 의미와 전제가 전달된다. 계약이라는 주제는 학생의 고유한,

그리고 부분적으로는 실천적으로, 경험할 기회를 풍부하게 제공한다. 그래서 앞에서 언급된 구조적 특징들이 독자적인 활동 속에서(청소년 사전의 도움으로) 파악될 수 있다. 텍스트해석과 자유로운 토론과는 달리 이러한 절차는 언어적으로 취약한 학생이 개념적인 규정이전에 모델의 구조에 접근할 수 있는 기회를 열어준다.

모델의 도움으로 논증 구조가 이미 준비되어 있다는 것이 이어서 하게 되는 텍스트읽기에서 매우 중요하다. 특징들이 학습되면, 학생들은 철학 텍스트 안에서 이를 발견할 수 있게 된다. 이런 종류의 선행은 창의성을 제한하지 않는다. 오히려 이로 인해 오랫동안 텍스트에 의존하지 않고 독자적으로 철학할 수 있는 기회를 제공한다. 학생은 철학적인 이론을 형성할 수 있는 자신의 입구를 얻을 수 있는 수단을 가지게 된다.

철학 텍스트에서 학습된 모델의 재인식과 연결하여 모델의 변형이 일상적인 내지 개별학문적인 맥락에서 철학적인 맥락으로 재구성될 수 있다. 기술된 단계들, 즉 모델과 모델의 특징의 선별, 철학적인 보편화, 방법적인 변형, 정당화의 어려움, 그리고 지양이 여기에서 방향을 알려줄 것이다.

모델의 범위

결론적으로 모델 전이(Modelluebertragung)에 대한 정당화를 묻고, 이를 통해 비록 작은 부분을 다룬다 할지라도, 정당한 철학이해에 대한 처음의 물음을 찾고자 한다. 철학자는 여기서 해결될 수 없어도 제기할 수밖에 없는 딜레마에 처하게 된다.

한편으로는 철학의 재료가 하늘에서 떨어지거나 직접적인 경험으로 만족되는 것이 아니라 미리 만들어진 구조요소에 의지하고 있는데, 이 요소들은 철학적인 이론형성을 위한 가능한 모델로서 구성적인 역할을 수행한다. 이 요소들은 주어진 공간의 범위 안에서 이론적으로 만들어지고, 혁신적으로 변형되고, 그것의 경계로 까지 혹은 그것을 넘어서서 발전한다.

다른 한편으로는 이러한 절차가 이를 테면 정당하지 못한 보편화와 환원주의가 나타날 수 있는 위험을 가지고 있다. 개별학문에서 나온 모델이 사회 전체를 설명해야만 한다면 이러한 모델 전이는 허용되어서는 안 된다. 이것은 고전적인 계약론에서 의심의 여지없이 마찬가지이다. 경제학주의, 심리학주의, 생물학주의 그리고 또한 보편적인 사회이론이나 윤리학으로 절대화된 의사소통모델이 잘 알려진 예이다.

아마도 모델 사용의 건설적인 비판이 옹호될 것이다. 이는 두 조건하에서만 가능하다. 우선 모델적용의 제한된 지평이 존중되어야 한다. 더 나아가서 다양한 모델을 서로 승인하고 관계를 정하는 것이 중요하다. 아리스토텔레스와 그의 다양한 실천 내지 사회 형식, 헤겔과 법, 도덕, 가족, 시민사회 그리고 국가의 통합시도는 이런 관점에서 볼 때 철학사에서 좋은 예시가 되며, 그때그때의 종합을 판단하는 데 얼마나 성공하는지에 대한 좋은 예시이다. 새로운 사회철학이 다행히도 '아리스토텔레스나 칸트' 내지 '칸트나 헤겔'과 같은 전통적인 대안들을 깨고 복수의 개념들을 결합하려는 경향이 있다. 계약모델은 법적 관계가 사람들의 공동 삶을 규제하는 곳에서 자신만의 정당하고 제한된 자리를 가질 것이다.

이런 방식으로 구분된 모델 이론의 배경 하에 이에 상응하는 적절한 보편화를 포기하고 싶지는 않다. 포스트모던적인 혐의에도 불구하고 단일성과 다수성은 서로 관련되며, 그래서 단수는 복수로 간단하게 해결될 수 없다. 숙고적인 과잉의 위험에 대한 두려움으로 물러나지는 않겠다. 왜냐하면 철학자들이 우리의 앎의 파편들에 어떻게 직면해야 하고 우리 삶의 세계에서 보편적인 방향 설정에 어떻게 기여하겠는가?

제8장

전도된 세계
-비판 방법으로서의 변증법

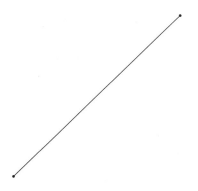

변증 철학은
"모든 상투적인 것들에 대하여 의식에서 지양된 저항이다."
- Theodor W. Adorno[1]

자신이 살고 있는 세계를 더 이상 이해하지 못하는 상황에서 우리는 '전도된 세계'를 말한다. 익숙한 것들이 한꺼번에 낯설어 보인다. 우리는 삶의 방향을 잃어버렸다. 그렇지만 의미의 상실도 또한 시스템이다. 실제로 세계는 그렇게 있어 왔고, 단지 '전도'되는 것이다. 익숙한 입장들이 자신의

---

1 Theodor W. Adorno, *Philosophische Terminologie*, Bd. I, Frankfurt/M. 1973, S. 132.

위치를 긍정에서 부정으로, 위에서 아래로, 왼쪽에서 오른쪽으로 바꾼다. 교사가 학생들로부터 배우고, 학생들이 가르치는 것을 상상한다. 혹은 최고의 교사는 오히려 교사가 없어도 되게 만드는 사람이라고 생각한다. 직접적인 외관은 그의 타당성을 상실한다. 우리는 세계를 부정적인 거울상에서 본다.[2] 이런 유형의 부정이 철학수업이나 도덕수업으로 전이될 수 있는 비판적인 잠재성을 가지고 있다는 것이 분명해진다.

철학적인 사유 경향 속에 있는 변증법을 찾아내는 것이 물론 전혀 문제가 되지 않는 것은 아니다. 이 사유 경향이 지금까지 가장 논란이 되었던 철학의 방법에 속한다. 한편으로는 변증법에서 사유와 실재의 기본 법칙이나 비판의 궁극적인 피난처를 보았다고 생각하는 대변자들도 있었다.[3] 다른 한편으로는 변증법을 반대하는 사람들은 '논리적인 위조화폐' 혹은 '공허한 형식'이 숨겨져 있는 전체주의적인 요청이라고 비난해 왔다.[4] 그래서 변증법이 6, 70년대에는 이데올로기적으로 함축된 자극적인 말이었다. 국가가 규정한 마르크시즘의 붕괴 이후 재고조사가 가능해졌다. 여기서 다른 방향들에 대한 여러 공통점들이 낡은 진영 간의 싸움으로 추정될 수 있는 것으로 나타났다. 이런 배경 하에 변증법의 변증법적 관점이 새롭게 파악될 수 있었다. 방법론적인 특성과 그것의 다양한 적용가능성에 집중하기

---

2 이 장의 형식은 Georg Wilhelm Friedrich Hegel, Wissenschaft der Logik II, in: Ders., *Werke in zwanzig Baenden*, Bd. 6, Red. Eva Moldenhauer/Karl Markus Michel, Frankfurt/M. 1969, S. 161 ff. 참조.

3 Georg Klaus/Manfred Buhr (Hg.), *Philosophisches Woeterbuch*, Bd. I, Leipzig 1974, S. 269 ff. - Theodor W. Adorno, *Negative Dialektik*, Frankfurt/M. 1997 참조.

4 Werner Becker und Ernst Topitsch; zitiert nach: Alwin Diemer, *Elementarkurs Philosophie. Dialektik*, Duesseldorf, Wien 1976, S. 9.

위해서는, 전체주의적 요청을 포기하는 것뿐만 아니라 형이상학적인 잔재들을 벗어낼 필요가 있다.[5]

여기서 변증법의 체계와 역사를 설명할 수도 없고 또 그럴 의미도 없다.[6] 변증법에 반하는 고착된 특징들을 나열하는 것도 도움이 되지 않는다.[7] 아마도 수업과 관련되는 측면들이 설명될 수 있을 것이다. 이 장에서는 수업대화에서의 변증법적 방법의 기능(1), 논증적인 글을 쓰기(2), 철학적인 텍스트 읽기(3), 생활세계에 대한 비판적인 분석(4)이 속한다. 여기에는 구성주의나 해석학 내지 현상학과 같은 철학적인 사유 경향들과의 연결이 보일 것이다. 이런 방식으로 변증법은 자신의 의도적인 고립으로부터 나올 수 있으며 다른 방법들과 연결될 수 있게 되어야 한다.

이 책의 맥락상 변증법적으로 정초된 일반적인 철학 교수법을 다루지는 않을 것이다.[8] 이런 종류의 구성이 여기서는 필요한 것이 아니다. 여기서

---

5 분석(Analytik)과 변증법(Dialektik)이 서로 결합된다는 것에 대하여 다음과 같은 자료를 참고할 수 있다. Rainer Hegselmann, *Formale Dialektik*, Hamburg 1985; Pirmin Stekeler-Weithofer, *Hegels analytische Philosophie. Die Wissenschaft der Logik als kritische Theorie der Bedeutung*, Paderborn 1992.

6 이 부분에 대한 설명은 다음을 참조하면 된다. Diemar, *Elemetarkurs Philosophie, Dialektik*, a.a.O. (Anm. 4); Juergen Ritsert, *Kleines Lehrbuch der Dialektik*, Darmstadt 1997; Kurt Wuchterl, *Methoden der Gegenwartsphilosophie*, Muenchen 1999, S. 101-154; "Dialektik" in: *Historische Woerterbuch der Philosophie*, Bd. 2; Wolfgang Roed, *Dialektische Philosophie der Neuzeit*, Bd. 1: Von Kant bis Hegel, Bd. 2: Von Marx bis zur Gegenwart, Muenchen 1974; Joachim Israel, *Der Begriff der Dialektik. Erkenntnistheorie, Sprache und dialektische Gesellschaftswissenschaft*, Reinbek 1979.

7 Adorno, *Philosophische Terminologie*, Bd. 1, a.a.O. (Anm. 1), S. 7 ff.

8 이에 대해서는 Theodor Litt, *Fuehren oder Wachsenlassen*, Stuttgart 1927; Erika Hoffmann,

노력하고 추구되는 목적은 학생이 철학수업이나 도덕수업에서 실천해 볼 수 있도록 변증법적 방법을 구체적인 절차로 변형하는 것이다.

변증법과 대화

변증법은 역사적으로 대화와 관련이 있을 뿐만 아니라 수업의 대화에 지적인 예리함을 부여한다. 하나의 문제가 말하고 대답하기의 과정에서 가능한 한 많은 측면으로 연구되면 열린 경향의 인식 과정이 실현된다. 소크라테스적 대화는 비판의 특정 방법으로 알려져 있다.[9] 현대 구성주의에서도 특정한 변증법적 논증방식을 위한 접근들이 있다. 또한 도덕적 딜레마를 변증법적으로 방식으로 다룰 수 있다. '외적인' 대화와 '내적인' 대화의 비교에서부터 출발한다면 이로부터 국어 수업에서는 일반적인 '변증법적' 작문이라는 매우 많은 노력이 요청되는 개념이 전개될 수 있을 것이다.

1. 소크라테스적 대화

변증법이라는 단어는 고대 그리스어에서 '대화하다'를 뜻하는 dia-legesthai, 일반적으로 '대화'를 뜻하는 dia-logos로부터 유래한다. 이 말

Das dialektische Denken in der Paedagogik, Langensalza 1929; Wolfgang Klafki, "Dialektisches Denken in der Paedagogik", in: Josef Derbolav/Friedhelm Nicolin (Hg.), *Geist und Erziehung*, Bonn 1955; Josef Derbolav, *Systematische Perspektiven der Paedagogik*, Heidelberg 1971; Wolfdietrich Schmid-Kowarzik, *Dialektische Paedagogik*, Muenchen 1974; Helmut Danner, *Methoden geisteswissenschaftliche Paedagogik - Einfuehrung in Hermeneutik, Phaenomenologie und Dialektik*, Muenchen 1989, S. 170 ff. 참조.

9 이 책의 "철학수업과 도덕수업의 방법", 그리고 토론이나 역할 대화와 같은 대화형식에 대해서는 S. 57 참조.

은 '말하다'를 뜻하는 legein과 '사이에' 내지 '통해서'와 '어디에서 어디로'라는 것을 뜻하는 전철인 dia가 결합된 것이다. 플라톤 이후 철학적인 대화는 방법론적으로 단순화되어서 대화상대자들이 말(Rede: These)과 답변(Gegenrede: Antithese)을 통해 숨겨져 있는 진리에 다가간다.[10] 대화의 동력은 근본적으로 묻는 자, 즉 소크라테스이다. 긍정의 결과가 사유의 여기저기를 통해서 제시되는 동안에 그는 부정의 계기를 재현한다. 대화상대자의 반대를 진지하게 받아들여서 결국에는 다루고 있는 문제의 모든 관점, 사유가능성 그리고 해결책들이 언급될 수밖에 없게 된다. 그래서 'Dialektik(techne dialektike)'은 대화를 이끄는 기술로, 그리고 'Dialogik'은 사유를 이끄는 것에 대한 이론이라고 말한다. 반정립(Antithetik)을 보다 강조한다면 논쟁의 기술(Streit-Kunst)이 되어버리는데, 이미 아리스토텔레스가 말했던 후기의 논쟁술(Polemik)이라는 사기까지 나오게 된다. 소크라테스적인 대화의 방법은 철학수업을 이해와 변명하기의 대화적인 과정으로 계획하기 위해서 교수법적인 모델로 적절하다.[11]

---

10 Platons 7. Brief, in: ders., *Briefe*, hg. v. Ernst Howald, Zuerich 1923. Ruediger Bubner, *Zur Sache der Dialektik*, Stuttgart 1980, S. 124 ff.; ders., *Dialektik als Topik*, Frankfurt/M. 1990, S. 9 ff.; Diemer, *Elementarkurs Philosophie*. Dialektik, a.a.O. (Anm4), S. 19ff.; Wuchterl, *Methoden der Gegenwartsphilosophie*, a.a.O. (Anm. 6), S. 106 f.; Danner, *Methoden geisteswissenschaftlicher Paedagogik*, a.a.O. (Anm. 8), S. 172 f. 참조.

11 Ekkehard Martens, *Dialogisch-pragmatische Philosophiedidaktik*, Hannover 1979, S. 75 ff. u. 36 ff.; Giesela Raupach-Strey, "Philosophieunterricht als Interaktion", in: *Aufgabe und Wege des Philosophieunterrichts*, 8. Jg. (1977), Heft 10, S. 1 ff. 소크라테스의 대화에 대해서는 Leonard Nelson, "Die sokartische Methode", in: Ders., *Gesammelte Schriften*, Bd. 1, Hamburg 1970, S. 271 ff.; Gustav Heckmann, *Das sokratische Gespraech. Erfahrungen in philosophischen Hochschulseminaren*, Hannover 1981; Juergen Mittelstrass, "Das philosophische Lehrgespraech", in: Wulff D. Rehfus/Horst Becker (Hg.), *Handbuch des Philosophie-Unterricht*, Duesseldorf 1986, S. 242 ff.; Gisela Raupach-Strey, "Werkstatt-Reflexion aus Leiterin-Perspektive zu einem unvollendeten Sokratischen Gespraech", in:

이런 대화유형의 변증법적 방법은 그래서 두 가지 일반적인 속성으로 특징지을 수 있는데, 이 특징들은 그 이후에 그리고 다른 버전에서도 지속된다. 첫째, 변증법적 방법은 보다 큰 관계에서 보면 통합적인 사유를 의미한다. 개별 진술들이 부분 측면에만 관련된다면, 철학적인 대화 속에서 많은 개별 인식들이 전체 계기로서 모아진다. 이 전체가 비판적으로 철학하기라는 구체적인 과정에서 생겨나는 진리이다. 그래서 최종적으로 받아들여지는 진술은 없다. 진리 발견의 과정은 열려 있다.

둘째, 변증법적 모델은 모순이나 반대(Widerspruch)의 긍정적 기능을 의미한다. 대화모델로부터 시작한다면, 모순은 반대하여 말하기(widersprechen)라는 의미에서의 진술과 관련된다. 반대(Widerspruch)는 반대되는 말(Gegen-Satz)을 의미한다. 한편으로는 A가 B에 대하여 진술논리적인 부정을 하고 B가 A에 대해 진술논리적 부정을 한다면, 여기서는 모순적인 반대가 중요하다. 다른 한편으로 반대하기를 반대로 파악하면, 개념들 내지 개념들의 내용이 서로 용납하지 못하는 것이 된다. 여기서는 내재적인 비판에 깔려 있는 철학적인 진술과 체계의 내적인 일치가 중요하다.

수업의 대화를 위해서 잠정적으로 규정된 변증법적 방법은 첫 번째 결과를 갖는다. 특별한 관심이 비판을 통해 인식될 수 있는 모순에 쏠린다. 이를 위한 비판의 전형적인 방법들은 다음과 같다.

Zeitschrift fuer Didaktik der Philosophie, II, Jg. (1989), Heft 1, S. 32 ff.; Detlef Horster, *Das Sokratische Gespraech in Theorie und Praxis*, Opladen 1994; Ute Siebert, *Das sokratische Gespraech. Darstellung seiner Geschichte und Methode*, Kassel 1996. 참조.

- 관점의 교체, 그래서 교체된 입장을 한편으로는 상대화하고, 다른 한 편으로는 그 입장의 상대적인 정당성을 부분으로 유지하기
- 주장이 무한 순환이라는 의미에서 전개되도록 함으로써 진술의 불합리함을 논증하기(예: 행위의 목적이 다른 목적의 수단이 된다는 등)
- 일반화를 통해 진술의 불합리함을 논증하기(예: 그것을 모두가 하고 싶다면, 즉 특정한 도덕 규칙을 모든 사람이 준수한다면 어떻게 될까?)

이 모든 경우는 잘 알고 있는 지식이나 일상의 이성에 대해 물음 던지기를 하는 데에 목적이 있다. 변증법은 이미 알고 있는 앎이 더 나아가지 못하는 곳에서 투입된다. 그래서 특히 소크라테스의 변증법은 학생의 삶의 경험에 직접적으로 연결될 수 있으며, 이와 동시에 그의 변증법적 강점은 이러한 경험을 처음에 깨뜨릴 수 있는 데 있다. 이 부정 속에는 학생의 초기 지평을 벗어날 수 있는 그러한 철학적 인식의 기회가 놓여 있다.

2. 대화적 구성주의

현대의 구성주의도 대화적 특징을 갖고 있다.[12] 그래서 대화상대자는 자기 논증의 이해가능성과 정당성을 위해 노력할 뿐만 아니라 다시 한 번

---

12 Kuno Lorenz, "Dialogischer Konstruktivismus", in: Kurt Salamun(Hg.), *Was ist Philosophie?*, Tuebingen 1986, S. 335 ff.; Christian Tiel, "Konstruktivismus", in: Juergen Mittelstrass(Hg.), *Enzyclopaedie Philosophie und Wissenschaftstheorie*, Bd. 2, Mannheim 1980, S. 449 ff. 교수법에 대해서는 다음을 참조. Martens, *Dialogisch-pragmatische Philosophiedidaktik*, a.a.O. (Anm. 11), S. 39 ff.; Silke M. Kledzik, "Der dialogische Konstruktivismus als Ausgangspunkt und Grundlage methodenbewussten Philosophierens", in: *Zeitschrift fuer Didaktik der Philosophie und Ethik*, 22. Jg.(2000), Heft 2, S. 103 ff.; Heinz-Albert Verrat, "Konstruktivismus als methodische Reflexion", in: *Zeitschrift fuer Didaktik der Philosophie und Ethik*, 23. Jg.(2001), Heft 2, S. 113 ff.

자신의 철학하는 방법을 숙고해보아야 한다. 이것은 철학하기 전의 행위 혹은 언어 행위 혹은 비언어적 실천과 관련하여 일어난다. 구성주의는 그래서 철학적인 개념, 진술 그리고 이론의 재구성 속에 놓여 있다. 이것은 수업에서는 포괄적인 결과를 가져 온다 – 범례에 적용할 수 있는 완성된 규칙을 배우는 것이 아니라 오히려 이 규칙은 일상적인 삶의 실천에 대한 숙고로부터 얻어지는 것이다.

여기서 대화의 변증법적 성격이 현대 논리학과 역할이론을 가지고 논쟁을 형식화할 때 매우 첨예하게 드러난다.[13] 반대자와 찬성자간의 대화놀이의 규칙은 다음과 같다. 찬성자는 자기 주장의 정립으로 놀이를 시작한다. 그 다음에 참가자가 바뀐다. 모든 참가자는 상대가 제기한 진술을 공격하거나 상대의 공격에 대하여 방어할 수 있다. 찬성자는 반대자가 더 이상 끌지 못할 때 이기게 된다. 이와 같은 엄격한 규칙은 수업에서 특정한 논쟁대화에 어울릴 수 있다.

논쟁은 윤리적 논증의 영역에서 폭발력과 시사성을 갖는다. 이에 맞는 교수법을 생각한다면 수업에서 사용될 수 있는 구성주의적이거나 변증법적 방법이 있다. 삐아제(Jean Piaget)에서부터 콜버그(Lawrence Kohlberg)와 그의 학파들이 구성주의적인 것으로 유명하다.[14] 도덕 판단은 개인이 단계

---

13 Diemer, *Elementarkurs Philosphie. Dialektik*, a.a.O.(Anm. 4), S. 124; Wilhelm Kamlah/Paul Lorenzen, *Logische Propaedutik. Vorschule des vernuenftigen Redens*, Mannheim 1967; Paul Lorenzen/Kuno Lorenz, *Dialogische Logik*, Darmstadt 1978. 참조.

14 Jean Piaget, *Das moralische Urteil beim Kinde*, Frankfurt/M. 1973; Lawrence Kohlberg, *Moralische Entwicklung und demokratische Erziehung*, Weinheim, Basel 1987; Fritz Oser/

적으로 세우는 특정한 인지 구조를 가진다. '발전'이 전제되어 있고, 한 단계에서 다른 단계로의 이행이 '모순'을 통해 촉발되어야 하기 때문에 이러한 절차는 '변증법적'이다. 상승을 위한 것이라고 입증된 도덕적인 딜레마는 해결되어야 할 상이한 규범 간의 모순을 가지고 있다. 상충되는 규범을 서로 이용하는 것이 충분하지는 않다. 오히려 목표는 학생의 도덕적인 판단능력을 촉진하여 그 다음 높은 수준(+1 단계)에서 논증하기를 배우도록 하는 데 있다.

이행을 자극하기 위해서 기존의 판단을 불안하게 하고 그것의 한계로 끌고 간다. 교사가 논증의 특정한 '문제점'을 알려주면서 이행이 발생한다. 예를 들어 잘 알려진 하인즈 딜레마에서 하인즈가 자기 아내를 구하기 위해서 치료제를 가져와야 한다는 결정을 내린 학생이 하인즈가 자기 아내를 사랑하기 때문이라고 정당화한다면, "만약 하인즈가 자기 아내를 사랑하지 않는다면?"이라는 질문을 받으면 당황할 것이다. 이것의 모순은 사적인 사랑이 도덕원칙으로 일반화될 수 없다는 데에 있다. 이것은 인간관계의 수준에서 판단의 한계를 보여주며, 일반화된 판단을 강요하게 되고, 일반적으로 인간의 생명과 소유권의 가치 갈등이 중요한 문제가 된다. 도덕적인 논증이 모순과 관점의 교차 속에서 꼬이면서 기존의 도식이 해체되고 새로운 판단 형식이 가능해진다.

Wolfgang Althoff, *Moralische Selbstbestimmung. Modelle der Entwicklung und Erziehung im Wertebereich*, Stuttgart 1992. 참조.

변증법적 글쓰기

변증법적인 대화는 모순적인 논증이 개인에 의해 숙고되면서 내면화된다. 가상적인 대화에서 변증법은 표현술이다. 개인은 생각이 달라져서 자기의 대화상대자가 된다. '외적인' 그리고 '내적인' 대화는 여기서 사유 전개의 동일한 논리를 따른다.[15] 말하고 대답하는 것이 숙고의 과정에서 변형되는 것처럼, 특정한 숙고의 양식이 대화의 원칙으로 되돌아간다. 이와 같은 숙고는 자기의 쓰기 노력이 된다.[16] 이 경우에 학생은 그런 에세이를 변증법적인 방법으로 쓰는 것을 배워야 한다. 다양한 형식과 쓸 기회가 제공될 수 있다(변증법적인 접근이나 문학적인 시나 논리적 역설과 연결하여 쓰기).

1. 변증법적 작문

국어수업에서 "변증법적 작문"은 다수의 학생들에게 악몽이 된다.[17] 이를 과장해서 말하면 다음과 같다. 엉성한 타협을 도출하기 위해 먼저 장점을 나열하고 나서 단점을 열거하면서 토론을 위한 하나의 입장이 나타난다. 예를 들면 다음과 같다.

---

15 Bubner, *Dialektik als Topik*, a.a.). (Anm. 10), S. 15.

16 이것은 이미 오래전에 엥엘스(Helmut Engels)가 요구하였다: "Plaedoyer fuer das Schreiben von Primaertexten", in: *Zeitschrift fuer Didaktik der Philosophie und Ethik*, 15 Jg.(1993), Heft 4, S. 250 ff.

17 그동안 '변증법적'이라는 단어 대신에 '찬반 서술'이라는 용어가 사용되고 있다. 이에 대해서는 Ulf Abraham/Ortwin Beisbart/Gerhard Koss/Dieter Marenbach, *Praxis des Deutschunterrichts*, Donauwoerth 1998, S. 97 ff.; Juergen Baurmann/Otto Ludwig, "Die Eroerterung oder: ein Problem schreibend eroertern? Versuch einer Neubestimmung", in: *Praxis Deutsch*, 17. Jahrgang(1990), S. 16 ff; Eva-Maria Kabisch, *Aufsatz 9/10 kurzgefasst*, Stuttgart 1990, S. 11; 이 책의 "수사학과 철학 교수법" 참조.

물음: 반권위주의적인 교육이 오늘날에도 시대에 부합하는가?

장점: 성숙의 촉진

단점: 빈약한 교육

종합: 이른바 중용의 길로서 약간 권위적이고 약간 반권위적이어야 한다.

철학수업에서는 이와 반대로 변증법적 작문은 그 이름에 걸맞게 파악된다. 한편으로는 소환된 통속화로서 보다 높은 요청이 제기되고, 다른 한편으로는 학생들이 적용할 수 있도록 요소들을 나눠보는 방법이다. 가장 큰 문제는 정립과 반정립의 형식에서보다는 일상적인 이해를 극복하는데 있으며, 이를 통해 종합이 철학적인 수준으로 지양될 수 있다. 이 문제를 해결하기 위해서 방법적인 도구주의가 '모순'의 범주를 제시하는데, 이것의 도움으로 헤겔은 자신의 고유한 방법을 설명한다.[18] 이 방법은 다음의 세 단계로 실행된다.

제1단계: 우선 모든 인간의 사유의 어려운 점은 시작을 찾는 것에 있다. 왜냐하면 잘 알려진 것처럼 모든 것은 서로 관련되어 있기 때문이다. 규정된 어떤 것으로 시작하는 방법밖에는 없다. 물론 이 규정된 것이 다른 것과 구분된다는 것에 대해서는 분명하다. 전제의 명료화를 여기선 단념해야 한다. 그렇지만 여기서 그러한 구분이 주제화되어서는 안 된다. 어떤 것을 규정하거나 확인하려는 입장을 설정하는 것을 우리의 사유는 제한해야 한다. 동일성 (Identitaet)의 범주가 이러한 일상적인 절차에 알맞다.

---

18 Hegel, Wissenschaft der Logik II, a.a.O.(Anm. 2), S. 13 ff.; Hegel, Enzyklopaedie der philosophischen Wissenschaft I, in: Hegel, *Werke in zwanzig Baenden*, Bd. 8, Red. Eva Moldenhauer/Karl Markus Michel, Frankfurt/M. 1969, §§ 112 ff., S. 231 ff. - Dieter Henrich, *Hegel im Kontext*, Frankfurt/M. 1967; Andreas Arndt, *Dialektik und Reflexion. Zur Rekonstruktion des Vernunftbegriffs*, Hamburg 1994 참조.

제2단계: 이 단계에서는 변증법적 운동이 시작된다. 모든 규정이 구분에 의해 이뤄진다는 것을 인식함으로써 이성의 규정은 극복된다. '빨갛다'라고 말한다면, '노랗다'(대조적인 반대)를 생각하는 것은 아니다. 이것은 특히 긍정과 부정, 선과 악, 전쟁과 평화 등처럼 양극적인 입장에 타당하다. 분명히 여기서는 관계 개념이 중요하다. 시작하는 입장의 전제는 이제 분명해진다. 논증과 반대논증의 '전도된 세계'의 숙고영역은 차이와 반대의 범주에 알맞다.

제3단계: 변증법적 변화가 관점의 놀라운 전환을 통해야 비로소 일어난다. 반대의 지속적인 반복은 부족한 것으로 판명되고, 단순한 타협은 이론적으로 만족스럽지 못하다. 결정적인 제안은 관찰자가 다시 한 번 숙고적인 관계를 위해 관계 속에 있다는 것에 있다. 숙고에 대한 숙고가 중요한 것이다. 이를 통해 반대자의 교체 놀이를 지배하는 포괄하는 관계를 인식하게 된다. 바로 이런 맥락이 모순의 범주가 의도하는 것이다. 헤겔은 여기서 '지양하다(aufheben)'를 파악, 부정, 그리고 유지(ergreifen, negieren und bewahren)라는 세 의미를 제시한다. 내용적으로 이러한 운동 안에는 많은 앎, 즉 앎에 대한 앎이 작용한다.

숙고의 이러한 단계적인 과정은 이제 세 가지 '전통적인' 예를 들어 설명하는데, 여기서 이를 구체화하기 위해 일반적인 주제에서 시작하고자 한다.

동일성이라는 개념에서 변증법적 방법은 그 자체로 적용된다. 왜냐하면 이 개념을 사용하는 사람은 대체로 확실하게 파악할 수 있다고 믿는 어떤 것을 염두에 두게 된다.[19] 좀 더 살펴보면 그렇게 규정된 동일한 것(das Identisches)이 구분되는 어떤 것(das Unterschiedenes)과의 대립 하에서만 지속한다는 것을 알게 된다. 변증법적인 제안은 결국 그 어떤 것이 다른 것과 구분되어 존재하는 한에서 동일성이 차이라는 것에 있다. 참된 동일성은 그래서 동일한 것과 마찬가지로 차이나는 것을 포괄한다.

이와 마찬가지로 변증법적 방법은 무한(das Unendlichen)의 개념과 관련된다.[20] 이 개념으로는 신이나 정신적인 절대자 등을 생각할 수 있다. 그렇지만 이 경우에 무한은 유한에 대한 반대되는 것으로 입증된다. 그것은 유한 내지 유한한 어떤 것이 없었다면 전혀 생각될 수 없다. 포괄적인 무한은 유한과 무한의 관계 속에 존재한다. 이 변증법은 유한한 세계와 초월적인 것의 관계가 설명할 때처럼, 신학적인 주제에 있어서 구체적인 성과를 가진다.

도덕수업의 출발점이 될 수 있는 자유의 개념에서는 이 방법이 실천적인 방법이 된다. 자유도 우선 구체적인 표상을 연결시킬 수 있는 확실한 가치로 파악될 수 있다. '강제로부터의 자유'라는 의미에서의 자유도 결정(Determination)이 없으면 생각될 수 없다는 깊은 숙고로 이어진다. 여기에서는 '가능한 한 최대한의 자유는 그 만큼 많은 강제를 필요로 한다!(so viel Freiheit wie moeglich, so viel Zwang wie noetig)'와 같은 표어에 따라 피상적

---

19 Hegel, *Wissenschaft der Logik II*, a.a.O. (Anm. 2), S. 35 ff; *Enzyklopaedie der Philosophischen Wissenschaft I*, a.a.O. (Anm. 18), §§ 115 f., S. 236 ff. 참조.

20 Hegel, Wissenschaft der Logik I, in: Hegel, *Werke in zwanzig Baende*, Bd. 5, Red. Eva Moldenhauer/Karl Markus Michel, Frankfurt/M. 1969, S. 148 ff.; Hegel, *Enzyklopae die der philosophischen Wissenschaften I*, a.a.O. (Anm. 18) §§ 94 f., S. 199 ff. 참조.

인 'A처럼 B도'라는 방식으로 대화나 작문이 유도되는 위험이 있다. 그래서 자유와 필연성을 포괄하는 관계 속에서 고찰함으로써 변증법적 전환이 여기서 실행되어야 한다. 이에 대해서는 '필연성에 대한 통찰로서의 자유'에서부터 책임의 윤리까지 다양한 활동의 여지가 열려 있다.

교사는 이런 종류의 설명과 예를 가지고 자기 학생들에게 변증법적 방법으로 글쓰기를 할 수 있는 모델을 제시할 수 있다. 추가적인 주제를 제공하면 다음과 같다.

- 인간의 인식에 있어서의 진리와 오류
- 이론과 실천
- 인간 행위에서의 선함과 악함
- 의무와 경향성
- 육체와 정신
- 이성과 감정
- 남성적인 것과 여성적인 것
- 자연과 문화
- 역사에서의 진보와 파멸

2. 문학의 역사

모순을 다루는 것을 문학적인 텍스트에서 시험해 볼 수 있다. 여기에는 발렌틴(Karl Valentin)이나 브레히트의 작품, 이를테면 『코이너씨 이야기(Geschichte vom Herrn Keuner)』나 『메-티: 전환의 책(Me-ti-Buch der

Wendungen)』이 적절하다.[21] 초점은 일상적으로 이해되는 것들이 가진 놀랄 만한 확실성에 자주 물음이 제기된다는 것에 있다. 처음 볼 땐 모순처럼 들리지만, 관점을 바꾸면 '참'인 것으로 드러난다.

브레히트의 산문은 이 점에서는 매우 적절하다. 그가 변증법을 모델로 삼았다고 분명히 말하고 있다.[22] 『코이너씨 이야기』는 브레히트의 교훈극으로 되었는데, 이것은 다시 '변증법적 극장'이라고 말해진다. 대화와 참여의 자리에 관객과 독자에게 비판적인 태도가 생겨난다. 코이너라는 추상적인 인물은 설명과 해석으로 고정되어 익숙해진 것들을 깨면서 새로운 종류의 숙고를 유발한다. 브레히트는 여기서 헤겔을 인용한다: "잘 알려져 있는 것은 그것이 잘 알려져 있기 때문에 알 수 없다". 이로부터 소외라는 그의 문학적인 글쓰기 양식의 수단이 나오는데, 이를 통해 잘 알려진 것이 '낯설게' 된다. 자명하면서도 직접적으로 명백한 것이 혼란스러워지면서 놀라움과 호기심이 생겨날 수 있다. 예로 다음의 유명한 코이너 이야기를 들 수 있다.

---

21 Bertold Brecht, "Geschichte vom Herrn Keuner", in: Brecht, *Gesammelte Werke*, Prosa 2, Bd. 12, Frankfurt/M. 1967, S. 373 ff.; Brecht, "Me-ti – Buch der Wendungen", in: Brecht, *Gesammelte Werke*, Prosa 2, Bd. 12, Frankfurt/M. 1967, S. 417 ff. 국어 수업을 위한 더 많은 문헌과 정보에 대해서는 Dieter Woehrle, *Brecht. Geschichten vom Herrn Keuner*, Frankfurt/ M. 1989; Peter Bekes, *Verfremdungen. Parabeln von Brecht*, Stuttgart 1995, S. 27 ff.; 이 책의 "수업에서 철학학기의 문학적 형식", S. 206-209 참조.

22 비장하게 말했던 '위대한 방법'이 '행위를 가능하게 하는 것에 물음을 던지는 것'을 가르쳤다. *Brecht, Gesammelte Werke*, Bd. 12. a.a.O. (Anm. 21), S. 475.

> 재회
>
> 코이너씨가 오랫동안 보지 못했던 사람이 코이너씨에게 다음과 같은 말
> 로 인사했다. "당신은 전혀 변하지 않았군요." 코이너씨는 "오!"라고 말하
> 면서 창백해졌다.[23]

예의바르면서 동시에 상투적인 이와 같은 말은 사교적으로 일상적인
견본이며, 이것은 수업에서 역할놀이를 통해 실감나게 보여줄 수 있다. 새
로워진 만남의 불확실성과 재회의 첫 번째 당황이 두 사람 간의 교제가 언
젠가부터 중지되었던 때와 다시 연결됨으로써 극복된다. 대화상대자가 동
일하게 유지되었다면, 관습적인 기대의 모습을 상상할 수 있을 것이다. 이
런 의례적인 제스처는 사회적 상호작용을 안정화시킨다. 코이너의 반응이
낯설게 느껴질 것이다. 그의 창백함은 열려진 의사소통적 상황으로 연결이
되지 않기 때문에 처음에는 이해가 안 된다. 자신의 부정적인 반응으로 코
이너는 일상의 진부함을 깨고 무관심하게 사용되는 사회적인 제스처을 무
력하게 만들었다. 그 사람의 시각에서 보면 찬사로 생각되는 것을 코이너
는 폭로로 느낀다. 관점의 교환은 코이너가 정치적이고 사회적인 변화의
맥락에서 변하지 않는 존재의 모습을 가지고 있다는 데 있다. 이제는 변하
지 않음이 역사적인 경험, 사회 문제들 그리고 인간의 고통을 느끼지 못하
는 것을 의미한다. 그래서 이 이야기의 핵심에서 정점이 되는 변증법은 독
자의 사고의 전환을 목표로 한다.

---

23 Brecht, "Geschichte vom Herrn Keuner", in: Brecht, *Gesammelte Werke*, a.a.O. (Anm. 21):
여기서는 Bekes의 주석을 이용하였다. Bekes, *Verfremdungen. Parabeln von Brecht*, a.a.O.
(Anm. 21), S. 27 f.

이와 유사한 방식으로 다른 이야기들도 전개될 수 있다. 이 이야기들은 해석되고, 이어서 쓰이기도 하고 자기 글 쓰기의 견본이 될 수 있다.

3. 역설 다루기

논리적으로 보면 이런 종류의 핵심은 역설(Paradoxien)의 형식을 가지고 있다. 역설은 일상생활에서 자명한 가정들에 모순되기 때문에 당혹감을 느끼게 하는 주장을 의미한다. 역설은 의미를 지니고 있으며, 익숙한 의미에 반하는 것처럼 보이는 반대이다. 역설은 이미 생각하고 계획했던 것에서 반대되는 것이 나오는 행동의 결과이며, 전도된 세계이다. 반대의 의미는 무의미(Unsinn)와는 다르다. 어떤 것이 반대되는 것으로 입증되어도 진리일 수 있다. 극단적인 역설은 반대의 논리적인 정교화이다.[24] 이미 그것의 일상적인 파악에서도 역설은 두 가지 특징을 보여주고 있다.

- 역설은 내적인 모순을 가지고 있다: 동일한 진술 안에 정립(긍정하는 주장)과 동시에 반정립(부정하는 반대 주장)을 가지고 있다. 예: "이 말은 거짓말이다!"

- 역실은 자기 관련성을 갖는다: 위에서 인용된 거짓말의 역설에서 진술은 그 자체와의 관련이 지시대명사를 통해 언급된다.

이와 유사한 구조를 가진 또 다른 전형적인 예는 이발사의 역설이다. 마

---

24 Wuchterl, **Methoden der Gegenwartsphilosophie**, a.a.O. (Anm. 6), S. 109 ff.; Ritsert, Kleines **Lehrbuch der Dialektik**, a.a.O. (Anm. 6), S. 74 ff. 참조.

을의 능숙한 이발사는 그 마을의 스스로 면도하지 않는 모든 남자를 면도해준다. 그가 자기의 면도를 하는가 아닌가? 그가 자기의 수염을 면도한다면, 이것은 그는 스스로 면도하지 않는 마을의 모든 남자를 면도한다는 전제와 모순된다. 그가 다른 사람에게 자신을 면도하도록 한다면 이 또한 그는 스스로 면도하지 않는 마을의 모든 남자를 면도해준다는 전제와 모순된다. 그가 이 조건 하에서 어떻게 면도할까?

형식적 이율배반(Antinomie)이라고 부를 수 있는 이런 유형의 역설은 법칙적(nomologisch) 이율배반과 구분되는데, 이것은 배제하는 선택을 하지 않는다. 정립이 옳거나 반정립이 옳거나 하는 식의 엄격한 선언적인 것이 중요한 것은 아니다: 정립이나 반정립이 옳다. 이와 반대로 두 진술의 가정에 대한 좋은 근거들이 존재한다. 이러한 이율배반은 결함이 있다는 것을 알려주는 것이 아니라 두 계기가 포함되거나 제외되는 것의 동시성을 보여준다. 긴장관계로서 이 계기들이 사유와 행위를 촉진할 수 있다.

역설은 단지 논리적인 종류가 아니라 실존적 경험으로 표현될 수 있다. 누구나 자신의 계획, 희망이나 생각이 외부, 다른 사람, 필수적인 의무에서 오는 제한뿐만 아니라 자신의 육체적이고 정신적인 무능력에 의해서 오는 제한에 의해 좌절된다는 사실을 항상 다시 깨닫게 된다. 우리는 이러한 모순에 고통스럽게 경험한다.

역사적으로 보면 헤겔의 사변적인 체계에 대한 반응으로 키에르케고르가 실존적 경험의 변증법을 제시하였다. 그의 중요한 저작이 『Entweder –

Oder』이다. 이 제목으로 역설의 경험이 키에르케고르에게 핵심적이라는 것을 알 수 있다. 그래서 "결혼하면 후회할 것이며, 결혼하지 않아도 후회할 것이며, 결혼하거나 하지 않아도 이 두 가지 다 후회할 것이며, […], 죽지 않아도 후회할 것이며, 죽어도 후회할 것이며, 죽거나 죽지 않아도 이 두 가지 다 후회할 것이다."[25]

비판적 해석학

변증법적 방법은 수업에서 철학적인 텍스트 읽기에도 적용될 수 있다. 어려운 글들을 비판과 비판에 대한 반론의 과정으로 변환시키는 데 필요하다. 이것은 한편으로는 철학적인 논쟁을 그것의 입장에 대한 자신의 분석으로 재구성하는 것을 통해서 일어난다. 다른 한편으로는 철학의 역사가 비판적인 관련의 연속으로 생각될 수 있다. 이론의 "문제"에서 그 문제의 대안을 전개하는 헤겔의 방법은 결국 학생의 비판적인 판단능력의 형성을 위한 방법적인 모델로 기여한다.

1. 변증법과 해석학

한때는 변증법에게 있어서 구성적이었던 해석학과의 연결이 변증법과 대화의 근원적 관계로서 잘 알려지지 않았다. 대화를 해석학적 상황으로 살펴보았던 사람이 바로 낭만주의적인 철학자 쉴라이에르마허였다.[26] 왜냐

---

25 Søren Kierkegaard, *Entweder-Oder*, Bd. 1, Leipzig 1922, S. 34; Danner, *Methoden geisteswissenschaftlicher Paedagogik*, a.a.O. (Anm. 8), S. 178 참조.

26 Friedrich Schleiermacher, *Hermeneutik und Kritik*, Frankfurt/M. 1977, S. 75; Danner,

하면 물음과 답변, 말하고 그에 대해 응답하는 상호작용 속에서 표현과 이해가 만나기 때문이다. 상대가 표현한 것이 이해될 때 대화가 가능하다. 쉴라이에르마허는 이를 위해 자신의 방법을 연구한 것이 아니라 텍스트의 이해에 적용하였다. 저자와 독자는 이런 의미에서 대화상대자이다. 저자는 자신의 글로 특정한 진술을 전하며, 독자가 그 글에서 의사소통적 의도를 끌어낼 수 있어야 저자를 이해한 것이다.[27] 본질적으로 '해석학적 작업'은 그래서 대화적이라고 파악된다. 그리고 독자가 서로 충돌하는 의견들의 불분명한 혼합으로부터 보다 일반화될 수 있는 결과에 도달하게 한다는 점에서 그것은 변증적이다.

물론 이런 종류의 의사소통은 한 방향으로만 일어난다. 저자만 말하고 독자는 물음에 답하거나 비판하거나 물음을 제기할 기회를 가질 수 없다. 대화의 상황이 역사적인 맥락에서 고찰된다면 이러한 불균형은 사라진다. 왜냐하면 독자는 잠재적인 저자이고 미래의 독자를 위해 글을 생산한다. 이러한 사슬을 세대로 본다면 읽는 철학자와 쓰는 철학자의 전체가 대화공동체가 된다. 철학의 역사는 이러한 대화가 일어나는 곳이다.

이런 방식으로 변증법적 계기는 다시 획득된다. 왜냐하면 대화는 정립과 반정립의 매개 속에서 이뤄지기 때문이다. 쉴레겔(Friedrich Schlegel)은

Methoden geisteswissenschaftlicher Paedagogik, a.a.O. (Anm. 8), S. 192 참조.

27 Lothar Ridder, "Textarbeit im Philosophieunterricht aus hermeneutisch-intentionalistischer Sicht", in: *Zeitschrift fuer Didaktik der Philosophie und Ethik*, 22 Jg.(2000), Heft 2, S. 124 ff.; Lothar Ridder, "Methoden der Interpretation im Philosophieunterricht", in: Johannes Rohbeck (Hg.), *Philosophische Denkrichtungen*, Dresden 2001, S. 116 ff.

철학사의 특징을 전진하는 형성과정으로 보면서 변증법과 대화의 관계를 역사철학적인 차원으로 보았다.[28] 대체로 여기서 그는 근대 해석학에서 해체주의까지 중요했던 한 측면을 강조한다: 독자가 하나의 텍스트를 이해함으로써 그는 스스로 자신의 의미를 생산한다; 독자는 저자보다 많은 경우에 더 똑똑하고 새로운 것들을 추가한다. 그래서 철학의 역사는 전통의 혁신적인 진보라고 설명한다.

2. 수업에서의 철학사

특히 헤겔은 이러한 철학사의 개념을 천착하였다. 자신의 『철학역사강의(Vorlesungen ueber die Geschichte der Philosophie)』의 서문에서 철학사가 가르쳐진 인식과 교체되는 의견들의 단순한 저장고라는 통속적인 파악을 비판한다. 그 대신에 그는 철학과 역사의 관계를 발전으로 보았다.[29] 철학적인 체계들의 일련의 과정이 역사 속에서 등장하는 것처럼, 역으로 역사적인 현상들 속에서 체계적인 진행을 찾아볼 수 있다: "그래서 철학은 발전하는 체계이다." 이런 방식으로 헤겔은 철학으로서의 철학사를 다룬다.

철학과 역사의 이러한 관계는 철학수업에서 엄청난 결과를 가졌다. 그

---

28 Friedrich Schlegel, *Werke. Kritische Ausgabe*, Bd. 12 u. 18, hg. v. Ernst Behler unter Mi-wirkung von Jean-Jacque Anstett und Hans Eichner, Paderborn, Muenchen, Wien 1958 ff.; Andreas Arndt, "Dialectik und Hermeneutik", in: Thomas Rentsch (Hg.), *Philosophie - Geschichte und Reflexion*, Dresden 2002 참조.

29 Hegel, Vorlesungen ueber die Geschichte der Philosophie, in: *Werke in 20 Baenden*, Bd. 18, Red. Eva Moldernhauer/Karl Markus Michel, Frankfurt/M. 1969, S. 39; "Philosophiege-schichte als didaktische Herausforderung", Bd. 18, S. 42 f.

래서 이탈리아에서는 철학수업이 역사적으로 이뤄졌고, 수많은 철학사 관련 책들이 다시 읽혔다. 그 배후에는 이탈리아의 신헤겔주의자가 있었고, 여기서는 인용된 전도가 전면으로 나오도록 하였다. 헤겔과의 세련된 차별화를 시도하면서 겐틸(Giovanni Gentile)은 다음과 같이 쓰고 있다: "역사적인 결과는 사유의 발전 그 자체이다."[30] 이 프로그램은 이제 '철학사로서의 철학'이라 불려지고, 논쟁적으로 표현하면 '철학 대신에 철학사를'이 된다.

철학사의 가르침이 그 자체로 교과적이고 교수학적인 근거에서 볼 때 필요하다는 것은 물음의 여지가 없다. 한편으로는 결속해주는 체계와 지속적인 진보에 대한 믿음이 오늘날 우리에게 상실되었다. 다른 한편으로는 학생은 죽은 철학자에게 맞추는 것이 아니라 스스로 철학하는 것을 배워야 한다. 그래서 헤겔의 변증법이 지닌 비판적 가능성을 구하고 수업에서 성과를 낼 수 있게 만들기 위한 방법을 찾아야 한다. 현 시대에 적절한 변증법 하에서 이것이 우선 동시적(synchron)인 수준에서, 그리고 나서 통시적(diachron)인 수준으로 구분되어 일어날 수도 있다.

3. 철학적인 논쟁

형편없는 철학사에서는 철학적인 전통들이 마치 진주목걸이처럼 학설들이 줄지어 꿰어져 있고 철학의 지식들이 진행되는 식으로 축적되어 등장한다. 실제로 대부분의 철학자들은 이미 생존하는 동안에 격렬한 논쟁 속

---

30 Giovanni Gentile, "Il concetto della storia della filisofia", in: *La riforma della didattica hegeliana e altri scritti*, Messina 1924, S. 147 (Uebersetzung, J. R.); Wilhelm Windelband, *Lehrbuch der Geschichte der Philosophie*, Tuebingen 1919, S. 7 ff. 참조.

에 얽혀 있다. 철학 이론들은 처음부터 치열하게 싸웠다. 이것이 이어 내려져 온 텍스트 속에서는 항상 잘 알 수 있는 것은 아니며, 축적되는 듯한 모습을 가지게 된다. 그래서 텍스트를 현시대적인 논쟁에 대하여 동시대적인 것으로 기여하게 만들어서 다시 살아나게 만드는 것이 교수법의 과제이다. 여기서 입장, 반대, 정립과 반정립, 비판과 재비판을 실제로 할 수 있다.

철학사에는 수업에서 주제로 다룰 수 있는 수많은 논쟁이 있다. 토론으로 잘 알려진 것으로는 17세기 말경 진보의 이념이 형성되기 시작할 무렵에 "고대의 친구와 근대인의 논쟁"을 들 수 있다.[31] 18세기에는 루소가 그러한 논쟁의 경우이다. 그의 불평등론을 그 시대의 낙관주의적인 역사철학으로 보면, 이 글은 근대 문명의 희생에 대한 흥미진진한[32] 분석으로 드러날 것이다. 19세기에는 마르크스(Karl Marx)의 "헤겔적인 변증법과 철학 일반에 대한 비판"이라는 주제가 된다.[33]

수업을 위해서는 특히 20세기 철학의 논쟁과 대화들이 적절하다.[34] 여

---

31 Hans Robert Juass, *Aesthetische Normen und geschichtliche Reflexion in der 'Querelle des Anciens et des Modernes'*, Muenchen 1964.

32 Jean Jacque Rousseau, *Abhandlung ueber den Ursprung und die Grundlagen der Ungleichheit unter den Menschen*, hg. v. Philipp Ripel, Stuttgart 1998; Anne Robert Jacque Turgot, *Ueber die Fortschritte des Menschen Geistes*, hg. v. Johannes Rohbeck/Liselotte Steinbruecke, Frankfurt/M. 1990; Johannes Rohbeck und Gerhard Voigt (Hg.), *Nachdenken ueber die Geschichte. Texte und Fragen zur Geschichtsphilosophie*, Hannover 1984, S. 49 ff.

33 Karl Marx, "Kritik der Hegelschen Dialektik und Philosophie ueberhaupt", in: *Marx-Engels Werke*, Ergaenzungsband, erster Teil, Berlin 1968, S. 568 ff.

34 Kurt Wuchterl, *Streitsgespraeche und Kontroversen in der Philosophie des 20. Jahrhunderts*, Bern 1997; 이 책에서 여기서 언급된 예들을 가져왔다.

기서는 생생한 철학하기의 정점에 속하면서 수십 년을 이어온 추종자들의 논쟁을 일으킨 철학적인 입장과의 직접적인 대면이 중요하다. 이중 의미 있고 아직도 실제적인 논쟁에 속하는 것들로는 다음과 같은 것을 들 수 있다.

과학과 기술의 가치 자유성에 대한 논쟁: 20세기 초 진보에 대한 믿음을 전제로 한 세계관이 흔들리고 나서 사회학자인 베버가 "가치판단 논쟁"을 시작하였다. 여기서는 사회과학적 문제가 비록 이 영역에서의 모든 경험이 숨겨진 이해관계와 가치평가에 의해 이뤄졌다하더라도 '객관적으로' 다뤄질 수 있는지에 대한 물음이 중요해졌다.

자연과학과 정신과학 두 문화에 대한 논쟁: 자연과학자의 세계와 문학자의 세계는 완전히 멀어졌고 서로 적대적으로 대치하고 있다고 주장한 스노우(Carles Percy Snow)에 의해 이 논쟁이 시작되었다. 그는 이러한 갈등을 당시의 중요한 수많은 문제의 근원이라고 보았다.

싱어와 관련된 안락사 논쟁: 호주 출신의 철학자인 싱어가 독일을 방문했을 때 안락사, 인공유산 그리고 장애자나 유아의 살인과 동물의 살해와 같은 주제들을 단호하게 공리주의적 원칙하에 다뤘다. 여기서 전통적인 가치 표상에 대한 세속적인 이념들이 충돌하였다. 결과를 중시하는 것에 대한 논쟁은 지금까지도 이어지고 있다.

이런 종류의 논쟁을 철학수업이나 윤리 수업에서 주제로 다루는 장점은 바로 주장과 반대주장을 구성해서 과정적으로 제시할 수 있다는 데 있다. 학생은 개별 저자들에 대한 반대를 하는 것이 아니라 반대 입장에 대하여 직접적으로 입장을 취할 수 있다. 양극성은 자신의 토론과정에서 상승하도록 해주고 이것을 처음부터 보다 높은 수준으로 지양시켜준다. 이를 넘어서서 이미 전개된 논쟁에 대하여 거리를 유지하면서 바라보는 것은 변증법적인 전환을 위한 충분한 전제를 구성해준다. 학생은 여러 주장을 살펴보면서 모순의 상위에 있는 범주의 의미를 가진 종합(Synthese)을 가능하게 해주는 보다 포괄적인 관계에 따라 물음을 던질 수 있도록 자극받는다.

4. 비판에 대한 비판

통시적인 관점에서 철학의 역사는 문제 해결의 연속으로 설명되는데, 이 문제 해결이 철학의 측면에서 거부되었지만 새로운 해결책을 찾기 위해 다시 물어진다. 철학은 끊임없는 비판이며, 문제지향적인 철학수업을 위한 모델로서 무엇보다도 적절한 비판이다.

헤겔에게 있어서 그러한 비판 유형의 방법이 연구되어야 한다. 그의 '발전 속에서의 체계'에서 비판은 그때그때마다 철학이론의 '결점(Mangel)'을 전제로 한다. 도덕적인 딜레마의 예에서 볼 수 있는 것처럼 '특정한 부정'을 통해 대안적인 개념이 전개된다. 그래서 헤겔은 칸트의 윤리학에서 첫째, 정언명법의 보편적인 이성의 규칙이 추상적이고 형식적이라는 결점, 즉 사람들이 지향할 수 있는 근거가 되는 어떤 내용적이고 구체적인 규정을 담고 있지 않다는 것, 둘째, 순수 실천 이성의 원칙이 승인하는 의무가 행동의 동기를 줄 수 없다는 결점을 찾아냈다.[35] 바로 이러한 '부정적인' 비판으로부터 헤겔은 '긍정적으로' 자신의 윤리 이론을 도출해 낸다: 칸트적인 도덕성의 자리에 헤겔적인 '인륜성(Sittlichkeit)'이 들어섰고, 인륜성 안에 실천적인 삶의 실제성이 가족, 시민사회 그리고 국가와 더불어 기초된다.

헤겔과 연결하여 철학적인 텍스트의 읽기는 비판적인 관련의 연속으로 구성될 수 있다.[36] 그때그때마다 진행되는 사유는 이전 사유의 결점으로부터 전개된다. 그래서 흄의 감정도덕에 대한 비판적인 경계설정에서 스피노자의 합리주의적인 도덕철학이 나왔고, 이것은 다시 칸트의 『도덕형이상학 기초(Grundlegung zur Metaphysik der Sitten)』에서 앞에서 언급된 결함으로 비판된 것이다.

결국 학생들이 변증법적 방법을 독자적으로 적용할 수 있는 상황에 놓일 수 있는지에 대해 물어져야 한다. 변증법을 가지고 학생들은 하나의 틀을 가지게 되는데, 이 틀은 유사한 방식으로 비판하는데 도움을 준다. 그래서 학생은 이론적인 대안이 전개될 수 있는 특정한 결함을 가진 텍스트를

35 Hegel, Grundlinien der Philosophie des Rechts, in: **Werke in 20 Baenden**, Bd. 7, Red. Eva Moldenhauer/Karl Markus Michel, Frankfurt/M. 1969, S. 252 f.

36 Roland W. Henke, "Dialektik als didaktisches Prinzip", in: **Zeitschrift fuer Didaktik der Philosophie und Ethik**, 22. Jg. (2000), Heft 2, S. 117 ff. 참조. 비판에 대한 다음 주제에 대하여서는 Nobert Diesenberg, "Formen der philosophischen Kritik oder 'Stimmt das eigentlich, was da im Text behauptet wird?' Zur Schulung der kritischen Urteilskompetenz im Philosophieunterricht", in: Johannes Rohbeck(Hg.), **Methoden des Philosophierens**, Dresden 2000, 76 ff. 참조.

찾으려고 노력한다. 예를 들어 홉스의 계약론을 잘 알고 있다면, 복종의 계약에 대한 비판은 개인에게 보다 많은 자유의 권리를 인정해주는 보완적인 계약모델로 이어질 것이다. 로크나 루소에게서 이런 비판을 참조할 수 있으며, 이런 비판은 이론적으로 예측될 수 있다. 여기에는 쓰기의 매개가 적절하다.

비판을 이렇게 하는 절차는 교수법적인 여러 장점을 가지고 있다. 한편으로는, 후대의 비판에 대한 앎이 선행하는 이론에 대한 심도있는 이해에 기여한다. 학생들에 의해 모든 비판이 전개되지는 않더라도 이러한 도치는 새로운 관점을 수업 안에 끌어들일 것이다. 다른 한편으로는, 비판이 보다 높은 수준에서 지양될 것이다. 왜냐하면 비판적인 입장은 단순한 의견으로서 밖으로부터 제기되는 것이 아니라 내적으로 전개되기 때문이다. 이런 방식으로 내적인 비판(immanente Kritik)이 대안적인 계획으로 이끌 수 있는 초월적인 비판(transzendierende Kritik)과 결합된다.

생활세계에 대한 비판

변증법의 독단적인 위험을 벗어나기 위해서 직접적인 생활세계와 인간의 일상적인 의식과 관련되는 현상학적인 읽기의 종류를 제안하고자 한다. 이 방법은 한편으로는 표면상의 자명함을 문제제기하면서 비판적으로 유지된다. 여기에서는 처음에 인용된 '전도된 세계'가 중요한데, 전도, 소외 그리고 사물화의 경험이 현대 문명 안에서 재구성되고 자신의 글을 쓰는 출발점이 된다. 다른 한편으로는 변증법적 방법은 지적으로 제한될 뿐만 아니라 우리의 사유와 행위에 대하여 지배력을 행사하는 정당화되지 못하는 추상화를 목적으로 삼는다. 그래서 변증법은 사회적인 그리고 언어비판적인 전환을 가지게 된다.

1. 헤겔의 실재변증법(Realdialektik) — 현상학적으로 읽기

헤겔로 인해 변증법은 심오하면서도 논란의 여지가 많은 전환을 수행한다. 모순의 핵심적인 범주는 더 이상 진술이 아니라 실재성(Realitaet)이다. 대화의 상황이나 해석적인 상황에서의 반박(Wider-sprechen)이 아니라 삶의 실제에 놓여 있는 모순(Widersprueche)들이 인간의 본질이나 사회 그리고 자연 속에서 드러나야 한다.[37] 이미 칸트는 주관적인 의지의 모순에서 벗어나 인간의 이성이 경험의 한계를 넘어설 때 강제적으로 모순 속에서 얽혀있다는 것을 그의 '선험적인 변증법' 속에서 보여주고자 하였다. 인과성과 자유의 이율배반처럼 이것은 이성적인 해결이 불가능한 소위 이율배반으로 이끈다.[38] 그럼에도 불구하고 헤겔이 이러한 필연성을 인간의 이성에서 실재성으로 옮겨 놓음으로써 변증법을 객관화하고 존재론화하였다.

현대의 후기 형이상학의 시대에서 이런 종류의 실재변증법은 더 이상 받아들여지기 어렵다. 철학수업에서도 독단화와 과적화가 위협하고 있다.

---

37 전체 체계에 대한 조망은 Hegel, Enzyklopaedie der philosophischen Wissenschaften, in: Hegel, *Werke in 20 Baenden*, Bde. 9-10, Red. Eva Moldenhauer/Karl Markus Michel, Frankfurt/M. 1969. 참조.

38 Immanuel Kant, Kritik der reinen Vernunft, "Die Transzendentale Dialektik", in: Kant, *Werke in 12 Baenden*, Bd. III, hg. v. Wilhelm Weischedel, Frankfurt/M. 1977, S. 340 ff.

이에 반해 헤겔 변증법의 교수법적 가능성을 구해내기 위해서는 두 가지 변형을 시행하고자 한다. 우선 헤겔의 방법에 따라서 하고 그 다음에 헤겔의 변증법을 현상학적 방법으로 읽어내고자 한다.[39] 두 가지 읽기 양식이 서로 관련이 있다.

헤겔은 존재와 가상(Sein und Schein)의 관계를 그의 '본질에 대한 학'에서 위에서 열거된 숙고의 방법에 따라 전개하면서 설명하고 있다.[40] 일상의 의식은 "가상 뒤에" 의도적으로 "참된 존재" 내지 "본질"이 숨겨져 있다고 생각한다. 헤겔의 기본적인 사유는 이에 반해 존재와 가상이 상호적인 관계에 있다고 생각한다. 그래서 가상 속에서도 본질이외의 다른 어떤 것이 드러나지 않는 것처럼, 가상은 본질 그자체의 사변적인 운동이다. 가상은 그래서 주관적인 오류가 아니라 객관적이고 필연적이다.

변증법에 대한 이러한 방법적인 파악은 이미 현상학과 유사한 것이라고 말해진다.[41] 두 가지 방법에서는 현상의 구출이 중요하다. 현상이 단순한 기만으로 평가절하되는 것이 아니라 삶의 실제성의 계기로 파악되는 것이다. 그래서 변증법의 방법을 현상학적 방식에 적용해보자는 제안이다.

---

39 Danner, *Methoden geisteswissenschaftlicher Paedagogik*, a.a.O. (Anm. 8), S. 192 ff. 참조.

40 Hegel, *Wissenschaft der Logik II*, a.a.O. (Anm. 2), S. 13 ff.; Hegel, *Enzyklopaedie der philosophischen Wissenschaft I*, a.a.O. (Anm. 18) §§112 ff., S. 231 ff. 참조 - Michael Theunissen, *Sein und Schein. Die kritische Funktion der Hegelschen Logik*, Frankfurt/M. 1978.

41 결국 여기서 헤겔 자신의 초기 저작인 정신현상학이 언급된다. Hegel, Phaenomenologie des Geistes, in: *Werke in 20 Baenden*, Bd. 3, Red. Eva Moldenhauer/Karl Markus Michel, Frankfurt/M. 1969.

변증법적인 비판은 그래서 직접적인 생활세계 그리고 그에 상응하는 의식의 상태와 관련된다. 이론적인 장점은 현상학적 변증법(phaenomenologische Dialektik) 내지 변증법적 현상학(dialektische Phaenomenologie)의 조합에 있다. 이것은 수업의 사례들에서 설명될 것이다.

2. 표면적인 자명성에 대한 비판

단순하면서 동시에 고전적인 예는 점성술에서 찾아볼 수 있다: 태양이 지구 주위를 돈다고 사람들이 수천 년 동안 믿어왔다면, 사람들이 잘못 생각할 수 없다. 이러한 외관은 오히려 행성의 체계 자체에서 그리고 주어진 관찰의 입장을 통해 정당화되었다. 코페르니쿠스적인 전환은 현대의 우주 비행의 흐름 속에서 명백해진 관점의 교체에 있다.

우주 비행에 대한 변증법적-현상학적인 숙고에 대해서는 안더스(Guenter Anders)의 도움을 받는다. 달 착륙보다 중요한 것은 그로 인해 가능해진 지구를 '달로부터 바라봄'이었다. 주제는 바로 우주 비행이 먼 지역에 대한 앎을 갖게 해준 것뿐만 아니라 지구를 최초로 바라볼 수 있는 기회를 가지게 되었다는 것이다. "달 비행의 위대한 체험은 목적이 아니라 출발점이다. 알려지지 않은 것이 아니라 알려진 것이다. 낯선 것이 아니라 낯설어진 것이다. 달이 아니라 지구인 것이다."[42] 처음의 목적이 도치되었고, 이번에는 기술적으로 산출된 바라보는 방향의 도치이다.

---

[42] Guenter Anders, "Der Blick vom Mond, Muenchen 1970, S. 12, S. 89; Hans Blumenberg, *Die Genesis der kopernikanischen Welt*, Frankfurt/M. 1975, S. 786. 참조.

헤겔의 정신현상학에서 '주인과 노예 관계'[43]의 상호 승인이라는 사회 철학적인 예가 나온다. 노예가 분명히 주인에게 의존하는 동안에는 주인의 관점에서 이것은 자유롭고 분명한 것이다. 그렇지만 노예의 관점에서 보면 그 관계는 도치된 것이 된다. 노예가 주인이 소비하는 생필품을 만들어내기 때문에 자립성을 가지는 사람은 노예이고 주인이 노예에게 속해 있는 것이 노예의 진리이다. 이 경우에 관점의 교체는 사회비판적인 계기를 갖는다.

자신의 정치경제학 비판에서 마르크스는 이와 같은 것을 변증법적 절차를 사용한다.[44] 이에 따르면 사적 인간의 사회적 관계가 아니라 재화와 화폐와 같은 사물들의 관계만이 시민사회의 시장에 나타난다. 그래서 소위 '상품의 물신숭배'가 한 번 더 화폐와 자본에서 강화되어, 독립적인 주체에게 일어난다. '필연적인 가상'은 사람들의 머릿속에서 일어나는 것이 아니라 그에 상응하는 잘못된 의식을 만들어내는 전도된 실천에 있다. 비판적인 관점이 서야 이러한 가상을 제거할 수 있다.

이러한 전통에서 그 후에 호르크하이머와 아도르노에 와서 '전도(Verkehrung)', '소외(Entfremdung)' 그리고 '사물화(Verdinglichung)'에 대한 언급이 분명하게 이뤄졌다.[45] 극단적인 형식으로 현대 문명 속에서 소외와

---

43 Hegel, *Phaenomenologie des Geistes*, a.a.O.(Anm. 41), S. 145 ff.

44 Karl Marx, Das Kapital, Erster Band, in: *Marx-Engels-Werke*, Bd. 23, Berlin 1956, S. 85 ff.

45 Max Horkheimer/Theodor W. Adorno, "Dialektik der Aufklaerung", in: Max Horkheimer, *Gesammelte Schriften*, Bd. 5, Frankfurt/M. 1987; Max Horkheimer, "Zur Kritik der instrumentellen Vernunft", in: Max Horkheimer, *Gesammelte Schriften*, Bd. 6, Frankfurt/M.

도구화의 현상들이 관찰될 수 있다. 기술의 영역에서도 기술적인 제품의 주인이 우리라고 믿고 있지만, 기술제품들이 우리 행위를 결정함으로써 우리를 지배하게 된다. 관료주의에서도 행정이라는 수단이 목적(Selbstzweck)으로 전도된다. 결국 학문은 인간을 계몽시키고 해방시키는 과제를 가지며, 전문적인 앎과 유사과학은 새로운 사물강제를 확립하게 된다. 종합해 보면 많이 인용되는 『계몽의 변증법』이라는 저작의 내용이다.

변증법적-현상학적인 방법은 결국 사르트르(Jean-Paul Sartre)가 말한 것처럼 일상적인 현상을 관찰하는 데에도 적합하다. "카페의 직원을 관찰해 보자. 그는 약간은 너무나 확고한 그리고 약간은 너무나 신속하게, 민첩하면서도 확실하게 움직인다. 그는 약간 민첩하게 손님에게 다가가서 어느 정도 근면하게 인사하면서, 그의 음성과 시선은 손님의 주문에 대하여 약간 지나칠 정도의 근심을 보이는 일종의 관심성(Interessiertheit)을 보여준다. […] 이를 확인하기 위해서 그를 오래 관찰하지 않아도 된다. 그는 카페 직원이 되는 것을 수행한다."[46] 단순한 현상이 특정한 행동양식의 진정한 본질로 입증되면서 존재와 가상은 여기서 놀라운 전환을 갖게 된다.

이와 같은 종류의 예들은 자신의 글을 쓰기 위한 모델로서 적합하다. 출발점은 전도의 양식에 따라 재구성될 수 있는 자신의 소외의 경험이 될 수 있다. 목적은 일상적인 지각에서 '가상적인' 자명성을 찾아내는 것이다.

1987, S. 136 ff.

46 Jean-Paul Sartre, *Das Sein und Das Nichts. Versuch einer ontologischen Phaenomenologie*, Hamburg 1962, S. 106.

3. 일상적인 이해에 대한 비판

헤겔의 교수법적 원칙은 철학수업을 추상적인 것을 가지고 시작해야한다는 데에 있다: "김나지움의 철학수업에서 추상적인 형식이 제일 중요한 핵심이다. 청소년들은 우선 보기와 듣기에서 벗어나 구체적인 상상으로부터 관심을 돌려서 영혼의 내적인 밤으로 다시 되돌려놓아서 이를 근거로 해서 보는 것, 그리고 특정한 것을 붙잡는 것과 구분하는 것을 배워야 한다."[47] 학생의 구체적인 경험과 관심으로부터 시작되어야 한다고 주장하는 페스탈로찌 이후 현대 철학 교수법에서 보면 이러한 방법은 모든 교육학적 원칙들과 모순되는 것처럼 보인다.

그렇지만 헤겔이 추상화라고 이해하는 것을 정확하게 안다면 이러한 분노는 해소될 것이다. 그가 보다 높거나 이론적이거나 어려운 것을 추상화라고 생각한 게 아니라 이와는 정반대로 '일상적인 오성의 기본적인 익숙한 개념들'을 염두에 둔 것이다. 이 개념들은 처음에 보여준 것처럼 사태에 대한 확인이라는 첫 번째 시도이다. 그래서 헤겔은 자유, 권리, 소유권 등처럼 수업의 시작에 아주 실천적인 규정을 제시한 것이다. 이런 개념들을 그는 '추상적'이라고 했다. 왜냐하면 이 개념들은 구체적인 상상으로는 채워질 수 없으며 서로 고립되어 있기 때문이다.

---

47 Georg Wilhelm Friedrich Hegel, "Ueber den Vortrag der philosophischen Vorbereitungs-Wissenschaften auf Gymnasien. Aus einem Brief vom 23. Oktober 1812 an den Koenigl. Bayerischen Oberschulrat Immanuel Niethammer", in: Georg Wilhelm Friedrich Hegel, *Saemtliche Werke(Jubilaeumsausgabe)*, Band 3, hg. v. Hermann Glockner, Stuttgart 1949, S. 413.

그래서 철학수업의 과제는 구체적인 관련을 단계적으로 전개하면서 이러한 결핍을 극복하는 것이다. 헤겔은 이러한 방법을 추상에서 구체로의 상승의 방법이라고 부른다. 특정한 사회에서 자유롭게 산다는 것은 구체적으로 무엇인가? 오늘날의 철학 교사는 그와 같은 개념을 칠판에 쓰고 마인드맵을 이용하여 결합된 것을 모으고 체계적인 작업으로 구체화하는 것 외에는 달리 할 수 없을 것이다.

헤겔은 이러한 방법을 위해 간단명료한 예를 제시하였다. 그의 소논문인 "누가 추상적으로 사유하는가?"[48]에서 그는 살인자가 법정에 끌려와서 상이한 판단의 대상이 되는 상황을 묘사한다. 일반적인 사람들은 이 살인자에게서 단지 처벌되어야만 하는 살인만을 본다. 여자들은 그 살인자를 심지어 힘 있고 아름답다고 생각한다. 사람보는 안목이 있는 사람들은 이러한 운명을 그가 교육을 제대로 받지 못했다는 것에서 찾아낼 수 있다고 믿는 근거들을 찾으려 한다. 놀랄 만한 결과는 다음과 같다. 교육받지 못한 사람들은 추상적으로 사유한다. 왜냐하면 이들은 한 사람을 살인이라는 속성으로 환원하기 때문이다. 여기서 무자비하게 파괴되는 일상적인 이해의 이러한 도치는 수업에서 변형될 수 있다. '낯설음'이나 '외국인'처럼 토론에서 많은 추상적인 규정들이 일방적으로, 불충분하게 그리고 폭력적으로 입증될 수 있다. 그래서 그러한 추상화을 실체적인 삶의 환경과 관련하여 구체화하는 것이 과제가 된다.

---

48 Als "Philosophisches Meisterstueck" mit einem Kommentar von mir in: *Zeitschrift fuer Didaktik der Philosophie*, 15. Jg. (1993), Heft 4, S. 268 ff.

잘못된 추상화에 대한 비판은 아도르노에 의해 계승되었고, 개개의 확인될 수 있는 사유가 이데올로기의 혐의를 갖는다고 하면서 극단화되었다; 그는 이것을 독단적이고 공격적이라고 보았다. 이것은 또한 특정한 교수법에도 해당된다: "모든 철학적인 용어는 교수법적인 것의 계기를 갖는다. […] 학생이 여기서 듣게 되는 용어는 처음부터 훈육적인 요인을 가지는데, 이 요인을 통해 학생은 이런 사유 외에 다른 어떤 것을 연관시키거나 배우게 되지 않는다. 견고한 철학적인 용어들이 다양한 종류의 지배를 요청하려 하고 그래서 결국 수사학적인 권위를 추구하는 그러한 독특한 경향이 바로 여기에 있다."[49] 이런 종류의 교수법에 반하여 아도르노는 그의 고유한 철학적 용어를 제시하는데, 여기서는 일면적인 정의, 경직된 개념적인 고착 그리고 추상적인 대안들이 극복되어야 한다.

쓰기 과제는 일상적인 언어사용에서 이론적으로 '잘못되거나' 실천적으로 비사회적, 비민주적, 훈육적 혹은 폭력적인 그런 종류의 추상화를 찾아내는 데 있다.

수업의 절차

결론적으로 변증법의 교수법적 가능성을 요약하자면, 학생들이 '변증법적으로' 철학하기를 배울 수 있는 특정한 절차를 제시하고자 한다. 학생들이 변증법적 방법으로 스스로 찾아내기를 기대할 수 없기 때문에 그러한

---

49 Adorno, *Philosophische Terminologie*, Bd. I, a.a.O. (Anm. 1), S. 62 f.

방법에 대한 안내가 필수적이다. 익숙한 일상적 이해를 자극해서 극복하는 데 변증법이 고려될 수 있다. 그래서 학생이 변증법적 방법을 독자적으로 적용할 수 있는 상황에 놓이는 것으로 충분하다. 매개를 위해서는 방법에 대한 세 가지 지침이 제공된다.

1. 변증법적 방법의 설명

상대적으로 필요한 절차는 변증법적 방법을 일단 설명하고 그리고 나서 적용해보도록 하는 데 있다. '변증법적인 작문'이 연습된다면, 위에서 설명한 논증의 세 단계를 설명할 수 있을 것이다.

2. 적용모델의 예시

이런 종류의 설명은 예를 들어 설명하는 것이 가장 좋으며, 이 예시들은 그 자체로 출발점으로 선정될 수 있다. 교사는 변증법을 '주인과 노예'의 예시를 들어 설명하고 이와 연결하여 글을 써보도록 한다. 이러한 예는 자기의 글을 쓰도록 하는 데 좋은 모범으로 작용하는 모델과 같은 기능을 할 것이다.

3. 과제

이 모든 것이 너무 어렵게 여겨지거나 받아들일 수 없다고 생각하는 사람은 변증법적 방법을 알 수 있게 해주는 특정한 과제를 제시함으로서 학습과정을 단순화하거나 간소화할 수 있다. 이러한 방법은 아래에서 열거하는 수업을 위한 제안들의 실마리를 통해 종합적으로 보일 수 있다.

◆ 소크라테스적 대화: 대화 상대자의 특정한 논증을 그것의 일반화가능성을 검증하여 모순이라고 주장하시오.

◆ 대화적 구성주의: 찬성–반대의 모델에 따라 논증적인 토론을 하시오.

◆ (콜버그에 따라) 딜레마를 통해 윤리적으로 논증하기: 논증의 보편적인 단계를 준비하기 위해 도덕적인 판단의 모순과 결함을 분석하시오.

◆ 변증법적인 글쓰기: 찬반 토론을 쓰시오. 여기서 정립과 반정립을 극단화시키는 것뿐만 아니라 상위의 종합을 구성하시오.

◆ 변증법적인 이야기: 브레히트의 이야기와 같은 변증법적인 이야기를 분석하시오. 이와 연결하여 유사한 이야기를 써보시오.

◆ 철학적인 논쟁: 현대 철학에서 잘 알려진 논쟁과 자신의 생각에 대한 연결점을 고려하여 선택하시오.

◆ 비판적 해석학: 철학사에 나오는 특정한 입장을 그것의 모순과 부족한 점을 찾아내어 비판해보시오. 자신의 비판과 연결하여 그에 상응하는 반대 입장을 구성해보시오.

◆ 일상적인 가상에 대한 비판: 일상적인 지각과 연결하여 도치, 소외 그리고 사물화를 찾아낼 수 있는 일상적인 지각을 기술하시오. 여기서 관점 교체의 방법을 이용해 보시오.

◆ 일상적 이해에 대한 비판: 일상적인 언어사용에서 이론적으로 뿐만 아니라 실천적으로도 '잘못된' 추상화를 찾아보시오. 이러한 추상화를 구체적인 맥락에 근거하여 비판해보시오.

이런 종류의 과제는 분명히 설명을 필요로 한다. 방법적인 기본에 대한 앎이 자세하게 그리고 집중적으로 전달되는 것은 교사와 학생에게 달려 있다. 너무 많이 설명하는 교사는 학생들에게 과도한 것을 요구할 수 있다. 이와 달리 무턱대고 전제 없이 시작하는 교사는 변증법적인 방법의 교수법적 가능성을 잃어버린다.

제9장

헤겔에 따라 변증법적으로 철학하기

헤겔은 김나지움에서 가르치고 교수법에 대하여 숙고했던 철학자라는 점에서 매우 드문 경우에 속한다.[1] 이런 점에서 그의 철학의 변증법을 사후에 정확하게 살펴보려는 시도를 할 만한 근거가 충분하다. 이와 함께 그가 뉘른베르크 김나지움에서 자기 철학의 체계를 학생들에게 어떻게 가르쳤는지를 살펴보는 것도 필요하다. 그렇지만 그의 변증법적 방법이 실현되지 않았던 교수법적 가능성을 가지고 있었다는 것을 도외시 할 수는 없다. 아마도 철학수업에 대한 의견과 김나지움의 책임자로서의 연설을 살펴보면 원칙적으로 의미 있는 중요한 연결점을 찾아볼 수 있을 것이다.

---

[1] Roland Henke, *Hegels Philosophieunterricht*, Wuerzburg 1989, 128 ff. 참조.

헤겔의 원칙은 다음과 같다. 철학은 학생들에게 줄여서는 안 되는 사유 활동이며, 잘 의도된 교육을 통해서조차 이뤄져야 하는 사유 활동이다. 개념에 대한 노력은 직관을 초월한다; 직관은 사유를 방해할 수 있다. 물론 헤겔은 그 당시 시작되던 개혁 교육학(Reformpaedagogik)에 대한 자신의 비판에서 도를 지나치긴 했다. 그렇지만 오늘날 특히 교과서에 널리 퍼져 있는 그림의 홍수를 볼 때 이러한 경고가 예기치 못한 실제가 되어버렸다.

수업의 방식

뉘른베르크 김나지움의 책임자로서 학생들에게 "철학 입문"을 강의하던 양식은 오늘날의 철학교사들에게 아무런 놀라움도 일으키지 않을 것이다. 뉘른베르크 원고를 보면, 헤겔이 자기의 철학 체계를 다소 평이하게 그가 말했던 것처럼 '대중적인 수준으로 낮춘 형태로'[2] 요약해서 강의하고 있다는 것을 알 수 있다. 이 수업이 어떻게 실제로 이뤄졌는지에 대해 그 당시 헤겔의 학생이 기록하고 있다.

> 몇 마디 도입하는 말들이 끝나고 그는 그때그때의 대상들에 대하여 한 구절씩 읽고 나서 동일한 것을 학생이 읽게 하고 나서 설명하였다. [⋯] 여기서 설명의 중요한 부분을 받아 적게 하였다. 받아 적은 것을 집에 가지고 가서 다시 정리해서 써야만 했고 [⋯] 관련시켜야 했다. 다음 시간의 처음에 그는 학생들에게 각자가 정리한 것을 다시 읽게 하고, 필요한 경우에는 수정하였는데, 이것은 대체로 그의 측면에서 보다 자세한 설명과 물음

---

2 Georg Wilhelm Friedirich Hegel, *Briefe von und an Hegel*, hg. v. Johannes Hoffmeister, Bd. I, Hamuburg 1953, S. 390.

에 대한 답변으로 이어졌다.[3]

그리고 1812년 바이에른주의 중앙교육위원회의 니에트하머(Nietham-mer)에게 쓴 "김나지움에서 학문의 철학적인 예비를 위한 수업에 대하여"라는 서간에서 헤겔은 다음과 같이 쓰고 있다:

내용이 풍부한 철학에 대하여 알게 하는 절차는 학습 이외에 다른 것일 수 없습니다. 철학은 다른 모든 학문들과 마찬가지로 가르쳐지고 배워야만 합니다. [⋯] 교사는 철학(내용)을 가져야 합니다; 교사가 먼저 철학을 생각해야 하고, 학생은 그것을 나중에 생각해야 합니다.[4]

헤겔은 학교에서 배우는 철학을 우선적으로 암기해야 할 추상적인 수업소재로 다루었다. 정신의 살아있는 것, 발전하는 것 그리고 독자적인 것을 강조했던 철학자가 학교 수업에서 그의 사상과의 발생사적인 관련이 없이 강의할 수 없었을 것이다. 그러나 무엇보다도 헤겔의 수업 방법은 보다 새로운 철학 교수법적인 원칙과 교차된다. 그래서 철학수업에서 완성된 이론이 강의되는 것이 아니라 학생이 그 과목에 대해 우선 흥미를 느끼고, 문제를 구성하는 것을 배우고 여러 사람과의 대화 속에서 해결가능성을 토론

---

3 Zimmermann, "Erinnerungen an Hegels Wirksamkeit als Lehrer der Philosophie an der Studienanstalt zu Nuernberg", in: *Blaetter fuer das bayerische Gymnasialschulwesen*, Bd. 7, Muenchen 1871, S. 25 ff. Gustav Thalow, *Hegel's Ansichten ueber Erziehung und Unterricht. Als Fermente fuer wissenschaftliche Paedagogik*, Kiel 1843, S. 173; Roland Henke, *Hegels Philosophieunterricht*, Wuerzburg 1989. 참조.

4 Georg Wilhelm Friedrich Hegel, "Ueber den Vortrag der philosphischen VorbereitungsWissenschaften auf Gymnasien. Aus einem Brief vom 23. Oktober 1812 an den Koenigl. Bayerischen Oberschulrat Immanuel Niethammer", in: Hegel, *Saemtliche Werke(Jubilaeumsausgabe)*, hg. v. Hermann Glockner, Bd. III, Stuttgart 1949, S. 311 ff.

하면서 가능한 한 자기의 사유를 할 수 있어야 한다는 것에 대해서는 포괄적 일치가 이뤄진다.[5] 그러한 비판에 직면하여 헤겔적인 '철학 입문'은 바로 반교수법(Anti-Didaktik)으로 나타난다.

헤겔의 철학수업과 같은 종류의 수업 방식이 그 당시에는 일반적이었고 헤겔 자신이 교수법적인 물음들에 관심을 가지고 있지 않았다고 주장된다면 그의 철학수업은 아마 여기서 살펴볼 가치도 없을 것이다. 헤겔이 김나지움의 교장임에도 불구하고 대학의 교수가 되려고 노력하였다는 것은 잘 알려져 있으며, 자기의 철학 연구를 수행하기 위한 단순한 동기로 학교수업을 하였을 수도 있다. 이런 추측은 특히 뉘른베르크시절에 헤겔의 전 체계가 근본적으로 변하였고, 이것은 그가 가르치는 교재의 혼란으로 소급될 수 있었다.[6]

두 가지 주장은 그럼에도 불구하고 잘못된 것이다. 18세기 말경 독일에서는 새로운 수업 방법의 개발로 이어지는 교육학의 변혁이 이뤄지고 있었다. 그리고 헤겔은 이러한 시대의 흐름을 무시하지 않았으며, 그는 그의 표

---

5 클렘의 철학수업의 이야기에서 이러한 경향은 매우 분명해진다(Guenther Klemm, "Geschichte des deutschen Philosophie-Unterrichts", in: Eduard Fey(Hg.), *Beitraege zum Philosophie-Unterricht in europaeischen Laendern*, Muenster 1978, S. 84 ff.). 이에 대해서는 포겔의 글("Bibliographisches Handbuch": Die Entwicklung der Diskussion zum Philosophieunterricht von 1945-1979)에 대한 요약 참조(Peter Vogel/Ingrid Stiegler, *Bibliographisches Handbuch zum Philosophieunterricht. Einfuehrung in die philosophiedidaktische Diskussion und systematischer Literaturnachweis 1800-1979*, Duisburg 1980, S. 154 ff.)

6 Johannes Hoffmeister, *Vorwort zu G.W.F. Hegel. Nuernberger Schriften*, Leipzip 1938, S. XII-XXVI.

현대로 하자면, 새로운 수업 방법을 가져온 '새로운 시도, 즉 교육학'[7]을 자세하게 분석하였다. 그래서 어떤 근거로 헤겔이 새로운 교수방법을 철학 수업을 위하여 결정적으로 거부하였는지를 살펴보는 것은 흥미로운 일이다. 전통적인 라틴어 학교나 대학을 준비하기 위한 상급학교(Latein- oder Gelehrtenschule)에 반대하였던 당시의 교육학에 대해 반대했다는 것만으로 다시 헤겔이 낡은 설교방식 교육의 옹호자라고 볼 만한 근거가 되는가?

이 물음을 검증해보기 위해 우리는 헤겔이 비판했던 교육학을 잠깐 살펴보아야 한다. 헤겔의 비판을 판단해보는 데 있어서 헤겔의 학생이 배워야 했던 특정한 철학적 이론이 그 자체로 학습 내지 의식의 형성을 대상으로 하고 있다는 것을 고려해야 한다. 헤겔의 교육이론과 교수법을 "정신현상학"이나 "논리학"으로 설명하기 위해서는, 교수법적인 매개의 문제와 헤겔 철학의 연구 방법에 대한 어느 정도의 해석이 필요하다.[8] 따라서 헤겔

---

7 Hegel, "Ueber den Vortrag der philosophischen Vorbereitungs-Wissenschaft auf Gymnasien", a.a.O. (Anm. 4), S. 310.

8 이런 방식으로 엘레르트(Paul Ehlert, *Hegels Paedagogik. Dargestellt im Anschluss an sein Philosophisches System*, Berlin 1912.), 하이도른(Hans-Joachim Heydorn, "Bildungstheorie Hegels", in: Hans-Joachim Heydorn/Gernot Koneffke(Hg.), *Studien zur Sozialgeschichte und Philosophie der Bildung. II Aspekte des 19. Jahrhunderts in Deutschland*, Muenchen 1973.), 니콜린(Friedhelm Nicolin, *Hegels Bildungstheorie. Grundlinien geisteswissenschaftlicher Paedagogik in seiner Philosophie*, Bonn 1955.), 그리고 탈로우(Thalow), a.a.O. (Anm. 1)가 접근하였다. 바이어는 헤겔의 철학으로부터 독자적인 교육학을 만들어내려는 그러한 시도를 비판한다(Wilhelm Raimund Beyer, "Hegel als Nuernberger Lokal-Schulrat", in: Manfred Buhr (Hg.), *Denken und Bedenken. Hegel-Aufsaetze*, Berlin 1977, S. 157). 쉬미트의 "뉘른베르크에서의 헤겔"(Gerhard Schmidt, *Hegel in Nuernberg*, Tuebingen 1960)은 "철학 입문(Philosophischen Propaedeutik)"을 다루면서 헤겔의 철학적 체계에 대한 설명에서 충분히 논의되었다. 이것의 대부분이 실은 뉘른베르크 강의에 근거하여 입증이 되었다. 철학 수업에 대한 이러한 분석들은 유감스럽게도 이와 관련되어 시사하는 바가 많은 니에트하머(Niethammer)와의 서신교환을 고려하고 있지 않으며, 당시의 교육정책이나 교육학과의 관련도 결여되어 있다.

의 교육학적, 교수법적 물음들을 니에트하머와의 서간이나 철학수업에 대한 평가 혹은 그의 김나지움 연설에서처럼 자세히 드러나는 원고들을 중심으로 살펴보고자 한다.

헤겔 그리고 그와 동시대의 교육학

철학수업에 대한 평가를 헤겔은 이미 설명한 바와 같이 니에트하머에게 썼으며, 헤겔과 친구 사이이면서 바이에른주의 교육과정의 저자인 니에트하머는 헤겔의 철학을 김나지움의 수업에 맞도록 개정해달라고 요청하였다.[9] 니에트하머는 "우리 시대의 교육수업이론에서 박애주의와 휴머니즘의 논쟁(1808)"이라는 자신의 강령적인 글에서 새로운 교육학에 대하여 분석함으로써 바이에른주 외부에서도 명성을 가지고 있었다.

박애주의는 계몽의 이념을 비록 정치적인 영역에서 직접적으로 실현하지는 못하더라도 적어도 독일의 교육에서 실현할 수 있는 시도로 간주될 수 있다. 이 운동은 시민계급에 의해 수행되는 데 궁극적으로는 독립적이며 반봉건주의적인 국가의 통합을 가져오는 국가 교육을 계획하는 데에서 정점을 이룬다.[10] 무엇보다도 박애주의는 중요한 실천적인 목적을 가지고 있다. 아동은 상공업분야에서 시민적인 직업 수행을 위해 교육받아야 하고,

---

9 Georg Wilhelm Friedrich Hegel, *Briefe von und an Hegel*, a.a.O. (Anm 2), S. 176, S. 228.

10 Helmut Koenig, *Zur Geschichte der buergerlichen Nationalerziehung in Deutschland zwischen 1807 und 1815*. Teil I, Berlin 1972, S. 128 ff. - Siegfried Jaeger/Irmengard Staeuble, *Die Gesellschaftliche Genese der Psychologie*. Frankfurt/M., New York 1978, S. 99 ff.

라틴어나 희랍어 교육이 아니라 빈자들의 학교(Armenschule)[*]에서처럼 실업학교(Realinstitut)에서 강화되어 가르쳐지기 시작한 자연과학, 수학 그리고 현대 언어들과 같은 소위 실제적인 것들에 대한 인식을 필요로 한다.

바이에른주에서는 상대적으로 늦게 학교개혁과 통일된 교육과정에 대한 이러한 생각을 실현하고자 시도되었다. 니에트하머의 투쟁적인 글이 이런 관계 하에서 잘 정리되어 있고, 아마도 1808년부터 독자적인 학교 개혁을 준비하는데 도움이 된 것 같다. 그는 여기서 무엇보다도 김나지움을 공무원과 교수들을 길러내기 위한 것으로 여겼고, 나중에 국가 교육과정으로 연결되었던 신휴머니스트의 대변자로 이해되었다. 니에트하머는 그래서 외관상 그런 모습을 가지고 있지만, 범애주의의 전체적인 반대자가 아니라 우선 대립된 입장을 결합시키는 데 노력을 하였다.[11] 비록 그가 교육체계와 다르면서 고대 언어로 하는 수업을 옹호하더라도, 다른 한편으로는 근대적인 사태 수업을 촉진하고자 시도하였다. 이런 학교정책적인 물음에서 헤겔은 니에트하머와 같은 의견이었다. 그도 고대 언어로 이뤄지는 김나지움의 유지를 옹호하면서 뉘른베르크 지역의 실제적인 교육제도를 의심을 가지고 바라보았지만, 그럼에도 불구하고 자신의 김나지움에서는 분리된 교육과정의 범위 내에서 수학과 자연과학의 학습, 예를 들면 물리실험에 대해

---

11 Friedrich Immanuel Niethammer, *Philanthropinismus-Humanismus. Texte zur Schulreform*, hg. v. Werner Hillebrecht, Weinheim, Berlin, Basel 1968, insbes. S. 152 ff. - Ernst Hojer, *Die Bildungstheorie F. I. Niethammers*, Frankfurt/M. 1965, S. 40 ff., und die Einleitung von Hillebrecht, S. 16 ff. 참조.

* 【역자 주】16세기에 빈곤한 가정의 아이들의 교육을 위해 설립된 교육시설.

수업하는 것을 지지하였다.[12]

이러한 교육정책적인 배경 하에서야 그 당시 근대적인 수업방법에 대한 헤겔의 입장이 비로소 이해될 수 있다. 헤겔이 니에트하머의 평가에서 자신의 철학수업을 설명할 때 그는 범애주의, 즉 소위 '아이들을 위한 캄페(Kampe)의 심리학'에 반대하였다.[13] 이 글은 이러한 교육학적 방향에서는 대표적이며, 여기서 심리학이 수업의 학습내용과 동시에 그 수업의 방법적인 기초가 되었다.[14] 볼프의 능력심리학과 로크의 경험심리학에서 출발하여 캄페는 교사가 아이들의 영혼의 힘 내지 이성의 힘을 깨워야 하며 스스로 사유하기를 통해 이를 자극해야 한다고 요청하였다. 이런 방식으로 그는 예를 들어 헤겔이 자주 인용한 『아이들을 위한 작은 영혼론(Kleinen Seelenlehre fuer Kinder, 1786)』[15]을 다루었는데, 여기서 교육과 모사가 시작을 만들고 아이들이 교사와의 대화의 도움으로 독립적인 열쇠를 갖도록 요청된다. 이런 방법의 장점에 대해서는 당시의 대부분의 교육학자들, 브라운쉬바이크(Braunschweig)의 캄페나 스위스의 페스탈로찌(Pestalozzi), 혹은 데쏘(Dessaue)의 잘 알려진 실험학교의 설립자인 바제도프(Basedow)나 바

---

12 Hegel, *Briefe von und an Hegel*, a.a.O. (Anm. 2), S. 270 ff.; Hegel, "Gymnasialreden", a.a.O. (Anm. 4), S. 235 ff. - Beyer, a.a.O. (Anm. 8). 헤겔의 서간을 보면 그가 도시의 학교위원회로의 자신의 역할을 단순히 "철학입문"과 그의 감나지움에만 신경 쓴 것이 아니라, 그의 직업적인 일은 뉘른베르크의 모든 교육시설, 그러니까 빈자들의 학교(Armenschule)나 실업학교(Real-Institut) 그리고 그것의 수업의 실천을 모두 포함하고 있다(S. 135 ff.)

13 Hegel, "Ueber den Vortrag der philosophischen Vorbereitungs-Wissenschaften auf Gymnasien", a.a.O. (Anm. 4), S. 305.

14 캄페는 새로운 교육학을 이끄는 이론적 조직적인 리더였다-Jaeger/Staeuble, a.a.O. (Anm. 10), S. 120 ff.

15 Joachim Heinrich Campe, *Kleine Seelenlehre fuer Kinder*, Wolfenbuettel 1786.

이에른(Bayern)에서 헤겔이 별로 좋아하지 않았던 학교위원회 위원인 스테파니(Stephnai)도 동의하고 있다.[16] 헤겔의 친구인 니에트하머도 이러한 직관과 독립적인 사유를 자신의 교수법적 원칙으로 받아들였다.[17]

철학 배우기 혹은 철학하기를 배우기?

새로운 수업방법의 도입이 전통적인 학술공부에 사로잡혀 있던 철학수업에서만 멈춰진 것은 아니다. 프리에스(Fries)의 『논리의 체계: 교사들을 위한 핸드북』이나 페더(Feder)의 『논리학과 형이상학』, 니에트하머가 추천하는 카루스(Carus)의 『심리학교과서』처럼 헤겔이 언급했던 그 당시 일상적인 교과서들이 이를 입증해준다.[18] 그래서 우리는 예를 들어 프리에스에게서 수업의 방법을 읽을 수 있다: "철학이 아니라 철학하기가 가르쳐질 수 있다는 것, 즉 가르치는 것은 이성이 철학 자체를 가장 편안하게 느낄 수 있도록 스스로 사유하는 이성에서만 일어난다는 것이 모든 철학수업의 기본 원칙이다."[19] 프리에스는 여기서 "1765~1766년 겨울학기 강의 준비를 위

---

16 스테파니는 오래된 사유훈련에 반대하고 그 대신에 소위 교양 있는 교수법을 선전하였는데 그것의 기본 원칙은 다음과 같다: "모든 학습내용을 학생의 사유의 힘이 스스로 발전할 수 있게 되는 하나의 소재로 다루어라."(Heinrich Stephani, *Zur Schulpolitik und Paedagogik*, hg. v. Guenter Ullbricht, Berlin 1961, S. 206).

17 Niethammer, *Philanthropinismus-Humanismus. Texte zur Schulreform*, a.a.O.(Anm. II), S. 384 ff. - Hojer, *Die Bildungstheorie F.I. Niethammers*, a.a.O. (Anm. II), S. 119 ff. 참조.

18 Hegel, "Ueber den Vortrag der philosphischen Vorbereitungs-Wissenschaften auf Gymnasien", a.a.O. (Anm. 4), S. 305; Hegel, *Briefe von und an Hegel*, a.a.O. (Anm. 2), S. 272 u. 388 ff. - Niethammer, "Allgemeines Normativ der Einrichtung der oeffentlichen Unterrichtsanstalten in dem Koenigreiche(1808), Niethammer, a.a.O. (Anm. II), S. 66.

19 Jakob Friedrich Fries, *System der Logik. Ein Handbuch fuer Lehrer und zum Selbstgebrauch*, Heidelberg 1837, S. 449.

한 소식"에서 다음과 같이 썼던 칸트와 관련시킨다: "학교 교육을 떠난 젊은이들은 배우도록 습관화되었다. 이제 그는 자신이 철학을 배운다고 생각하지만, 이제부터 철학하기를 배워야하기 때문에 철학을 배운다는 것은 불가능하다."[20] 순수이성비판의 끝부분에 나오는 자주 인용되는 이 표현은 전통적인 볼프주의적인 학교철학과 프로이센에서 이뤄지는 교육의 종류에 반대되는 것이다. 이 표현은 칸트의 일반적인 교육학적 견해에서 떼어낼 수 없으며, 칸트는 바제도프식의 실험학교에 대한 열광적인 지지자였고 자신의 교육학 관련 강의에서 아이들의 이성으로부터 인식을 끌어낼 수 있는 소크라테스적인 대화의 방법을 제안하였다: "이성의 인식을 이성 안으로 끌고 들어가는 것이 아니라 이성으로부터 가지고 나오는 것이다."[21] 칸트의 뒤를 이어 교수가 된 영향력 있는 교육학자이자 철학자인 헤르바르트 (Herbart)[22]는 언급된 프리에스나 니에트하머처럼 이런 관점에서 철학수업에 대해 유사한 견해를 지지한다. 그래서 니에트하머는 칸트적인 의미에서 자신의 교육과정을 위해서 철학수업의 본질적인 과제가 '학생이 사색적인 사유를 할 수 있도록 안내'[23]하는 데에 있다고 하였다. 비록 헤겔은 교육

---

20 Immanuel Kant, "Nachricht von der Einrichtung seiner Vorlesungen in dem Winterhalbjahre von 1765-1766", in: *Kants Werke*. Akademie Textausgabe, Bd. II, Berlin 1968, S. 306.

21 Immanuel Kant, "Ueber Paedagogik", in: *Kants Werke*. Akademie Textausgabe, Bd. IX, Berlin 1968, S. 477.

22 "철학 강의를 위한 계획에 대한 간략한 설명"에서 헤르바르트는 "강의가 아니라 대화를 전달할 수 있는 자유로운 정신 운동과 같은 것에 달려 있다"는 견해를 지지한다; 입문자에게는 독자적으로 표현하고 서로 그리고 교사와 함께 시도할 수 있는 시간들은 수업시간 내내 공책에 필기하는 것, 즉 철학 자체가 아니라 기억력이 되어 버리는 것보다 더 가치가 있다: Johann Friedrich Herbart, *Kurze Darstellung eines Planes zu philosophischen Vorlesungen*, Goettingen 1791, S. 23. - Fries, *System der Logik. Ein Handbuch fuer Lehrer und zum Selbstgebrach*, a.a.O. (Anm. 19), S. 436.

23 Niethammer, *Philanthropinismus-Humanismus. Texte zur Schulreform*, a.a.O. (Anm. II), S.

과정에 대한 일반적인 일치를 표명하였다 하더라도[24] 니에트하머의 자극에 대한 요청을 수용한다: "사색적인 연습 속에서 실천적인 연습을 한다는 것에 대해 어떤 것도 이해할 줄 모르며, 실제적이면서도 순수한 개념을 사변적인 형식으로 다룰 수 없다."[25] 이런 비판에는 니에트하머만을 염두에 두고 한 것이 아니라는 것은 분명하다. 이미 예나(Jena)시절에 헤겔은 칸트에 반대하기 시작했다: "철학이 아니라 철학하기를 가르친다는 칸트의 말이 인용되었다; 마치 누군가 작은 탁자를 만드는 것을 가르쳤다해도, 탁자, 의자, 문, 옷장 등등을 만들 수는 없을 것이다."[26] 결국 뉘른베르크의 평가에서 헤겔의 논쟁은 칸트의 대중화에 반대하게 되었다: "근대적인 시도, 특히 교육학의 시도에 따라 철학의 내용을 배워야 할 뿐만 아니라 내용 없이도 철학하기를 배워야 한다; 이것은 대략적으로 말하자면 도시, 강, 나라, 사람들 등을 알지 못하면서 여행을 해야 하는 것과 마찬가지이다."[27] 그리고 칸트는 학생들이 "사상을 배워서는 안되며 사유하기를 배워야 한다"[28]고 요구하였고, 그래서 헤겔은 니에트하머에게 다음과 같이 편지를 썼다: "사유

---

65. - 여기에서 니에트하머는 범애주의자였던 봐일러(Weiler)의 철학교과과서를 근거로 삼았던 그의 전임자였던 뷔스마이어(Wismayr)의 바이에른주의 교육과정과 본질적으로 구분되지는 않는다. 봐일러 역시 '사유능력의 검증'을 목적으로 설정하였다 - Eduard von Perger, "Geschichte des Philosophieunterrichts und der philosophischen Lehramtspruefung im neunzehnten und beginnenden zwanzigsten Jahrhundert in Bayern und Preussen." *Phil. Diss.*, Muenchen 1959, S. 8 ff.

24 Hegel, *Briefe von und an Hegel*, a.a.O. (Anm. 2), S. 427 참조.

25 위의 책., S. 397.

26 Johannes Hoffmeister (Hg.), *Dokumente zu Hegels Entwicklung*, Stuttgart 193, S. 377.

27 Hegel, "Ueber den Vortrag der philosophischen Vorbereitungs-Wissenschaften auf Gymnasien", a.a.O. (Anm. 4), S. 310.

28 Kant, "Nachricht von der Einrichtung seiner Vorlesungen in dem Winterhalbjahre von 1765-1766" a.a.O. (Anm. 20), S. 306.

없이 생각할 수 없으며 개념 없이 파악할 수 없다. 사상을 머릿속에 넣으면서 사유하기를 배우는 것이고, 개념, 즉 사유와 개념들을 배워야 [⋯] 파악할 수 있다."[29]

칸트와 헤겔 중 누가 옳은가? 역사적인 상황을 고려하지 않은 채 이런 방식으로 결정을 요구하는 물음이 항상 제기되었고, 대체로 판단은 처음부터 칸트의 편을 들어주었다. 이를 위해 전적으로 철학 내재적인 근거들을 끌어내는 것이 보다 쉬울 듯하다. 칸트의 비판 이후 철학은 능력과 활동으로 존재하기 때문에 철학이 더 이상 가르쳐질 수 없다는 주장이 한 목소리로 나온다. 실제로 칸트는 자신의 입장을 위해 의무적인 교과서의 형식으로 제시되는 일반적으로 타당한 철학이 가지는 문제점을 제시하였고,[30] 여기서 그는 볼프(Wolff)주의적인 철학의 쇠락을 암시하였다. 여기에서 헤겔이 철학의 교수가능성에 대한 자신의 격언에서 자기 고유의 철학체계를 새로운 학교철학으로 도입하려는 의미를 가지고 있다는 결론이 분명해진다. 철학수업의 역사에 대한 최신의 연구에서 다음과 같이 언급된다: "이전의 학계의 아리스토텔레스적 내지 라이프니쯔—볼프주의적인 체계표상의 자리에 헤겔은 이미 뉘른베르크에서 자신의 고유한 체계로 대체하였다. 이전에 칸트의 중요한 통찰에도 불구하고 확정된 이론으로서의 철학이 가르쳐졌다. [⋯] 철학 입문에 대해서는 더 이상 언급되지 않았었다. 칸트가 철학수업의 위대한 새로운 가능성으로 발견한 것은 그 이전에는 알려지지도 않

---

29 Hegel, *Briefe von und an Hegel*, a.a.O. (Anm. 2), S. 398.

30 Kant, "Nachricht von der Einrichtung seiner Vorlesungen in dem Winterhalbjahre von 1765-1766" a.a.O. (Anm. 19), S. 307.

았다."[31] 분명히 역사적인 상황의 해석을 위해 노력하는 대신에 여기서는 오늘날 독일의 철학 교수법의 문제가 투사될 것이다. 칸트는 회의적으로 스스로의 한계를 설정한 것으로 생각되지만, 이러한 자기 한계는 오늘날 확산되었으며, 이는 칸트 자신도 미처 생각하지 않았던 것이다.

칸트와 헤겔의 대립은 결코 단순하지않다. 칸트에게 있어서 실제로 그가 아마도 학습내용을 체계적으로 강의했던 논리학, 인간학, 법 그리고 도덕에 대하여 강의하는 것을 그의 비판적 접근에 의해 그만두려고 하지는 않을 것이다. 여기서 헤겔과의 차이는 없다. 그리고 칸트의 후계자들은 ― 프리에스의 예에서 보이는 것처럼 ― 칸트적인 철학을 관련지어 가르치는 데 망설이지 않았다. 철학이 학교에서 가르쳐져야 하는지의 여부는 이전에는 철학 내재적인 동기 보다는 교육정책적인 조건에 달려 있다.

헤겔의 입장을 칸트에 대한 단순한 반대로 설정한다면 그의 입장도 마찬가지로 이해될 수 없을 것이다. 오히려 헤겔이 궁극적으로는 칸트와 동

---

31 Klemm, "Geschichte des deutschen Philosophie-Unterrichts", a.a.O. (Anm. 5), S. 66. - 파울센도 이미 이와 유사하게 주장하고 있다: Friedrich Paulsen, *Geschichte des gelehrten Unterrichts*, Berlin, Leipzig 1921, S. 515 ff. - Perger, Geschichte des Philosophieunterrichts und der philosophischen Lehramtspruefung im neunzehnten und beginnenden zwanzigsten Jahrhunderts in Bayern und Preussen, a.a.O. (Anm. 23, S. 6 u. 23, Karl Puellen, *Die Problematik des Philosophiunterrichts an hoeheren Schulen*, Duesseldorf 1957, S. 31 ff., Schmidt, Hegel in Nuernberg, a.a.O. (Anm. 8), S. 109 ff. und Rudolf Lassahn, "Zum Problem der Lehrbarkeit der Philosophie", in: *Rassegna die Pedagogia*, 36 Jg.(1978), S. 32; 포겔은 제도로서의 철학수업의 역사가 그러한 철학 내재적인 주장들에 결정된다는 것에 주목하고 있다(Peter Vogel, "Die Geschichte des gymnasialen Philosophieunterrichts in Deutschland: Bemerkungen zum Forschungsstand, in: *Zeitschrift fuer Didaktik der Philosophie*, 2. Jg.(1980), Heft 4, S. 254 f.); 철학의 교수가능성의 문제에 대해서는 더 이상 상세히 다루지 않는다.

일한 목적을 가지고 있음이 입증될 것이다. 헤겔은 "사변적으로 사유하기를 배우는 것은 확실히 필수적인 목적으로 간주되어야 합니다."[32]라고 니에트하머에게 편지를 썼다. 그리고 김나지움 연설에서 그는 독립적인 학습을 요청했는데, "이를 통해 청소년들이 단순한 파악으로부터 독립적으로 공부하고, 스스로 노력하는 것으로 이끌어진다. 왜냐하면 단순한 수용과 사태에 대한 사유로서의 학습은 수업의 가장 불완전한 측면이기 때문이다."[33] 헤겔이 자신있게 강단에서 세계정신을 강의하는 반면에, 칸트 자신이 말했던 한계로 인해 철학하기– 학습으로 제한하고 싶어 한 칸트의 주장은 유지될 수 없다.

헤겔의 비판은 학생들로 하여금 독립적인 사유를 하도록 해야 한다는 공동의 목적과 관련된 것이 아니라 그는 오히려 그러한 목적이 실현될 수 있는 방법을 비판한 것이다. 헤겔은 이러한 목적을 직접적인 방법으로 실현할 수 없다고 분명히 하고 있다. 그렇지 않다면 철학에는 단순한 형식적 활동, 즉 내용과 사태가 없는 활동만이 남게 된다.[34] 이것이 무엇을 의미하는가? 철학하기와 같은 개개의 활동이 적어도 작업으로 진지하게 받아들여져야 한다면, 철학하기는 대상이나 내용을 제공해주는 특정한 전제를 필요로한다. 이러한 내용은 사유에 있어서 ― 위에서 언급된 것처럼 ― 사상과

---

32 Hegel, "Ueber den Vortrag der philosophischen Vorbereitungs-Wissenschaften auf Gymnasien", a.a.O. (Anm. 4), S. 316.

33 Hegel, "Gymnasialreden", a.a.O. (Anm. 4), S. 251.

34 Hegel, *Briefe von und an Hegel*, a.a.O. (Anm. 2), S. 398 참조; Hegel, "Ueber den Vortrag der philosophischen Vorbereitungs-Wissenschaften auf Gymnasien", a.a.O. (Anm. 4), S. 310. 참조; Hegel, "Ueber den Vortrag der Philosophie auf Universitaeten", a.a.O. (Anm. 4), S. 321 참조.

개념들 속에 있다. 실질적인 작업에서처럼 사유도 대상, 산물 그리고 특정한 보조수단을 필요로 한다. 이것은 헤겔이 사용한 은유인 "작은 탁자"에 매우 적절하게 표현되어 있다: 직접적으로 철학하기는 마치 대상이 없는 순수한 활동처럼 어떤 성과에도 도달할 수 없다. 그의 김나지움 연설 중에서 헤겔은 학계의 사상을 사유의 인식수단으로 특징지우고 있다. 무엇보다도 "일련의 규칙, 보편적인 규정, 사상 그리고 법칙들이 가르쳐져야 한다. 이 것들 안에는 청소년들이 사용할 수 있는 것들이 들어 있다; 마치 적용될 수 있는 지속적인 재료처럼 말이다. 예를 들면 개개인들이 시도해볼 수 있는 도구와 무기, 그와 같은 것을 이용하여 완성할 수 있는 힘을 말한다."[35] 사유는 사유의 도구 없이는 불가능하며, 철학수업의 경우에는 두뇌의 그러한 작업도구를 나눠주는 것이 학교의 과제이다. 여기서 완성된 결과만을 배우는 것이 절대 아니며 사유의 수단은 그것의 활용까지 포함한다. 획득한 도구를 독립적으로 적용하는 것을 배울 때 학생은 이러한 수단을 자기 것으로 만들 수 있다. 헤겔이 이런 방식으로 철학하기에 전제를 갖추게 한다면, 그는 독립적인 철학하기를 막는 것이 아니라 순수한 숙고철학에로 돌아가는 것을 막아주는 것이다.

이성이 스스로 알게 된다고 보는 헤겔과 같은 관념주의자가 이성의 규정을 외적인 재료로서 가르치는 것이 필요하다고 보았다는 것이 놀랄 만한 일이긴 하다. 그렇지만 이성의 힘을 소크라테스적인 대화의 도움으로 깨우는 것으로 제한하고 싶어 했던 것처럼, 칸트나 캄페가 아이들에게 이성적인

---

35 Hegel, "Gymnasialreden", a.a.O. (Anm. 4), S. 252.

것을 물어보려는 것을 시도했을 수도 있다. 그렇지만 헤겔에게 있어서 사상과 개념은 아이들에게 부과될 수 없으며, 이것들은 오히려 수천 년 동안 연구되어 온 것이고 역사적으로 발생하는 것이다. 이러한 사유의 전제들이 이용 가능해져야만 한다면, 사유전제들이 도달했던 역사적인 입장에서 사유의 전제들이 한 세대에서 다른 세대로 전해져야만 한다.

여기서 헤겔적 교수법의 중요한 결과가 있다. 헤겔이 "단순한 파악"을 불충분한 것으로 간주한 것처럼, 그는 다른 측면에서 학생들이 모든 것을 독창적으로 사유하고 만들어내게 하려는 시도에 반대하는 것이다.[36] 오랫동안 만들어진 것을 스스로 만들어내는 즉흥적인 행위를 통해 만들어 낼 수는 없다. 이에 대하여 헤겔에 따르면 대상과 수단을 제공받았다 하더라도 철학하기 내지는 숙고적인 사유가 직접적으로 시작될 수 없다. 마찬가지로 철학의 인식 수단은 순수한 소통적인 과정의 성향을 가지고 있지도 않다. 대화가 비록 수업에서 본질적이긴 하지만, 철학적인 사유가 이뤄지는 것이 아니라 오히려 지금까지의 사유의 업적들의 전통에 기여하는 것이다. 철학하기를 위해서는 철학이 필요하다; 역으로 학생은 철학으로 이미 철학하기를 배우며 그 이상이다: "그래서 철학의 내용을 배움으로써 철학하기뿐만 아니라 실제로 이미 철학하고 있다."[37] 이것을 어떻게 이해해야 할까?

---

36 Hegel, "Ueber den Vortrag der philosophischen Vorbereitungs-Wissenschaften auf Gymnasien", a.a.O. (Anm. 4), S. 311 참조; Hegel, "Ueber den Vortrag der Philosophie auf Universitaeten", a.a.O. (Anm. 4), S. 332 참조; Hegel, "Gymnasialreden", a.a.O. (Anm. 4), S. 251 참조.

37 Hegel, "Ueber den Vortrag der philosophischen Vorbereitungs-Wissenschaften auf Gymnasien", a.a.O. (Anm. 4), S. 310.

시간적인 순서가 여기서는 불가피한 것처럼 보인다. 우선 형식적인 사유의 규정들을 배우고, 그리고 나서 실제적인 철학을 배워야 한다. 헤겔은 학생이 단계적으로 이러한 목적으로 이끌어지길 바란다: 차이나는 것에 대한 이해로부터 이성의 규정이 움직여 궁극적으로는 사변적인 것, 즉 적극적으로 이성적이면서 좁은 의미의 철학적인 것으로의 이행, 즉 변증법적인 것으로의 이행이다.[38] 이 프로그램은 내용이 충만한 철학으로 시작하려는 처음의 요청과 모순된다는 것을 헤겔 자신도 자기의 철학수업의 '살 속의 가시(Pfahl im Fleische)'[39]라고 느꼈다. 비록 학생이 사색적인 철학을 과도하게 요구받는다 하더라도, 헤겔은 사색적인 것 없이는 불가능하다는 것을 알고 있었다. 사태 그 자체를 가지고 외에는 달리 시작할 수 없으며, "기하학을 강의하지 않고 기하학에 입문시킬 수 있는 개념을 가지고 있지 않다."[40]

특히 딜레마로 인해서 헤겔은 여기서 스스로 망설이고 있다. 이미 니에트하머에 대한 평가에서 그는 자기 비판적으로 김나지움에서의 모든 철학수업은 불필요한 것처럼 보일 수 있다고 말하고 있지만[41] 그럼에도 불구하고 — 스스로를 '궁지로 몰아넣지' 않기 위해 — 결국은 이러한 의심을 문제 삼지 않는다. 10여 년이 지나고 나서 프로이센의 장관에 대한 평가서에서 헤겔은 철학 교과의 학습내용의 범위를 제한한다. 그는 김나지움에서는 경험적인 심리학과 형식논리를 가르치고, 그가 뉘른베르크에서 가르쳤

---

38 위의 책., S. 312 ff.

39 Hegel, *Briefe von und an Hegel*, a.a.O. (Anm. 2), S. 428.

40 위의 책., S. 397.

41 Hegel, "Ueber den Vortrag der philosophischen Vorbereitungs-Wissenschaften auf Gymnasien", a.a.O. (Anm. 4), S. 302 참조.

던 나머지 다른 교과들은 대학에서 가르치는 것으로 제안하였다.[42] 그렇지만 이와 동시에 헤겔은 자기의 철학 교수법의 모든 본질적인 기본원칙을 확고하게 세웠으며, 특히 '형식적인 사유'에 대한 학습이 독자적인 철학하기보다 선행되어야 한다는 통찰을 확실하게 가지고 있었다.[43] 그렇다면 이성적인 사유규정으로부터(철학과 철학하기의 통일을 만들어 낼 수 있는) 사색적인 철학으로의 이행이 어떻게 실행되는가?

이 물음에 대한 헤겔의 대답은 우선 당혹스럽다. 일단 필수적인 사상과 개념들을 배우고 나서 그 다음 단계로 나아간다. "변증법적인 것은 그 스스로 일어나고, 적어도 변증법적인 것의 긍정적인 것이 파악되는 한, 그 안에는 사색적인 것들이 놓여 있다."[44] 헤겔은 이를 통해 가능한 한 학생들이 이행을 스스로 전개할 수 있도록 유도하는 절차를 알고있다. 변증법적인 것의 출발점을 그는 사유규정의 결함에서 본다. 그가 학생에게 그러한 결함을 말해줌으로써, 그는 학생이 자신의 사유 활동을 하게 자극한다.

이런 수업방법은 더 많은 것을 담을 수 있다. 헤겔이 뉘른베르크에서 강

---

42 Hegel, "Ueber den Unterricht in der Philosophie auf Gymnasien", a.a.O. (Anm. 4), S 327 f. 참조 – 이러한 평가서가 대체로 프로이센의 철학수업의 안타까운 전개에 대하여 책임이 있으며, 마치 이에 대해서는 다른 요인들이 결정적이지 않은 것처럼 보인다. 이에 대해서는 Perger, Geschichte des Philosophieunterrichts und der philosophischen Lehramtspruefung im neunzehnten und beginnenden zwanzigsten Jahrhundert in Bayern und Preussen a.a.O. (Anm. 23), S. 30 und 36 ff, Puellen, Die Problematik des Philosophieunterrichts an hoeheren Schulen a.a.O. (Anm. 31), S. 34 f. 참조.

43 Hegl, "Ueber den Unterricht in der Philosophie auf Gymnasien", a.a.O. (Anm. 4), S. 330 참조.

44 Hegel, *Briefe von und an Hegel*, a.a.O. (Anm. 2), S. 398.

의한 논리학에서 확고한 사유 규정의 토대를 생각한다면, 그 안에는 동시에 그리고 이미 그것의 전개가 포함되어 있다. 왜냐하면 모든 규정은 그 다음의 규정의 관계로서 내지 계기로서 생각될 수 있다. 이미 정의(Definition)상 전체와의 관계가 제외될 수 없다. 그래서 이러한 논리의 추상적인 형식은 변증법적 구조를 파괴하지 않는다; 이 구조 안에는 학생과의 내적인 관계를 분명히 찾아볼 수 있다. 헤겔에게 있어서 서로를 배제하고는 이해하면서 알 수 없는 수용성과 자발성의 통일이 중요한 것이다:

> 마치 학습이 독립적인 사유와 반대되는 것처럼 간주되는 것은 철학적 연구만의 편견이 아니라 교육학의 편견이기도 하다. 실제로 사유는 그러한 내용들을 행사할 수 있기 때문에, 환상이 생겨나거나 구성이 아니라 […] 사상이 존재하며, 더 나아가 하나의 사상은 그 자체가 생각되어지는 것을 통해서와는 달리 학습될 수 없는 것이다.[45]

사상과 개념은 교사가 학생에게 직접적으로 줄 수 있고 완성된 형식으로 이를 획득할 수 있거나 혹은 ─ 헤겔에 따르면 ─ 돌처럼 사유 속에 던져질 수 있는 그런 단순한 자료가 아니다.[46] 심리학자인 비고츠키(Wygotsky)가 보여주는 것처럼[47] 수업에서 학술적인 개념의 매개는 아동의

---

45 Hegel, "Ueber den Vortrag der Philosophie auf Universitaeten", a.a.O. (Anm. 4), S. 321 ─ Hegel, "Ueber den Vortrag der philosophischen Vorbereitungs-Wissenschaften auf Gymnasien", a.a.O. (Anm. 4), S. 312 참조; Hegl, "Ueber den Unterricht in der Philosophie auf Gymnasien", a.a.O. (Anm. 4), S. 332 참조.

46 Hegel, "Ueber den Vortrag der philosophischen Vorbereitungs-Wissenschaften auf Gymnasien", a.a.O. (Anm. 4), S. 311 참조.

47 Lew Semjonowitsch Wygotski, *Denken und Sprechen*, Frankfurt/M. 1977, S. 167 ff.

진정한 사유행위를 요청한다. 학습한 사상에 대한 숙고를 통해서 비로소 독립적인 사유가 형성된다. 그래서 새로운 개념의 습득은 그래서 종료가 아니라 이미 습득한 개념의 더 넓은 발전을 위한 출발점이다.

헤겔에게 있어서 철학적인 사유는 철학적인 개념의 학습을 통해서 비로소 전개된다 ─ "마치 내가 실체, 원인이 무엇인지 배운다면 ─ 나는 내가 이러한 규정들을 스스로 내 사유 속에서 생각해낸 것처럼 생각하지 않는다."[48] 칸트와 헤겔의 초기의 대립, 즉 독립적인 철학하기와 수동적인 철학─배우기 사이의 대립은 존재하지 않았다.[49] 오히려 헤겔은 학생이 그때까지 연구되어 밝혀진 전제와 도움자료를 가지고 그 시대에 도달한 학문적 수준으로 철학하기를 배워야 한다는 의미에서 철학과 철학하기를 매개하는 것을 중시했다.

추상적인 것으로 시작하기

철학수업이 간단한 이성의 규정으로 시작되기 위해서는 간과되어서는 안 되는 단점이 있다. 바로 시작은 추상적이라는 것이다. 그래서 헤겔은 그

---

[48] Hegel, "Ueber den Vortrag der philosophischen Vorbereitungs-Wissenschaften auf Gymnasien", a.a.O. (Anm. 4), S. 31.

[49] 양자의 공통점을 주장한 마르텐스는 여기서 그럼에도 불구하고 헤겔을 비판한다. 헤겔이 나중에 수행하는 것(Nachvollzug)과 독립적인 사유(Selbstdenken)가 서로 대립될 수 없는 것이라고 인정했을지라도, 그렇다고 해서 분명한 통일성을 형성하지는 못한다. 그래서 나중에 수행하는 것이 사실적인 것의 학습으로 이끌어 주며, 마르텐스에 의하면 이것은 추가적으로 학생의 관심을 보다 고려해야 하는 적절한 방법과 내용의 정당화를 필요로 한다(Ekkehard Martens, *Dialogisch-pragmatische Philosophiedidaktik*, Hannover 1979).

러한 시작을 불가피한 것으로 간주하였다. "김나지움의 철학수업과 관련 되는 것은 첫째 추상적인 형식이 중요한 문제라는 것이다. 학생은 우선 보 기와 듣기를 거부해야 하며, 이것을 구체적인 표상으로부터 떼어내어 영혼 의 내적인 밤(Nacht)으로 다시 끌고 들어가서 근거에서 보고, 규정을 확립하 고 구분하는 것을 배워야 한다.[50] 이런 종류의 철학 교수법은 모든 수업의 시작에서 감각적인 직관을 설정하는 것에는 적어도 일치하고 있는 당대의 교육학과 정면으로 대립하게 된다. 그래서 헤겔도 항상 비난을 받았으며, 이 비난은 그의 수업이 단지 사태논리적인 관점을 향하면서 심리학적인 고 려를 하지 않고 있다는 것이다.[51]

그렇지만 이런 반대는 헤겔의 의도에 부합하지 않는다. 왜냐하면 그는 추상적인·시작을 추상적인 것이 단순하면서도 기본적인 것이라는 교과철 학적인 논증으로만 단순히 정당화하지 않기 때문이다. 더구나 그는 추상적 인 것이 학생들에게는 보다 쉽게 배울 수 있다고 주장한다. "추상적인 것이 보다 단순한 것이기 때문에 보다 쉽게 파악될 수 있다."[52] 이제 개념은 헤겔 에게 있어서 비감각적인 중요성을 가질 뿐만 아니라 무엇보다도 이성의 규 정이 여전히 분리된 채로 확립되고, 스스로 변하거나 발전하지 않는 것임을 의미한다. 이런 것들이 확실하다면 규정들을 실제로 전체의 전개보다 수월

---

50 Hegel, "Ueber den Vortrag der philosophischen Vorbereitungs-Wissenschaften auf Gymnasien", a.a.O. (Anm. 4), S. 313 참조; Hegel, "Ueber den Unterricht in der Philosophie auf Gymnasien", a.a.O. (Anm. 4), S. 334 참조.

51 B. Bosch, "Hegel im ersten Schuljahr", in: *Paedagogische Rundschau*, 6. Jg. (1951/52), S. 322.

52 Hegel, "Ueber den Vortrag der philosophischen Vorbereitungs-Wissenschaften auf Gymnasien", a.a.O. (Anm. 4), S. 314 참조.

하게 배울 수 있다.

　범애주의자들에게 학교수업의 원칙에 대한 관점을 다음과 같이 설명
했던 그의 친구인 니에트하머보다 헤겔이 자기 학생의 추상화능력을 더 많
이 고려했다는 것은 흥미로운 사실이다. 니에트 하머의 철학–교수계획은
이미 저학년에게도 형식 논리를 가르치고, 그 다음에 우주론, 심리학, 종교,
윤리 그리고 법을 가르쳐야 한다고 본다.[53] 이 계획을 헤겔은 분명히 거부
하였고 그 대신에 법, 도덕 그리고 종교와 같은 것을 처음에 두었다.

　　이러한 수업의 개념은 간단하면서도 명확하다. 이러한 명확성은 개념
　　들을 그 학년의 연령을 위해 접근할 수 있도록 만들며, 개념의 내용이 학
　　생의 자연스러운 감정을 통해 지지되고, 학생은 그와 같은 것의 내적인 것
　　안에서 실제성을 갖게 된다. [⋯] 나는 그래서 이 학년을 위한 이러한 학습
　　내용을 논리학보다 우선한다. 왜냐하면 이것이 추상적인 내용 그리고 무
　　엇보다도 내적인 것의 직접적인 실제성 중의 하나라도 모두 제거한 이론
　　적인 내용을 갖기 때문이다. 자유, 권리, 소유 등은 실천적 규정들인데, 이
　　를 통해 우리가 일상적으로 다루고 그러한 직접적인 것을 제외하고 제재
　　가 가해진 실존과 실재적인 타당성을 갖는다.[54]

　유사한 방식으로 헤겔은 그 다음 학년에서는 다시 경험적인 심리학을

---

53 Niethammer, *Philanthropismus – Humanismus. Texte zur Schulreform*, a.a.O. (Anm. 11), S.
　　65 f. 참조.

54 Hegel, "Ueber den Vortrag der philosophischen Vorbereitungs-Wissenschaften auf
　　Gymnasien", a.a.O. (Anm. 4), S. 304.

논리학보다 먼저 배우게 한다.[55] 더욱이 논리학 내에서 헤겔은 순수한 사유를 다루기 전에 심리학적인 도입으로 시작한다.[56]

철학수업을 추상적인 것으로 시작해야 한다는 원칙은 내용을 재편성하는 것으로 끝나는 것은 아니다. 왜냐하면 개개의 대상영역 내에서 전과 같이 그때그때마다 추상적인 것으로 시작되기 때문이다. 헤겔은 종교대신에 니에트하머가 정렬해 놓았던 것처럼 '자유의 가장 단순하면서도 추상적인 결과'[57]인 법을 제안한다. 그리고 캄페나 카루스 심리학의 구체적인 접근방식을 비판한다.[58]

헤겔이 추상적인 것으로 시작해야 한다는 요청의 배후에 있는 문제는 인식의 수단으로 기능하는 전승된 사유규정들이 추상적이며 그 자체로 추상적인 규정으로서만 매개될 수 있다는 데에 있다. 그렇지 않으면 학생이 사유도구라고 받아야 하는 소위 규칙, 사상, 법칙들의 학문적인 성격이 상실된다. 만약 헤겔이 범애주의자들이 경험적인 전통 하에서 제안했던 감각

---

55 Hegel, *Briefe von und an Hegel*, a.a.O. (Anm. 2), S. 398; Hegel, "Ueber den Vortrag der philosophischen Vorbereitungs-Wissenschaften auf Gymnasien", a.a.O. (Anm. 4), S. 305. - 김나지움 연설에서 헤겔은 추상적인 것을 보다 구체적인 형태로 고전에서 찾아낼 수 있고, 그래서 아이들이 쉽게 파악할 수 있다고 보았기 때문에 고대의 고전에 대한 학습을 옹호하였다 - Schmidt, Hegel in Nuernberg, a.a.O. (Anm. 8), S. 39.

56 Georg Wilhelm Friedrich Hegel, "Philosophische Propaedeutik", in: Hegel, *Saemtliche Werke(Jubilaeumsausgabe)*, Bd. 3, hg. v. Hermann Glockner, Stuttgart 1949, S. 113.

57 Hegel, "Ueber den Vortrag der philosophischen Vorbereitungs-Wissenschaften auf Gymnasien", a.a.O. (Anm. 4), S. 304.

58 위의 책., S. 305 참조.

적-구체적인 것에서 추상적인 것으로의 방법, 즉 '자연스러운 것'이긴 하지만 그로 인해 '비학문적인 길'[59]로 특징지워지는 것을 택한다면 헤겔은 학문적 성격의 상실을 의도한 것이다. 그래서 기하학에서는 원에 대한 인식이 경험적으로 알게 된 원의 모습을 통해 경험적으로 전해지는 것이 아니라 컴퍼스로 추상적인 원이 그려진다. 학문적 개념과 일상적인 개념의 습득 방식이 같지 않다는 주장은 옳다.[60] 학문의 추상적인 개념은 자발적으로 경험되거나 직접적으로, 감각적으로 지각될 수 없으며 사유도 사유 밖에서는 배울 수 없다. 학문적인 그리고 무엇보다도 철학적인 개념은 추상으로서만 전달될 수 있다.

그렇지만 여기서 헤겔적인 교수법의 한계도 볼 수 있다. 일상적 경험과 학문적 인식의 근본적인 구분이 옳은 것처럼, 헤겔이 이 두 영역간의 교차를 허용하지 않는다는 것도 문제로 입증된다. 학교수업의 과제는 아이의 경험개념과 연결하여 이 개념들을 보다 새롭고, 추상적인 개념의 도입으로 발전시키는데 있다. 이것이 바로 교사의 기술인 것이다.

이제 헤겔이 철학적 사유의 특징을 완전히 자율적인 '사상의 왕국'이라는 의미로 이해하고 이러한 이해를 수업의 최고 목표로 설명한 것은 분명히 그 자신의 철학체계와 관련된다. 여기서는 스스로 발전하는 추상이 실천적이면서도 이론적인 추상화과정의 산물이라는 것이 고려되지 않는다. 이러

---

59 위의 책., S. 313.

60 Wygotski, *Denken und Sprechen*, a.a.O. (Anm. 47), S. 175 f.

한 과정을 제외시키지 않으려는 철학수업은 적어도 — 헤겔과 함께 — 일반적인 개념들의 전개를 다뤄야 하며, 이러한 전개가 그것의 내재적인 것뿐만 아니라 인간의 노동이나 학문의 역사와의 관련 하에서 전달될 수 있도록 시도해야 한다.

그래서 헤겔적인 수업개념을 시대를 초월한 맑시즘으로 고양시키려는 의도가 아니다. 헤겔의 수업내용과 마찬가지로 이와 관련된 것들도 상당히 제한되어 있다. 범애주의자들이 자신의 수업방법으로 농부와 노동자의 자녀들에게 기본적인 앎을 제공하는 것이 중요했다면 이 점에서는 성공을 하였다. 그러나 이러한 사실로 인해 이 방법이 학문적이거나 철학적인 개념을 단순하게 전달해야 한다는 것으로 생각되어서는 안 된다. 여기서 설명된 헤겔과 당시 교육학자들 간의 대립은 그래서 역사적인 관련이나 특정한 대상들을 고려하지 않고 판단되어서는 안 된다.

제3부

텍스트 읽기와 글쓰기

제10장

텍스트를 읽는 열 가지 방법

텍스트의 이해가 저절로 되는 것은 아니다. 낯선 지식을 독자적으로 습득하는 능동적인 독자는 텍스트를 이해하게 된다. 독자에게 요구되는 최소한의 요구는 자기가 생각하지 못했던 저자의 생각을 따라가는 것이고, 최대한의 요구는 텍스트의 의미를 제출하는 것이 아니라 스스로 텍스트의 의미를 만들어내는 것이다. 이 사이에는 편차가 많은 가능성이 있지만, 그래도 그때그때 특정한 해석의 방법을 요청한다는 것은 공통적이다.

철학과 철학 교수법은 이해의 독자적인 이론, 즉 해석학을 이용할 수 있다. 철학 교수법 전문가들은 이런 자원을 수업에 활용해야 한다고 듣는다. 그렇지만 이러한 언급만으로는 충분하지 않다. 왜냐하면 해석학 자체가 일관된 형식을 보여주는 것이 아니라 역사적이고 체계적으로 다양한 방향으로 분화되었기 때문이다. 해석은 ① '객관적인' 해석 ② 저자의 의도에 대한 추구 ③ 문화적 맥락 안에서의 의미 ④ 철저한 철학적 해석학 ⑤ 해체로 이해된다. 이러한 해석학적 변형들 속에는 항상 특정한 교수법적 가능성이 놓여 있다.

해석학 외에도 잘 알려진 ⑥ 현상학 ⑦ 분석철학 ⑧ 변증법 ⑨ 구성주의 ⑩ 구조주의 와 같은 보다 포괄적인 사유의 경향들이 있다. 철학적인 텍스트에 대한 이해를 이런 사유 경향들에서 부정하는 것은 모순일 것이다. 역으로 모든 사유의 방향들은 자기만의 해석이론을 가지고 있다. 비록 해석학이 해석에 관하여 방법적 중심이 되지만, 주변에서도 분명히 텍스트는 해석된다. 단지 매우 상이한 방식으로 일어날 뿐이다.

이러한 수업제안의 목표는 다양한 사유 경향들의 방법이 텍스트읽기에서 효과적으로 사용하는 것이다.[1] 학생은 철학적인 텍스트를 해석하기 위해서 이 방법들을 스스로 적용할 수 있어야 한다.

이런 방법적인 능력을 어떻게 학생에게 전할 수 있을까? 이에 대해서는 정확하게 제기된 과제들이 제시된다. 물론 교사는 자신이 사용하는 방법의 배경을 자유롭게 밝힐 수 있다. 그렇지만 교수법적 기술은 본론에서 벗어나지 않는 데에 있다. 그때그때에 특정한 방법의 실행이 인식되고 실천될 수 있도록 과제를 구성해야 한다.

---

1 이 책의 "철학적인 사유 경향의 교수법적 가능성" 참조.

이러한 수업 운영의 예시가 제시될 것이다. 하나의 텍스트를 근거로 하는 것은 방법, 수행 그리고 경계의 구분이 명확해진다는 장점을 가진다. 텍스트 그 자체는 잘 알려져 있어서 방법에 대한 물음에 집중할 수 있어야 한다.[2] 텍스트는 밀도가 충분해야 하며, 그래서 방법적인 노력을 할 만해야 한다. 여기서 선택된 텍스트 문장들은 이러한 기준을 매우 잘 충족시키고 있다. 여기서는 아리스토텔레스가 제작하는 행위유형(poiesis)과 실천하는 행위유형(praxis)을 구분하면서 행복에 대해 이해한 것을 설명해주는 니코마코스윤리학의 시작 부분을 다루고자 한다. 이 고전은 거의 2000여 년 동안 수많은 해석을 받아왔고, 이 견본은 다양한 선행연구들에 근거될 수 있다. 아래의 예시는 앞에서 열거한 열 가지 사유 경향과 그 방법들에 관련된다.

아리스토텔레스, 니코마코스 윤리학, 1권,

모든 기예(technē)와 탐구, 또한 마찬가지로 모든 행위와 선택은 어떤 좋음을 목표로 하는 것 같다. 그렇기 때문에 사람들은 좋음을 모든 것이 추구하는 것이라고 옳게 규정해 왔다. 그러나 추구되는 여러 목적들에는 어떤 차이가 있는 것처럼 보인다. 왜냐하면 어떤 것들의 경우 그 목적은 활동(energeia)이며, 다른 것들의 경우에는 활동과는 구별되는 어떤 성과물(ergon)이기 때문이다. 행위와 구별되는 목적이 있는 경우에 있어서는 그 성과물이 본성적으로 활동보다 더 낫다.

---

2 그래서 텍스트개발의 일반적이고 기본적인 절차를 전제하고자 한다(어려운 문장구성을 이해하고, 모르는 단어를 설명하고, 의미의 일관성을 인식하는 등등); 이에 대해서는 Juergen Grzesik, *Textverstehen lernen und lehren, Geistige Operationen im Prozess des Textverstehen und typische Methode fuer die Schulung zum kompetenten Leser*, Stuttgart 1990, S. 169 ff. 참조.

그런데 행위, 기예, 학문(epistēmē)에는 여러 종류가 있기에 그 목적 또한 많게 되는 것이다. 의술의 목적은 건강, 조선술의 목적은 배, 병법의 목적은 승리, 가정경제학(oikonomikē)의 목적은 부이다. 그런데 이러한 것들 중에서 모두 하나의 능력(dynamis) 아래에 있는 것들은, 가령 말굴레 제작술과 마구의 제작에 관계되는 다른 모든 기술은 마술 아래에 놓이며, 마술 자체와 전쟁에서의 모든 행위는 병법 아래에 놓이게 된다. 같은 방식으로 다른 기예들도 또 다른 것들 아래에 놓이게 된다. 그래서 이 모든 경우에 있어서 총기획적인 것의 목적은 그것 아래에 놓이는 다른 목적들보다 더 선택할 만한 것이다. 전자를 위해 후자가 추구되는 것이니까. 여기서 활동 자체가 행위의 목적인지, 아니면 활동과는 구별되는 다른 무엇이 목적인지는 앞에서 언급한 학문들의 경우와 마찬가지로 아무런 차이가 없다.

그래서 만약 '행위될 수 있는 것들(prakton)'의 목적이 있어서, 우리가 이것은 그 자체 때문에 바라고, 다른 것들은 이것 때문에 바라는 것이라면, 또 우리가 모든 것을 다른 것 때문에 선택하는 것은 아니라고 한다면, 이것이 좋음이며 최상의 좋음(ariston)일 것이라는 사실은 명백하다. […]*

'객관적' 해석으로서의 해석학

하나의 텍스트가 특정한 의미를 포함하고 있다는 가정은 독자가 자신이 읽는 대상에 대하여 가지고 있는 '자연스러운' 생각이다. 여기서 '객관적'이라는 도발적인 표현은 두 가지를 의미한다. 하나는 발견되어야 할 미

---

* 【역자 주】이 부분은 이창우 외 역, 니코마코스 윤리학, 이제이북스, ss. 13~4에서 재인용.

리 주어진 내용과 관계되며, 다른 하나는 합의가능한 해석의 관점에서 상호
주관적인 이해를 의미한다.

이렇게 관찰된 텍스트를 해석하기 위해서 수업에서 몇 가지 방법적인
단계들이 전개되어야 한다.
- 다뤄지는 문제 인식하기
- 사용된 개념들 명료화하기
- 논증 재구성하기
- 비판하고 자신이 판단하기[3]

자기만의 텍스트 분석 작업이 이뤄진 후에, 학생은 텍스트 내용과 독자
의 판단을 구분해야 한다는 원칙적인 전제 하에서 자신의 입장을 정하도록
요청받을 수 있다.

이 방법을 진부한 것으로 생각할 수도 있을 것이다. 심지어 예를 든다면
텍스트가 의문스러울 경우 (다음의 해석에서처럼) 자기가 잘 알고 있는 텍스
트의 출처를 인식하면서 텍스트의 내용을 결정하기 때문에 권위적인 방법
이라고 생각될 수 있다. 교사는 마치 모든 것을 아는 해설가, 즉 마치 전승
된 교양의 대리인처럼 기능한다. 물론 이러한 과정은 정당하다. 왜냐하면

---

3 Wulff D. Rehfus, *Der Philosophieunterricht, Kritik der Kommunikationsdidaktik und
unterrichtspraktischer Leitfaden*, Stuttgart-Bad Cannstatt 1985, S. 121-138; Reinhardt Brandt,
Die Interpretation philosophischer Werke, Stuttgart-Bad Cannstatt 1984. 그리고 Helmut Engels,
"Zum Umgang mit Texten im Philosophieunterricht", in: *Philosophie, Anregungen fuer die
Unterrichtspraxis*, 2. Jg.(1980), S. 16 참조; Klaus Langebeck은 교사지향적 방법과 학생지향적 방
법을 구분하고 있다. 이에 대해서는 "Verfahren der Texterschliessung im Philosophieunterricht", in:
Zeitschrift fuer Didaktik der Philosophie, 6. Jg.(1985) Heft 1, S. 5 ff. 참조.

이것이 수작업을 거치면서 견고해졌고, 세대를 거치면서 검증되었기 때문이다. 게다가 학생은 해석의 일정한 기준을 배울 수 있는 요구권을 가지고 있다. 이에 상응하는 과제는 다음과 같다.

텍스트 내용을 다시 쓰시오.

인간이 (다른 생명체와 마찬가지로) 좋음에 대한 추구를 한다면, 그것은 목적으로 설명되어야 한다. 그래서 그러한 행위가 윤리학의 출발점이다. 여기서 아리스토텔레스는 두 유형을, 특히 목적의 종류에 따라 상세하게 구분한다. 첫 번째 유형의 행위는 그 목적이 그 자체의 외부에 있는 것이고(예컨대 배), 두 번째 유형의 행위는 그 목적이 그 자체 안에 있는 것이다. 다른 곳에서 아리스토텔레스는 이 두 유형을 생산 내지 제작(poiesis)과 실천(praxis)으로 구분하고 있다. "제작과 실천은 두 가지 상이한 활동이다. […] 제작은 궁극적인 목적이 그 자신 바깥에 있지만, 실천은 그렇지 않다. 왜냐하면 가치 있는 행위는 그 자체로 궁극적인 목적이다"(Buch IV: Kap.4, 1140a; Kap. 5, 1140b; a.a.O., S. 157/159). 이렇게 규정된 행위는 제작보다 높이 가치평가된다.

의도주의적 해석학

이 방법은 저자의 의도에 대해 묻는다. 여기서 저자는 자신의 생각을 전달하려는 의도에서 글을 쓰며, 독자는 근본적으로 글쓰는 의도를 추론해낼 수 있다고 전제된다.[4] 게다가 방법적인 단계들이 '객관적' 해석의 단계들과

---

4 Lothar Ridder, "Textarbeit im Philosophieunterricht aus hermeneutisch-Intentionalistischer

유사하지만, 이 단계들은 논증의 전략과 의도된 작용을 목적으로 한다.

이러한 접근은 의미 있어 보인다. 텍스트의 의도하지 않은 효과가 기술되어야 한다면 저자성(Autorenschaft)을 사라져버리게 하는 해체를 대변하는 사람은 그 의도가 규정적인 생각으로 작동해야 한다는 것을 인정할 것이다. 그 외에 저자의 의도에 맞게 해석해야 한다. 선의의 해석학적 원칙이 제공되어야 한다. 저자의 상황에 처해보는 것이 허용되기 때문에 이러한 변형이 교수법적으로 중요하다. 이것은 대안적인 사유 가능성에 대한 추구를 할 수 있게 해준다. 과제는 다음과 같다.

저자의 글쓰는 의도를 추론해보시오.

아리스토텔레스가 제작과 실천을 구분한 목적이 무엇인지에 대한 물음이 제기된다. 분명히 그는 행복을 철학적으로 정초하려는 의도를 가지고 있으며, 특히 활동으로서 보편적인 것이 아니라 자기목적적인 행위의 특수한 유형으로 정당화하려고 한다. 이런 방식으로 정당화된 정치적 행위의 내용적인 탁월성이 이러한 형식적인 규정과 상응하게 된다(1094a, a.a.O., S. 6). 이것으로 높이 평가되어야 하는 폴리스시민의 존중받을 만한 행위를 고려한 것이다. 이와 함께 아리스토텔레스는 제작하는 행위, 즉 질료적 작업을 낮게 평가하고 그래서 수공업자와 노예들을 정치의 바깥으로 제외해버린다.

Sicht", in: *Zeitschrift fuer Didaktik der Philosophie und Ethik*, 22. Jg.(2000), Heft 2, S. 124ff.; "Methoden der Interpretation im Philosophieunterricht", in: *Philosophische Denkrichtungen*, a.a.O. (Anm. 1), S. 116 ff.; 그는 Axel Buehler, "Hermeneutischer Intentionalismus und die Interpretation philosophischer Texte", in: *Logos N.F.* 2/1(1995), S. 1 ff.를 참조.

해석학과 문화적 맥락

글 쓰는 의도를 추론해 내는 것은 저자와의 시대적 거리가 멀수록 더 어려워진다. 이것은 특히 아리스토텔레스에게 더 관련이 있다. 그는 우리의 대화 당사자가 아니며 전혀 다른 맥락에서 철학하였다. 이러한 다름의 전제하에서 현실화가 비로소 의미 있어진다. 역사적인 다름을 연결하기 위해서는 전기, 사회역사와 정치, 예술, 학문사 그리고 철학사 등의 문화적 맥락을 설명해야 한다.[5] 비록 이러한 과정이 많은 것을 요구하더라도 이를 통해서 해석은 궁극적으로 더 수월해질 것이다. 과제는 다음과 같다.

문화적인 맥락에서 다음 글을 설명하시오.

정치적이며 윤리적인 덕은 대개는 그것들이 위험에 처해있을 때 논의의 주제가 된다. 그래서 아리스토텔레스의 시대에는 아테네라는 도시국가가 정치적인 위기에 처해 있음을 알게 된다. 시민들은 자기들의 의무를 자각하지 않게 되었고, 집단의 이익, 무엇보다도 신흥 부자들의 이익이 지배하기 시작하였다. 고대 폴리스의 이념과 실재성이 문제가 되었다. 그 이면에는 노예, 야만인 그리고 여성들을 정치적으로 배제하였다. 학문사적인 맥락에 대한 언급도 마찬가지로 인용된 텍스트의 이해에 유용할 것이다. 처음에 제기된 추구(orexis)도 아리스토텔레스의 자연학과 영혼학에서 설명된다(동물의 운동에 대하여, 영혼에 대하여).

---

5 Johannes Rohbeck, "Begriff, Beispiel, Modell", in: *Zeitschrift fuer Didaktik der Philosophie*, 7. Jg. (1985), Heft 1, S. 26 ff.; 이 책의 "교수법적 도전으로서의 철학사" 부분 참조.

철학적 해석학

철학적 해석학의 교수법적 가능성이 어디에 있는가?[6] 최근에 수용미학과 해체를 지향하는 발전방향을 보여주는 철학적 해석학은 우선 이해 일반을 문제가 되게 하는 낯섦과 차이에 대한 강조와 관련된다. 둘째, 적극적인 그리고 생산적인 역할에 대한 강조와 관련된다. 이에 의하면 결정적으로 독서를 각인시켜주고 텍스트작업의 과정에서 변하게 되는 특정한 전이해(前理解, Vorverstaendnis)를 모든 독자는 가지고 있다. 심오한 이해는 두 가지 의미의 지평이 서로 융합될 때 비로소 가능하다.

학습자의 전이해와 획득된 텍스트 이해를 분명히 하고 서로 대면시킨다면, 이 지평융합(Horizontverschmelzung)은 특정한 수업방법으로 전환될 수 있다. 이렇게 유예된 읽기는 전이해와 이해의 긴장을 산출하고 이를 통해 양쪽의 매개를 숙고하도록 해준다. 철학수업에 있어서 핵심개념, 논증 그리고 사유구조들이 특정한 철학적 기대지평을 만들어 내도록 할 것이다. 학생이 자율적인 독자라고 진지하게 고려된다면 이러한 과정이 교수법적으로 중요하다. 텍스트를 읽기 전에 제시될 구체적인 기술과제는 다음과 같다.

---

6 Volker Steenblock, "Hermes und die Eule der Minerva. Zur Rolle der Hermeneutik in philosophischen Bildungsprozessen", in: *Philosophische Denkrichtungen*, a.a.O. (Anm. 1), S. 81 ff; *Philosophische Bildung. Einfuehrung in die Philosophiedidaktik und Handbuch; Praktische Philosophie*, Muenster 2000, insbes. S. 100 ff. - Hans-Georg Gadamer, *Wahrheit und Methode. Grundzuege einer philosophischen Hermeneutik*, Tuebingen 1960; Jean Grondin, *Einfuehrung in die Philosophiesche Hermeneutik*, Darmstadt 1991; Hans Ineichen, *Philosophische Hermeneutik*, Freiburg 1991.

> 읽기 전에 텍스트에 대한 생각을 구성하고 이러한 전이해를 다음과 같
> 은 텍스트 이해와 비교하라.
>
> 학생은 행복이라는 개념과 결합되어 있거나 행복하게 만드는 활동과 결
> 합되어 있는 자신의 생각을 기술한다. 이렇게 쓰인 고정된 독서의 기대는
> 독서 경험과 비교된다. 학생의 기대가 실망스럽거나 과장되었다는 것을 입
> 증할 수도 있다.

해체

현대적인 관점에서 보면 해석학과 해체는 같은 것도 아니며, 그렇다고
해서 서로 배제하는 것도 아니지만, 아마도 중요한 강조점의 이동이 문제일
것이다. 해체주의적 방법에서 해석학이 극단화된다.[7] 저자와 독자의 공통
된 지평을 만드는 것이 원칙적으로 중요하기 때문에, 명확한 텍스트의 의미
가 더 이상 존재하지 않게 된다. 저자는 이미 독자이고 독자는 저자가 되어
버린다. 학습자는 특히 다리, 간극 그리고 주변을, 그래서 숨겨진 진술들을
찾도록 요청받게 된다. 여기서 해체는 그 단어 자체의 의미에서 텍스트에

---

[7] Christian Gefert, "Text und Schrift. Dekonstruktivistische Verfahren in philosophischen Bildungsprozessen", in: *Zeitschrift fuer Didaktik der Philosophie und Ethik*, 22. Jg. (2000), Heft 2, S. 133 ff.; "Die Arbeit am Text – das Schweigen der Schrift und Strategien der Texteroeffung", in: *Philosophische Denkrichtungen*, a.a.O. (Anm 1.), S. 144 ff.; Torsten Hiss, "Vom Lesen zum Schreiben – vom Schreiben zum Lesen. Strukturalistische und dekonstruktivistische Taetigkeiten im Philosophieunterricht", in: *Zeitschrift fuer Didaktik der Philosophie und Ethik*, 22. Jg. (2000), Heft 2, S. 140 ff. - Peter V. Zima, *Die Dekonstruktion. Einfuehrung und Kritik*, Tuebingen, Basel 1994.

서 볼 수 없는 것들을 보게 만들거나 주변 현상을 중점으로 삼는 것을 의미한다. 과제는 다음과 같이 될 것이다.

텍스트에 있지 않은 것을 구성하시오.

여기서 예를 들어 수공업자와 노예들에 대한 침묵이 언급될 수 있다. 학생은 이러한 사회집단을 대변해주는 글을 쓸 수 있다. 학생은 제작과 실천의 서열결과를 바꿔서 보다 높이 평가되는 제작이라는 관점에서 이 주제를 설명한다.

현상학

현상학 내에서는 직접적인 지각으로 전면에 내세울 텍스트가 적기 때문에 이 사조가 여기에는 적당하지 않다.[8] 그렇지만 텍스트읽기에서는 현상학의 방법이 사용될 수도 있다. 결국 의식상태가 주제가 되는 현상학적 읽기연구가 여기서 관련된다.[9] 이러한 방식으로 철학적 해석학과 수용미학

---

8 Dittmar Werner, "Alltag und Lebenswelt: Perspektiven einer didaktischen Phaenomenologie", in: *Zeitschrift fuer Didaktik der Philosophie und Ethik*, 22. Jg.(2000), Heft 2, S. 110 ff.; "Didaktische und methodische Grundfiguren fuer einen phaenomenologisch ausgerichteten Philosophieunterricht", in : *Philosophische Denkrichtungen*, a.a.O. (Anm. 1), S. 165 ff.; Philipp Thomas, "Habe Mut, dich deiner eignen Anschauung zu bedienen,", in: *Zeitschrift fuer Didaktik der Philosophie und Ethik*, 23. Jg.(2001), Heft 2, S. 114 ff.

9 수용미학과 관련하여 Roman Ingarden, *Das literarische Kunstwerk*, Halle 1931; Wolfgang Iser, *Der Akt des Lesens – Theorie aesthetischer Wirkung, Muenchen* 1976; Paul Ricoeur, *Zeit und Erzaehlung*, Bd. III, Muenchen 1991, S. 270 ff. 참조.

의 접근들을 해나가게 된다. 개인적인 읽기-기대가 주제가 된다면, 이제 개별적인 읽기-경험이 숙고된다. 과제는 다음과 같다.

> 이 텍스트를 읽으면서 들은 자신의 생각과 느낌을 기술하시오.
>
> 이것은 주관 안에 있는 것들을 전하는 데 있어 매우 적절한 가상적인 편지의 형식이 될 수도 있다. 이러한 유도질문들이 가능할 것이다. 이 텍스트가 너에게 어떤 인상을 주었는가? 어떤 부분이 이해하기 어려운가? "좋음에 대한 추구" 혹은 "공허하고 의미없는 추구"라는 진술들에 무엇을 연결시키는가? 이 텍스트에 대해서 어떤 감정이 드는가?

분석철학

방법론적 측면이 분석철학에서처럼 전면에 등장하는 사조는 거의 없으며, 분석철학은 개념 정의와 논증의 비교적 명확한 규칙을 제시한다.[10] 그래서 관심은 역사적인 맥락에서 체계적인 타당성물음으로 옮겨간다. 이러한 종류의 이론적인 수단은 철학수업의 모든 주제에 투입될 수 있다. 이것들은 가르쳐질 수 있고 독자적으로 사용될 수도 있다.

---

10 Hans-Ulrich Hoche/ Werner Strube, *Analytische Philosophie*, Freiburg, Muenchen 1985; Edmund Runggaldier, *Analytische Sprachphilosophie*, Stuttgart, Berlin, Koeln 1990; Thomas Blume/Christoph Demmerling, *Grundprobleme der analytischen Sprachphilosophie*, Paderborn 1998.

이런 방법의 도움으로 철학적인 개념들이 설명될 수 있다.[11] 우리의 경우 핵심개념으로 제작과 실천의 개념을 선택했는데, 이것은 어느 정도 밀접한 관계에 있다. 이에 대해서는 논증적 분석이 필요하다.[12] 왜냐하면 이 개념들은 활동을 경험적으로 묘사하는 것이 아니라 그 의미만이 사유적인 맥락에서 얻어지는 것이기 때문이다. 이것은 오늘날 목적합리적이거나 도구적인 행위로 여겨지는 제작(poiesis)이라는 활동의 특정 유형의 형식적 구조를 분석하는 것에 달려 있다. 이 개념들은 그에 상응하는 행동의 도식이 파악되면 이해될 것이다. 과제는 다음과 같다.

> 제작(poiesis)과 실천(praxis)이라는 개념을 규정하시오.
>
> 여기서는 서로의 대립을 고정시킬 수 있는 관련된 두 개념이 제시된다. 이 개념들은 서로에 대한 부정적인 반영으로부터 나오는 자신의 의미를 갖게 된다.

---

11 Helmut Engels, "Zum Umgang mit Begriffen im Philosophieunterricht", in: *Mitteilungen des Fachverbandes Philosophie* (1984) Heft 25, S. 2 ff.; "Wie man der Mehrdeutigkeit der Sprache im Philosophieunterricht begegnen kann", in: *Zeitschrift fuer Didaktik der Philosophie*, 14. Jg.(1992), Heft 2, S. 110 ff.; "Sprachanalytische Methoden im Philosophieunterricht: Mittel der Kritik, Hilfe beim Verstehen und Erkennen, Schutz vor den Fallstricken der Sprache", in: *Philosophische Denkrichtungen*, a.a.O. (Anm. 1), S. 35 ff.; Karl van der Leeuw/ Pieter Mostert, *Philosophieren lernen*, Delft 1988, insbes. S. 67 ff. - John Wilson, *Begriffsanalyse*, Stuttgart 1984; Juergen Grzesik, *Begriffe lernen und lehren*, Stuttgart 1988 참조.

12 Nobert Diesenberg, "Begriffslernen", in: *Zeitschrift fuer Didaktik der Philosophie*, 12. Jg.(1990), Heft 3, S. 16 ff.; Herbart Schnaedelbach, "Philosophische Argumentation", in: *Philosophie. Ein Grundkurs*, Bd. 2, Reinbeck bei Hamburg 1985, S. 683 ff.

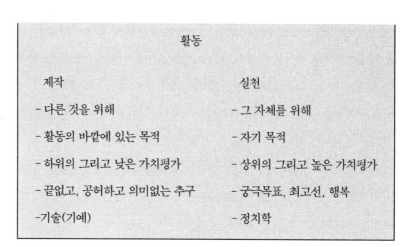

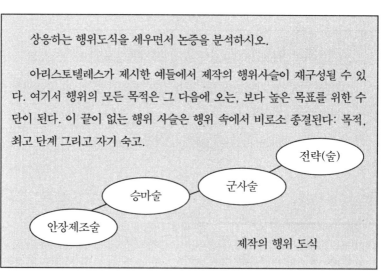

변증법

분석과 변증법은 비록 십여 년 전만 해도 서로 배타적이었지만, 오늘날 더 이상 서로 배타적인 방향에서 다뤄지지는 않는다. 변증법은 경계선상까지 밀고 가는 결과적인 분석으로부터 생겨난다. 논증은 모순들 속에서 연결되고 근본적인 비판을 받게 된다. 그리고 타당성의 물음도 요청된다. 이것은 대안적인 문제 해결을 위한 관점을 열어준다. 여기서 학습자들의 비판적인 판단능력을 강화시키고 스스로 해결책을 찾으려는 추가적인 가능성이 제공된다.

제작과 실천의 구분을 아리스토텔레스적인 예와 자신의 예로 검증하시오. 이러한 구분을 모순되게 만들어 비판을 구성하고, 이로부터 자신의 해결책을 전개하시오.

아리스토텔레스의 언어를 수용하고 결과적으로 정치를 실천으로 고찰한다면, 정치적 행위가 자기 자신의 바깥에 있는 목적을 가지기 때문에, 정치적 행위가 궁극적으로 얼마나 자기 목적적이지 않음이 밝혀진다. 왜냐하면 그 목적은 어쨌든 공동체의 복지 혹은 더 나빠질 수는 없는 단지 권력이나 명예의 추구일 것이다. 역으로 제작에는 이 행위유형이 그 자체 때문에 즐거움을 가질 수도 있을 것이다. 이를 누구나 자신의 예로 검증해볼 수 있다.

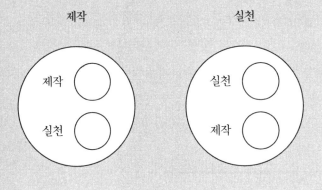

제작과 실천을 유형으로 관찰하는 데에는 범주적 오류가 있다. 전적으로 이 두 개념에 의한 구분에 의해 포함될 수 없는 특정 활동이 있기 때문이다. 그래서 단순한 반대가 제공된다. 모든 도구적 행위가 최종적인 것처럼, 모든 최종적인 행위는 도구적이다. 여기서 전형적인 변증법적인 사유가 제기된다. 양극의 모든 극단은 스스로 또다시 양극을 갖게 된다. 그래서 제작과 실천이라는 개념을 인간 행위의 구분될 수 있는 측면으로 이해한다면, 이 개념은 오늘날까지 타당성을 필요로 한다. 그렇다면 구체적인 상황에서 도구적이면서 혹은 최종적인 특징을 수행하는 행위들이 존재하게 된다.

구성주의

이 흐름은 궁극적으로 언어사용을 숙고하는 과정이라는 측면에서 분석철학과 연결되지만, 동시에 논리적인 논증의 폐쇄성에 대해서는 반대한다. 그 대신에 형식적인 구조가 나오는 일상적이고 학문적인 실천에 관심을 갖는다. 프로토 물리학(Proto-Physik)에서처럼 프로토 철학(Proto-Philosophie)에 대해 언급될 수 있다.[13] 그러한 발생적인 의미에서 구성주의는 철학적 개념, 진술 그리고 이론의 재구성 속에 나타나게 된다. 이 방법은 수업에서 광범위한 결과를 가져온다. 유형사례에 적용될 수 있는 완성된 규칙이 될 뿐만 아니라 이 규칙은 일상적인 삶의 실천에 대한 숙고로부터 얻어지게 된다. 그래서 여기서 다시 한 번 다른 방식으로 투입될 수 있는 현상학과 연결

---

13 Peter Janich, *Das Mass der Dinge. Protophysik von Raum, Zeit und Materie*, Frankfurt/M. 1997; Eva Jelden(Hg,), *Prototheorien – Praxis und Erkennen*, Leipzig 1995; 이 책의 "철학의 원형(Proto-Philosophie)" 부분 참조.

되기도 한다. 학생의 일상적 경험과 연결되는 점에 교수법적 강조가 있다. 과제는 다음과 같다.

기술적 제작과 자기목적적인 행위의 행위도식을 자신의 일상적인 경험으로 재구성하시오.

우선 두 개념으로 정렬될 수 있는 활동들을 모아보면서 시작한다. 제작의 예로서 조립하기, 쓰기, 계산하기 등이 제공된다. 자기목적적인 행위의 예로는 운동하기, 놀기, 대화하기 등을 생각할 것이다. 이 행위유형의 구조가 재구성되면, 아리스토텔레스의 텍스트를 더 읽어나가면서 재인식의 효과가 생긴다. 텍스트 이해는 이런 방식으로 준비되고 도달된다. 자신이 든 예에 대한 보다 자세한 숙고를 통해 '다른 것을 위해서'와 '그 자체를 위해서'라는 특징이 명확하게 정렬될 수 없음을 알게 된다. 이러한 결과는 분석적이고 변증법적인 비판으로 연결된다.

구조주의

이 방법에 의하면 텍스트의 표면에서만 움직이고 그 구조를 분석하고자 한다. 해체에서처럼 텍스트는 텍스트로서 전면에 놓여 있다. 설명의 유형과 방식이 중요하다.[14] 연구 대상은 무엇보다도 문학적 형식이다. 우리의

---

14 Michael Bogdal(Hg.), *Neue Literaturtheorien. Eine Einfuehrung*, Opladen 1990; Juergen Belgrad/Karlheinz Fingerhut(Hg.), *Textnahes Lesen, Annaeherungen an Literatur im Unterricht*, Hohengehren 1998. - Montesquieu의 "법의 정신에 대하여(Vom Geist der Gesetze)"라는 철학적인 저서를 비극으로 해석한 소설가인 Victor Klemperer로부터 자극을 받았다: Montesquieu, 2 Bde., Heidelberg 1914/15; Hayden White, *Metahistory. Die historische*

경우에서 설명의 구조에 집중하고자 한다. 과제는 다음과 같다.

설명의 문학적 형식을 찾아내시오. 다른 설명 방식으로 텍스트를 바꿔 쓰시오.

이 경우에서는 다시 텍스트를 구성하는 제작과 실천의 관계개념을 자기 것으로 만든다. 여기서 내러티브적인 구조를 생각해본다. 아리스토텔레스 가 어떤 역사를 설명할까? 어떤 드라마가 생겨날까? 하나의 약속으로 시작 한다. 모든 인간은 좋음을 추구하며 행복이 인간의 실천으로 인해 확실해진 다. 우리는 폴리스시민들의 낙원에서 산다. 그럼에도 위험이 생겨난다. 수 공업과 노예, 속물들은 자신의 저급한 노동을 하게 된다. 더 나쁜 것은 기 술적인 제작, 즉 poiesis는 빠져나올 수 없는 것처럼 보이는 진보로 이끈다. "그것은 끝없는 것으로 넘어가고, 그래서 공허하고 의미 없는 추구를 가져 온다." 우리는 의미위기의 실존적인 위험에 처하게 된다. ― 결론적으로 해 결되고 해방도 올 것이다. 우리는 끝이 없는 행위사슬을 자기규정적인 실천 으로 끝낼 수 있다. 좋은 삶의 즐거운 세계는 다시 회복된다. 모험은 적을 물리치는 것에 있고, 우리는 조용히 다시 출발점으로 돌아간다. 해피엔딩으 로 된 멜로드라마처럼 읽힌다. 비극적인 결말로 된 설명이 어떻게 보일까?

지금까지 제시된 이런 설명의 끝에서 이제는 사유 경향들의 관계에 대 한 물음이 제기된다. 열 가지 방법은 절대로 강요적인 것이 아니다. 다른 구 분도 생각해볼 수 있다. 다양하게 나타나는 것처럼, 변화된 형태로, 교차된 그리고 혼합된 형태 외에도, 해석학적 방향 내에서뿐만 아니라 해석학과 현

Einbildungskraft im 19. Jahrhundert in Europa, Frankfurt/M 1991, 참조.

상학, 분석철학, 변증법, 분석 그리고 구성주의 등등의 사이에서 다양하게 나타난다.

결정적으로 세 가지 경향이 순서적으로 나온다. 첫째, '객관적인' 텍스트 내용에서 주관적인 해석을, 둘째, 역사적 의미에서 체계적인 타당성을, 셋째, 수용적인 태도에서 창의적인 생산을 강조하는 경향들이 보인다. 이렇게 방법들이 전통적인 행위 형식에서 혁신적인 행위형식으로, 교사 지향에서 학생지향적인 수업으로 움직이고 있다. 선택과 결합에 있어서 중요한 것은 이러한 방법의 도입으로 어떤 능력이 촉진될 수 있느냐이다.

| 제11장 |

철학적인 글쓰기의 양식

　라틴어의 **stilus**는 석필을 의미한다. 이것의 뾰족한 끝으로 철자를 밀랍 위에 새기고 그것의 평평한 끝으로는 밀랍 위를 밀어서 지울 수 있다. 은유적으로 사용된 양식이라는 개념에서 글쓰기를 위한 도구가 텍스트를 만들어내는 기술로 전이되었다.[1] 이 말 속에는 문자화하는 기준에 대한 고대의 추구가 그리고 스스로 발전하는 글 쓰는 기술을 위한 텍스트를 생산해내는 규칙의 추구가 표현되어진다. 양식이라는 개념이 계몽주의 이후에는 지켜야 할 글쓰기의 규정을 따르지 않는 언어 사용의 개성과 독창성으로 연결된다. 지금은 '스타일'이 점점 행위와 태도뿐만 아니라 개인의 삶의 형식을

---

1 Hans Ulrich Gumbrecht, "Schwindende Stabilitaet der Wirklichkeit. Eine Geschichte des Stillbegriffs", in: Hans Ulrich Gumbrecht(Hg.), *Stil*, Frankfurt/M. 1986, S. 726ff.

의미하며, 일상의 스타일화에 대해서 말하기도 한다. 처음에는 예술과 관련되었다가 예술, 학문 그리고 생활세계의 실제적인 탈경계와 관련된 은유적 의미가 생겨난다. 철학도 미적으로 양식화된 '삶의 예술'로 파악되기도 한다.[2]

사유 양식과 글쓰기 양식

철학적인 글쓰기 양식이라는 제목은 이런 배경을 가지고 있다. 엄격한 규칙이나 단지 기술적인 방법이 문제가 되는 것이 아니라, 양식이라는 개념은 논증방식, 언어적 표현 그리고 개인적인 확신의 통합을 목표로 삼는다. 이것을 철학적인 사유 양식이라고 부를 수 있다. 이렇게 이해된 사유 양식은 철학하기의 기본적인 입장을 반영한다. 무엇보다도 사유 양식은 빈 공간에 있는 것이 아니라 자서전적이며 역사적인 특정한 맥락 속에서 떠오른다. 사람이 철학하는 방법은 자신의 고유한 삶의 경험들과 관련이 있다. 그것은 철학적인 사유에 있어서 근본적이며, 이미 개념적이고 논증적인 확정보다도 근본적이다. 사유 및 쓰기의 양식이라는 개념은 체험된 철학과의 관련을 알려준다.[3]

학생들이 스스로 철학적인 텍스트를 쓸 기회를 갖는다면, 개별적이고

---

2 Wilhelm Schmid, *Philosophie der Lebenskunst*, Frankfurt/M. 1998; Lutz von Weder, *Einfuehrung in die Philosophische Lebenskunst*, Berlin 2000.

3 Ferdinand Fellman, "Stile gelebter Philosophie und ihre Geschichte", in: *Stil*, a.a.O.(Anm.1), S. 574ff. - Johannes Rohbeck(Hg.), *Denkstile der Philosophie*, Dresden 2002. 참조.

생활 실천적인 측면이 궁극적으로 문제가 되는 것은 아니다. 우선 쓰기의 교과교수법적 영역에서 텍스트 강독과 대화를 다른 매개적인 행위 형식과 관련시킬 것이다. 독서, 대화, 그리고 쓰기의 결합으로 인해 쓰기의 다양한 방식들이 생겨날 것이고, 이것들은 철학이나 도덕수업에 매우 새로울 것이다. 텍스트와 쓰기의 파악이 다시 철학적인 것에서 나온 다양한 기술들의 배경 하에 있음을 알 수 있다. 이와 연결하여 텍스트를 생산하는 특정한 철학적인 방식이 어디에 있는지를 묻고자 한다. 이러한 고유한 수업 전략은 철학의 특정한 사유 경향에 따라 혹은 철학적인 쓰기 양식 안에서 파악되는 에세이에 대한 쓰기를 목표로 삼는다.

독서, 대화 그리고 쓰기 작업

철학과 윤리학의 교수법은 약간의 막힘이 있는 쓰기 활동을 발견했다. 전통적으로는 수업의 중심에 소위 '고전'의 인쇄된 한 부분이 있게 된다. 이와 달리 최근에는 학습자들이 자신의 질문과 대답을 위한 자유로운 공간이 보장되기 위해 텍스트와 무관한 대화가 수업의 중심에 들어오게 된다. 최근 몇 년 전부터는 쓰기가 추가되었고, 가령 자신의 1차 텍스트를 쓰거나 혹은 기존의 텍스트를 발전시키거나 다르게 바꿔 쓰기 등이다.[4] 이러한 중

---

4 Helmut Engels, "Plaedoyer fuer das Schreiben von Primaertexten", in: *Zeitschrift fuer Didaktik der Philosophie und Ethik*, 15. Jg. (1993), Heft 4, S. 250 ff.; Martina Dege, "Selbstbestimmung - Denkversuche als Schreibversuche", in: *Zeitschrift fuer Didaktik der Philosophie und Ethik*, 17. Jg. (1995), Heft 1, S. 27 ff.; Jens Soentgen, "Wie man schwierige Texte liest", in: *Zeitschrift fuer Didaktik der Philosophie und Ethik*, 20. Jg. (1998), Heft 3, S. 173 ff.; 저자가 쓴 "Montaigne", in *Zeitschrift fuer Didaktik der Philosophie und Ethik*, 21. Jg. (1999), Heft 2. 참조. Lutz von Werder, *Lehrbuch des kreativen Schreibens*, Berlin 1996; Volker Steenblock,

요한 보완은 철학 교수법 내에서 주목할 만한 가치가 있는 강조점의 변화를 가져왔다. 제작(poiesis)과 실천(praxis)의 아리스토텔레스적 구분에서부터 출발한다면,[5] 대화적인 철학수업은 실천을 이해하기 위해 노력하는 의사소통이라는 의미에서 모범으로 삼게 된다. 이와 반대로 쓰기를 생산적인 활동으로 이해한다면, 생산적인(poietische) 활동이 가치를 발하게 된다.

자기의 글을 생산해봄으로써 독서와 수업의 대화가 서로 보완될 뿐만 아니라 그 자체로도 한 번 더 변하게 된다. 한편으로는 독자에서 창의적인 쓰기로의 길뿐만 아니라 그 역으로 쓰기에서 쓰는 과정에서 읽었던 텍스트에 대한 새로운 이해로의 길이 생겨난다.[6] 다른 한편으로는 대화와 텍스트 생산의 결합을 통해 소통적인 글쓰기의 새로운 길이 생겨난다. 독서, 대화 그리고 쓰기는 이제는 더 이상 대립적인 것이 아니라 새로운 종합을 이룬다.

1. 독서와 대화

철학 교수법을 시작할 때 텍스트와 대화가 수업의 양극, 즉 잘 알다시피 두 측면으로 나눠질 수 있는 관계로 여겨졌다. 전승된 텍스트가 앞에 있다면 수업의 대화는 읽을거리에 대한 더 나은 이해를 하는 데 기여한다.[7] 이와

Philosophische Bildung. Einfuehrung in die Philosophiedidaktik und Handbuch: Praktische Philosophie, Muenster 2000, S. 133 ff.; Christa Runtenberg, *Didaktische Ansaetze einer Ethik der Gentechnik. Produktionsorientierte Verfahren im Philosophieunterricht*, Freiburg i. Br. 2001; Christian Gefert, *Didaktik des theatralen Philosophierens*, Dresden 2002, S. 140 ff.

5 이 책의 "철학수업과 도덕수업의 방법" 부분 참조(S. 59).

6 이에 대해서 Torsten Hiss, "Vom Lesen zum Schreiben - Vom Schreiben zum Lesen", in: *Zeitschrift fuer Didaktik der Philosophie und Ethik*, 20. Jg. (2000), Heft 2, S. 140 ff. 참조.

7 Wulff D. Rehfus, *Der Philosophieunterricht*, Stuttgart-Bad Cannstatt 1986, S. 121 ff.

달리 대화를 수업의 중심에 놓으면, 읽은 텍스트의 저자들은 "대화상대자"로 기능하며, 이들의 도움으로 학생은 스스로 제기한 문제와 자신의 해결 가능성을 이해하게 된다.[8]

두 가지 절차는 철학적 해석학의 전통과 관련되는데, 대화적인 수업방법이 해석학적 법칙을 따르기 때문이다. 그래서 타인의 생각을 수용하여 자신의 판단에 도달하도록 하기 위해서 독자는 저자의 글쓰는 의도를 이해하려고 노력해야 한다. 독자 자신이 저자가 되고 다른 독자를 위한 텍스트를 쓰면서 이런 종류의 의사소통의 불균형성이 사라지게 된다.

이러한 해석학적-대화적 의미에서 쓰기가 철학수업에서는 항상 자연스럽게 이뤄져 왔다. 이와 유사한 종류가 바로 주석달기이다. 주석은 단순히 반응하거나 혹은 수단적인 것이 아니라 오히려 활동적, 생산적이고 가치있는 분석을 요구한다. 다른 사람의 생각을 이해한다는 것은 자신의 생각 없이는 불가능하며, 이는 마치 모든 텍스트의 해석에서 독자 자신이 경험한 지평이 이해되는 것과 같다.

물론 특정한 방식으로 이뤄지는 이러한 전통적인 과정이 텍스트에 고착되어 있지만, 그럼에도 불구하고 저자의 의도와 텍스트에 있는 의미가 있다는 것이다. 이런 쓰기 양식을 그것의 생산성뿐만 아니라 결합됨을 표현하기 위해서 재구성된(re-konstruierend) 내지 재생산적(re-produzierend) 글쓰기라고 할 수 있을 것이다. 주어진 텍스트에 대하여 더 이어 쓰기(Weiter-

---

8 Ekkehard Martens, *Dialogisch-pragmatische Philosophiedidaktik*, Hannover 1979, S. 140 ff.

Schreiben)가 목적이다.

현대의 철학 및 도덕수업에서 이러한 쓰기의 양식은 몇몇 개혁이 제외시킬 수 없는 그것만의 권리를 가지고 있다. 주석을 쓰는 과제는 종결적인 수행평가의 기능에 국한되는 것이 아니라 텍스트를 이해하는 과정에서 처음부터 구성적인 역할을 수행한다. 여기에 또한 작지만 자주 일어나는 글의 작업, 이를테면 특정 개념의 명료화, 개별 논증의 검증 혹은 생산적인 진술에 대한 비판 등이 생겨난다.

무엇보다도 해석은 방법론적 관점에서 철학적인 텍스트를 변화시킨다.[9] 여기서 상응하는 쓰기 과제로 전환될 수 있는 해석학적, 분석적, 대화적, 구조주의적, 해체적 방법이 사용될 수 있다.

2. 독서와 쓰기

새로운 교수법에서 '창의적' 글쓰기와 그런 맥락에서 '생산지향적'인 과정이 도입된다면 또 다른 글쓰기 양식이 중요하다는 것에 주의해야 한다.[10] 이런 대안적인 기술의 배후에는 다시 텍스트와 글에 대한 근본적인 그리고 지금 변화하는 이해가 숨어 있다. 독서는 저자의 의도, 그것의 "자

---

9 텍스트 해석의 그러한 방법들이(쓰기 과정까지 포함하여) 얼마나 다양할 수 있는지에 대해서는 이 책의 "텍스트를 읽는 열 가지 방법(S. 163-174)" 참조.

10 바로 이런 변화에 대해서는 무엇보다도 아래의 논문 참조. Christa Runtenberg, "Produktionsorienterte Verfahren der Textinterpretation", in: *Zeitschrift fuer Didaktik der Philosophie und Ethik*, 24. Jg.(2002), Heft 2; "Bioethik und Produktionsorientierung", in: *Zeitschrift fuer Didaktik der Philosophie und Ethik*, 23. Jg.(2001), Heft 2, S. 122 ff. 비교.

국"을 좇는 것이 아니라 우선적으로 텍스트에, 그리고 그것의 구조와 고유한 의미를 끌어낸다. 그래서 철학적인 텍스트의 제작 기술과 표현 방식뿐만 아니라 그 문학적 형식[11]이 점점 많은 관심을 받게 된다.

해체의 이론적인 맥락에서 볼 때 생산지향적인 글쓰기 일반이 다양한 교수법 내에서 개발되었는데, 이것은 수업에서 엄청난 결과를 가져왔다. 저자와 텍스트는 의도와 의미가 더 이상 주어져 있는 것이 아니라고 여겨지기 때문에 텍스트도 자신의 전래되어온 권위를 상실하게 된다. 텍스트는 이제 그 안에서 다양한 의미가 가능해지는 범위만 설정할 뿐이다. 텍스트는 부분들이 새롭게 추가될 수 있는 바우카스텐*처럼 기능한다. 이것은 학생들이 문학적인 것을 실험적인 방법으로 다룰 수 있도록 해준다. 이런 놀이공간에서 창의적인 형성가능성들이 열려진다. 이러한 과정이 주석을 달아야 하는 것도, 자유롭게 글을 쓸 수 있는 영재를 요구하는 것도 아니다. 이 과정도 손쉽게 할 수 있고, 적절한 연습을 통해 배울 수 있는 것이기 때문에 완화하는 작업이 된다.

이에 상응하는 글쓰기 양식을 해체적이라고 할 수 있다. 이것은 철학적인 텍스트의 바꿔 쓰기를 염두에 둔 것이다. 여기서 의도나 내용보다는 변형의 특정한 규칙들을 정하는 텍스트 구조를 지향하게 된다. 그래서 글쓰

---

11 Gottfried Gabriel/Christiane Schildknecht (Hg.), *Literarische Formen der Philosophie*, Stuttgart 1990. 참조. 해체에 대해서는 Christian Gefert, *Didaktik des theatralen Philosophierens*, a.a.O. (Anm. 4), S. 53ff. 참조.

* 【역자 주】완구용 나무 블록으로 아이들이 이걸 쌓아서 형태를 만들어나가는 놀이를 할 수 있음.

기가 임의적인 것이 아니라 자유로우면서도 엄격하게 정해진 행동반경 내에서 창의적일 수 있다.

개별적인 경우에서 매우 다양한 변화들이 다음과 같이 가능하다:

- 중단된 텍스트를 끝까지 쓰기
- 텍스트의 괄호 친 부분을 채우기
- 텍스트에서 퍼즐을 만들어 부분들을 새롭게 구성하기
- 논문을 다른 텍스트 형식으로 변화시키기(에세이, 이야기, 편지, 대화, 인터뷰)
- 철학적인 텍스트를 다른 언어로(혹은 일상적인 언어로) 바꾸기
- 패러디 쓰기 등

3. 대화와 글쓰기

전승된 텍스트를 지향하는 것을 포기한다면, 글쓰기에서는 1차 텍스트(Primaertext)가 눈에 들어오게 된다.[12] 바꿔쓰기와 더 쓰기(Um- und Weiterschreiben)의 자리에 자유로운 글쓰기가 들어선다. 이 쓰기 양식은 학생들에게 자신의 경험, 감정, 숙고를 묘사할 수 있는 기회를 제공한다. 그래서 개별 인격의 주관적인 진실과 특성들이 표현될 수 있는 자신의 텍스트가 쓰인다. 국어수업에서는 사라졌지만 이제는 이런 종류의 자기발견의 필요가 제기되기 때문에 전혀 새로운 것은 아니라 할지라도 오래된 의미

---

12 Helmut Engels, "Plaedoyer fuer das Schreiben von Primaertexten", a.a.O. (Anm. 4), S. 250 ff.; Martina Dege, "Montaignes 'Essais' - der Versuch, schreibend die Balance zu halten", in: *Zeitschrift fuer Didaktik der Philosophie und Ethik*, 21. Jg.(1999), Heft 2, S. 116 ff.

문장*을 연상시키는 개인지향적인 글쓰기 기술도 철학 내지 도덕수업에 다시 등장하게 되었다.

자유로운 글쓰기는 소크라테스적인 대화편과 많은 공통점을 가지고 있으며, 마찬가지로 학생들의 경험과 관심에서부터 출발한다. 소크라테스의 논증이 귀납적인 방식으로 진행되는 것처럼, 이러한 글쓰기 방식은 직접적으로 체험한 것으로부터 매개된 앎으로, 개별적인 의견으로부터 동의가능한 진리로, 구체적인 것으로부터 추상적인 것으로 이뤄진다. 이런 종류의 글쓰기는 '철학적인 일기장'으로 구성된다.[13]

자유로운 글쓰기는 이를 넘어서 의사소통의 형식으로써 대화와 결합될 수 있으며, 대화 상대자가 말뿐만 아니라 글로도 서로 상호작용할 수 있다. 여기서 쓰기 대화와 대화적 쓰기가 또 구분될 수 있다.

쓰기 대화(Schreibgespraech)를 위해서는 그룹을 만들고 모든 그룹에게 예를 들면 "자유는 나에게 […] 을 의미한다"와 같은 주제가 적혀 있는 큰 종이를 준다.[14] 모든 학생은 사인펜으로 그 위에 자신의 생각을 적을 수 있

---

13 Urs Thurnherr, "Die Pose der Heteronomie oder Ethik der Lernenden", in: *Zeitschrift fuer Didaktik der Philosophie und Ethik*, 21. Jg.(1999), Heft 2, S. 110 ff.

14 Brigitte Groegor, "Denn ohne Freunde moechte niemand leben - Philosophie der Freundschaft", in: Johannes Rohbeck(Hg.), *Praktische Philosophie*, Hannover 2003, S. 163 ff.; Bernhard Grom, *Methoden fuer Religionsunterricht, Jugendarbeit und Erwachsenenbildung*, Duesseldorf 1985, S. 59 ff. 참조.

* 【역자 주】 저자가 특정 주제에 대하여 자신의 관점과 생각을 전개하고 묘사하는 글.

다. 그리고 모든 학생은 물음표를 붙인다든지, 반대질문을 제기한다든지, 보충설명을 요청한다든지, 대답을 하거나 반대 주장을 구성함으로써 다른 사람들의 글에 대해 글로 표현할 수 있는 기회를 동시에 갖는다. 표현들 사이에 화살표를 그려 넣을 수도 있고 써진 글에 밑줄을 칠 수도 있다. 중요한 것은 의사소통이 전적으로 글로 이뤄줘야 하며 하나의 단어라도 말해서는 안 된다. 쓰기의 느림은 모두가 동일한 방식으로 활동하게 하는 장점을 가지고 있다.

대화적 쓰기(dialogisches Schreiben)에서는 글로 하는 의사소통이 보다 긴 과정으로 펼쳐진다.[15] 학생은 서로 노트한 것, 생각의 조각들, 연합이나 숙고들을 나누면서 서로 각주나 주석 혹은 반대주장들을 제공해준다. 글 전체가 검토되어 다시 대안적인 시도들이 생길 수도 있다. 이러한 어려운 절차를 통해 처음에 설명했던 해석학적 이상에 근접할 수 있고, 이에 따라 쓰는 사람들이 하나의 대화공동체를 형성하게 된다.

글로 하는 상호작용은 특히 개인적인 양식을 형성 해주는 '실제적인' 편지로 쓰일 때 확장가능해진다. 실험적인 쓰기 가능성의 완전히 새로운 장을 열어주고 철학 및 도덕수업에서도 활용될 수 있는 기술인 인터넷은 실제적인 편지보다 덜 친밀한 것이다.

---

15 Urs Ruf und Peter Gallin, ***Dialogisches Lernen in Sprache und Mathematik***, insbes. Bd. 2: "Spruen legen -Spuren lesen. Unterricht mit Kernideen und Reisetagebuechern", Hannover 1988 참조.

철학적 방법에 따라 글쓰기

끝으로 근본적으로 독일어나 외국어로 된 문학이나 종교 교육학의 교수법에서 발전된 이러한 절차들이 얼마나 철학 및 도덕수업으로 들어올 수 있느냐라는 물음이 제기된다. 이러한 제안들을 단순한 쓰기의 기술로만 간주한다면 특정한 철학적 방법이 실패하게 되는 형식주의의 위험이 생겨난다. 이런 이유로 인해 어떤 절차가 보다 특수한 방식에서 그리고 철학이나 도덕이 학교 교과를 위해 어떤 수정이 가해져야 하는지에 대한 숙고가 필요하다. 이 물음에 답하기 위해서는 몇 가지 기준이 제시되는데, 이것은 우선 철학하기의 일반적인 방법을 지향한다.

- 철학에서 개념들을 숙고하면서 다루는 것이 특히 중요하다면 개념을 가지고 실험해 볼 것을 제안한다. 이에 상응하는 과제는 주어진 텍스트에서 중심개념을 시작점으로 삼아 스스로 글을 써보는 과제일 것이다.
- 논증도 이와 마찬가지다. 왜냐하면 주장을 위해서는 보다 많은 근거들이 인용될 수 있어야 하며, 역으로 근거된 진술로부터 다양한 결론의 추론이 도출될 수 있어야 한다. 이러한 논증의 이질성이 있어야 창의적으로 변화시킬 수 있다.
- 궁극적으로 비판이 철학의 본질적인 특징이라면, 이로부터 하나의 알려진 텍스트에 대하여 대답을 써야 한다. 대안적인 논증에서 대립되는 텍스트가 나온다.
- 도덕수업에서 다른 사람의 상황에 자신을 놓아보는 능력이 특히 중요한 역할을 한다. 동정이나 자비의 윤리적 접근은 그러한 관점변화의 기초를 마련한다. 여기서 특정한 사태를 다른 사람의 관점에서 기술하고 가치판단해보라는 쓰기 과제가 나온다.

적어도 여기서 철학 및 도덕수업에서 쓰기의 형식은 철학의 다양한 사유방향들과 상응하는 특정한 철학적 방법에 근거한다. 이것의 교수법적 가능성에 대하여 하나의 수업모델이 제안될 수 있다.

여기서 기본적인 생각은 철학적인 방법들이 정확하게 형식화될 수 있는 쓰기 과제로 변환될 수 있다는 것이다.[16] 우선 학생들은 자신의 텍스트를 써나갈 때 독자적으로 적용해야 하는 특정한 방법을 소개받는다. 또한 이 경우에 방법적인 범위 내에서 창의적인 형성의 가능성이 생겨난다. 철학적인 사유 방향에 대한 정초로 인해 '창의적인 글쓰기'가 특정한 교과전문적인 색채를 띠게 된다.

이러한 쓰기 경험에서 철학적인 방법의 매개는 없어서는 안될 것이며, 실제로 새로운 방법적 능력이 획득될 수 있다. 이런 종류의 방법적 학습의 기회가 철학 및 도덕수업에서 사용되고 있지 않다.[17] 여기서 사유 방향들이 수업의 대상을 구성하지는 않는다. 오히려 교수법적 기술이 철학하기의 실천 가능한 절차들을 예를 들어 설명하는 데 사용된다. 바로 여기서 자신의 글을 쓰기 위한 가장 정확한 과제가 나온다. 소위 "창의적인 글쓰기"에서

---

16 이 책의 "철학적인 사유 경향의 교수법적 가능성"(S. 77 ff.), "철학적 역량"(S. 93), 그리고 *Jahrbuchs fuer Didaktik der Philosophie und Ethik*, Dresden 2001-2003 의 2, 3, 4권 참조.

17 이런 종류의 매개를 포기하고 여기서 내 생각으로는 기준들이 철학적인 사유 방향보다 못한 것으로 여겨질 위험이 있는 Ekkehard Martens의 방법론(Methodik)과는 이런 절차가 구분된다. 이에 반해 철학에 대한 지향성(Martens가 교과 철학이라고 비판했던) 속에서는 부족한 것이 있는 것이 아니라 그 반대로 그것의 교수법적 잠재력을 고갈시킬 수 있다고 본다. Ekkehard Martens, "Fachspezifische Methodik Praktische Philosophie", in: *Ethik & Unterricht*, II. Jg.(2001), Heft 3, S. 7 ff.; ders, *Methodik des Philosophie- und Ethikunterrichts. Philosophie als elementare Kulturtechnik*, Hannover 2003.

처럼 여기에서도 자발성과 상상은 방법적인 제시가 미리 있어야 생겨난다.

이런 종류의 매개는 학습 집단과 상황에 따라 상이한 결과를 가져온다. 다음은 철학적인 방법의 도입이 어떻게 중등학교 수준에서 구체적으로 실행되는지 그리고 여기서 어떤 결과가 기대될 수 있는지를 예를 들어 설명하고자 한다.[18] 이를 위해서 나는 우선 변증법을, 그리고 나서 현상학을 택한다.

1. 방법으로서의 변증법

변증법의 교수법적 관점을 파악하고 그리고 방법적인 고유성과 그것의 다양한 적용가능성에 집중하기 위해서는 오래된 전체성 요청을 포기해야 할 뿐만 아니라 형이상학적인 무용성을 버려야만 한다.[19] 변증법적 방법에 대한 짧은 설명은 중등학교의 상급단계에서 다음과 같이 가능하다.

---

18 Berlin-Charlottenburg에 있는 Erich-Hoepner-Oberschule에 있는 철학의 기초과정에서 이런 종류의 쓰기 시도를 할 수 있는 기회를 제공해 준 나의 작고한 친구인 Gehard Voigt에게 감사한다.

19 이에 대해서는 이 책의 "전도된 세계 – 비판 방법으로서의 변증법(S. 119-143)" 참조.

변증법(Dialektik)이라는 단어는 고대 그리스어인 'dia-legesthai'에서 유래되었는데, 이는 '담소나 환담을 나누다'를 의미한다. 말과 대답에서 대화상대자는 진리에 접근하게 된다. 그래서 변증법은 근본적으로 논쟁의 기술이다. 오늘날까지도 변증법에서는 사유가 모순 속에서 수행되며 보다 포괄적인 관계들을 목표로 한다. 특별한 과제는 반박하는 테제를 찾는 것뿐만 아니라 이전의 테제를 지향하는 종합테제를 구성하는 것이다. 특정한 변증법적 사유운동은 세 단계로 전개된다.

첫 번째 단계에서는 특정한 테마, 개념 혹은 논증을 확정하는 것이 중요하다. 예를 들어 교사가 '자유'라는 단어를 칠판에 쓰면, 학생은 이것을 적극적인 표상들과 결합시킬 수도 있고, 개인적, 사회적, 정치적 자유 등을 추가할 수도 있다. 주제를 공부하면서 동시에 자유개념이 경계선상에서 확인될 수 있고 이런 의미에서 보완이 필요하다는 것이 명확해진다.

두 번째 단계에서는 자유에 대한 부정과 함께 변증법적 운동이 시작되는데, 우선 필연성에 대한 반대에서 그리고 강제와 결정에 대한 설명을 요청하게 된다. 학생이 이 수준에서 변증법적 접근을 쓰게 할려면, 그때그때 타당한 근거들이 제공된 양극 사이에서 논증이 움직인다. 보통 이러한 왕복은 예를 들어 인간은 자유로우면서도 자유롭지 못하다는 식의 타협으로 끝난다.

세 번째 단계는 변증법적 격변을 가져오는 관점의 놀라운 전환에서 일어난다. 이제 지금까지 대립되는 것의 상호작용을 지배했던 보다 포괄적인 관계를 발견하게 된다. 이러한 맥락이 바로 모순의 범주(헤겔에게서의)가 의미하는 것이다. 우리의 주제는 자유와 필연성의 이전의 대립명제를 통일시키는 자유에 대한 보편적인 의미를 추구하는 것이다. 윤리학에서는 그것은 도덕적인 구속의 필연성하에서 자유로운 통찰을 짧게 말하면, 도덕적인 행동으로의 자기구속화를 의미한다.

이에 상응하는 쓰기과제는 "모순의 예를 스스로 선택하여 구성함으로써 변증법적 방법으로 글을 쓰시오"가 될 것이다.

다행히도 어느 학생의 다음 글은 덜 비장하며 보다 변증법적이다.

항상 피곤해

피곤은 결코 바람직한 상태는 아니다. 피곤한 사람은 느리고, 비생산적이며, 예민할 뿐만 아니라 신경질 내고, 또한 스스로도 안 좋게 느낀다. 그는 목적 없이 전원에 서 있는 그런 모습이다.

그렇지만 피곤한 사람은 목표를 향해 노력하는 사람이 아닌가? 그렇게 결심했을 수도 있는 사람은 자신의 목표를 단 일분이라도 눈에서 놓치지 않으려고 하는 사람 아닌가? 피곤한 사람만이 자신의 가장 중요하고 최종의 목적인 잠에 대한 경고, 즉 잠을 항상 져야 할 짐처럼 여기면서 끌고 다닌다. 또한 그는 자신의 목표에 분명히 도달할 유일한 사람이다. 왜냐하면 언젠가 인간의 본질은 필요한 수면을 염려하는데, 그것이 없다면 더 이상 불가능하기 때문이다. 이제 그가 목표지향적인 사람이고 궁극적으로는 성공한 사람이라는 것이 이제는 분명해진다.

그렇지만 이에 대한 반대도 있으며, 더 나아가 목표가 추구되고 도달되는지에 대하여 관심없는 사람은 늘 다시 빠져나오고 다른 사람들에게 있어서 분명히 그리고 실제로 그 누구에게도 도움이 되지 않는 사람이다. 중요한 것들에 있어서 피곤한 사람은 항상 부주의하고 집중하지 못하며, 그래서 다음과 같은 주장이 제기된다. 사람에게 있어서 중요한 것으로 여겨지는 중요한 것들은 정말 무엇인가? 우리의 지각과 우리의 느낌은 단지 주관적일 수 있기 때문에 개별적으로 중요한 것들만이 존재한다.

Carl Assmann

2. 현상학

이 사유 방향은 보다 특별한 방식으로 학생의 경험들을 연결하는 것을 허용한다는 장점을 가지고 있다. 이런 경험들이 직접적으로 접근가능하다는 착각을 가지고 있어서는 안 된다. 그래서 지각을 현상학적 숙고의 주제로 삼기 위해서는 방법적인 지도가 요청된다.[20] 중등학교의 상급단계에서 이에 상응하는 도입은 다음과 같을 것이다.

---

20 여기서는 특히 다음 글을 참조로 하겠다. Thomas Rentsch, " Phaenomenologie als methodische Praxis", in: *Denkstile der Philosophie*, a.a.O. (Anm. 3) - Dittmar Werner, "Alltag und Lebenswelt. Perspektiven einer didaktischen Phaenomenologie", in: *Zeitschrift fuer Didaktik der Philosophie und Ethik*, 22. Jg. (2000), Heft 2, S. 110 ff.; ders, "Didaktische und methodische Grundfiguren fuer einen phaenomenologisch ausgerichteten Philosophieunterricht", in: *Philsophische Denkrichtungen*, hg. v. Johannes Rohbeck, Dresden 2001, S. 165 ff.; Philipp Thomas, "Habe Mut, dich deiner eigenen Anschauung zu bedienen. Phaenomenologie und Emazipation", in: *Zeitschrift fuer Didaktik der Philosophie und Ethik*, 24. Jg. (2002), Heft 2, S. 104 ff.

현상학은 우리 생활세계의 일상적인 '현상'을 전면으로 내세우는 철학적 방법이다. 이 배후에는 현대 학문의 신뢰성의 '위기(Edmund Husserl)'가 있으며, 인간의 근원적인 경험을 덮어두고 있는 (자연)과학적인 그리고 기술적인 의미의 표준들의 지배에 대한 비판이 놓여 있다. 이와 반대로 현상학은 지각, 체험, 세계의미들을 일상적인 삶의 실천 속에서 자유롭게 놓아두는 것을 목적으로 한다. 여기서 자명하지 않은 것 내지 은폐되어 있는 것들을 분명해지게 의식적으로 만드는 것이 중요하다. 현상학의 주제는 그래서 지각과 체험으로 의도하지 않아도 생기는 의식 내용, 사유와 감정의 경향들이다.

이러한 노에시스적(noetisch, 사유하는) 관찰은 일상의 사용에서 임의적인 대상들에서 검토되고 연습된다. 그래서 나는 유로화 동전을 놓고, 이에 대해 발생하는 연상들을 말하도록 하였다. '유예된 지각'을 통해, 그 뒷면이 덮여 있는 채로 기대의 지평이 주제가 될 수 있다. 새 동전이 이미 외국에서 들어와 있고, 동전을 돌리면 당연히 독일의 상징인 독수리가 있어야 한다고 생각하는데 다빈치의 인간의 모습이 새겨진 이태리 동전을 보면 놀라게 된다.

놀라운 전환의 방법 또한 일상적인 경험에서 전이될 수 있다. 이중의 실망 - 인지적뿐만 아니라 정서적 의미에서 - 으로 지금까지 자명한 것들이 숙고될 수 있다.

또 다른 방법은 짧은 시간 동안 발생한 사건의 지연 내지 확장이다. 자기 몸의 동시적인 움직임에서 하나의 지각에 대한 기술은 마찬가지로 생산적이다. 여기서 관점의 교환이 매우 중요한 역할을 한다. 나는 다른 존재의 입장에 처해본다.

상응하는 쓰기 과제:

하나의 대상이나 체험에 대하여 현상학적인 방법에 의해 글을 쓰시오. 실망, 지연 내지 관점의 교환과 같은 특정한 방법을 이용하시오.

핀

2.5센티미터의 길이다. 이것은 끝이 뾰족하고 얇다. 이것은 바로 핀이다. 이것은 불쾌하다. 이것은 칼처럼 위협적이지는 않지만, 악의적이다. 핀이 있다는 것을 알지 못한다면 핀을 거의 알아챌 수 없다. 핀은 작지만 그의 방식대로 한다면 매우 강하다. 그것의 수동적인 공격의 종류는 오랜 관찰과 숙고 끝에 화나게 만든다. 그것은 작은 위험이면서도 핀은 그것에 아무것도 할 수 없다. 왜냐하면 핀은 인간의 생각에서 나온 것이다. 핀은 의지를 갖지 않는다. 하나의 핀은 매우 고독하게 작용할 수 있지만 그것의 가벼운 찌름은 항상 내 생각에는 자리를 차지하고 있다. 나를 전율케 한다. 이제 비로소 핀이 기여하는 목적에 생각이 다다른다. 핀은 예를 들어 옷감처럼 또는 벽에 걸린 포스터처럼 사물들을 연결한다. 하나의 핀과 고열로 인한 환각을 연결한다. 근본적인 불안, 끊임없이 내 피부에 핀의 찌름을.

Julian Bauer

맥주에 의한 흥분

지친 하루 뒤에 집에 와서 시원한 음료를 마시면서 피로를 푸는 것보다 아름다운 것은 없을 것이다. 식탁 위에 놓여 있는 사과주스 같은 노랗고 투명한 액체가 반쯤 채워진 글라스가 있음을 본다. 혀의 미각세포들은 이미 그것에 대해 미리 준비하고 있다. 그것을 본격적으로 맛보면서 욕망이 커져 간다. 식탁까지가 멀어 보이고 충분히 마실 수 있음에도 불구하고, 차갑고 달콤한 촉촉함을 입술에 느낄 때까지 더 이상 참기 어렵게 된다.

혀의 감촉이 느껴질 때에도 우리는 전율을 느낀다. 그 액체는 혀 전체로 퍼지면서 기다렸던 맛의 부분들이 입 기관의 전면에서 불만족스럽게 남아 있으면서 성급한 목표를 추구하면서 그 뒤의 쓴맛에 다가가게 된다. 이런 맛을 내는 여러 물질의 유독성으로 인해 그것의 센서는 확실히 구토를 궁극적인 보호조치로 야기하기 위해서 가능한 한 입안의 저 안쪽에 있다. 쓴맛의 정도가 겉보기에는 중대한 가치를 능가하지는 못하고 보다 쓴 쓸개즙도 가리지 않는다 할지라도 몸은 거부감으로 경직된다.

나는 그렇지 않다면 맥주를 거부하지 않는다. 그러나 사과주스를 기대했다면, 이것은 실제로 가혹한 실망이다. 식탁 위에 있는 글라스 안에 있는 것에 대한 성급한 결론을 내려서는 안 된다. 생각할 수 없는 것들이 매우 많다.

Johanne Carl

제4부

문학적으로 철학하기

제12장

수업에서 철학하기의 문학적 형식

철학과 문학은 파란만장한 역사를 가지고 있다. 파르메니데스의 교훈시나 플라톤의 이야기에서 알 수 있는 것처럼, 철학이 원래 문학으로부터 나왔다. 그렇지만 동시에 철학은 항상 문학과 거리를 두려고 하였다. 무엇보다도 근대에서부터 문학에 대한 철학적 이성의 학문적 요청이 주장되었다. 단지 니체나 아도르노처럼 이성비판적인 저자들은 문학적인 양식을 다시 살려내기도 하였다.

최근에 철학과 문학의 관계는 새로운 이해관계를 갖기 시작했다. 여기서 물론 니체와 연결하여 근대의 합리성에 대해 문제를 제기하는 "포스트모던"한 계기가 중요한 역할을 하였다. 그럼에도 불구하고 철학의 이성에 대한 요청을 확고하게 주장하는 철학자들이 표현양식에 대한 이러한 이해

관계로부터 단절하지는 않는다. 왜냐하면 철학적 텍스트가 논문이나 글 혹은 대화처럼 공식적인 형식이든 개인적인 철학하기의 미묘하게 작용하는 양식이든 간에 어쨌든 특정한 문학적 형태를 갖는다는 것은 논쟁의 여지가 없기 때문이다. 단지 문학적 형식이 철학적 진술에서 갖는 의미, 즉 논증의 문학적 형식이 표면적인 것인지 아니면 그 자체로 논증적인 기능을 수행하는지에 대해서는 물음이 제기된다.

여기서 두 번째 견해와 연결하여 철학사에서 나오는 텍스트의 문학적 형식을 교수법적 관심에서의 독립적인 철학하기와 함께 탐구될 것이다. 이러한 형식을 숙고적으로 다루는 것을 수업의 절차로 변형시키려는 것이 그 목적이다.

기존의 철학과 도덕 교수법에서 철학과 문학의 관계가 주제가 되었다면, 철학으로 도입되거나 철학적인 저서들을 대체할 수 있는 아름다운 문학작품에서 나온 텍스트가 주로 다루어졌다. 여기서는 문학 속에서의 철학이 중요한 문제였다. 이 글에서는 역으로 철학 속에서의 문학이 중요하다. 여기서 철학자들의 텍스트가 문학적인 형식의 관점에서 다뤄질 것이다. 이러한 차이가 우선 논의될 것이다.

문학 속에서의 철학

문학 텍스트를 다룬다는 것은 철학수업 및 도덕수업에서 입증된 방법에 속한다. 좋은 문학작품은 추상적이며 어려운 철학 텍스트에 비해 환영

받는 대체물이다. 설명되는 이야기는 직관적이고 그래서 이해하기 쉽다. 이것은 재미있을 수 있고 그래서 더 읽고 싶어지게 한다. 이것은 구체적인 사건을 기술하고 학생의 생활세계와 연결될 수 있으며, 가상적인 텍스트적 는 환상을 자극하며 그래서 창의적인 글쓰기를 촉진시킨다. 결론적으로 문학 텍스트가 철학적인 사상을 담고 있다면, 철학으로 이끌기 위한 것으로 적절하다. 이러한 모든 경우에는 문학 속에 철학이 숨겨져 있다.[1]

예를 들어 스위프트(Jonathan Swift)의 소설이 수업에서 읽혀진다면, 근대의 인간상이 설명될 수 있다. 이솝(Aesop) 우화로부터는 도덕철학적인 교훈이나 윤리적인 결론이 이끌어질 수 있다. 토마스 만(Thomas Mann)을 읽는다면, 이것은 쇼펜하우어, 니체, 그리고 프로이드의 사상으로 연결될 수 있다. 무실(Robert Musil)의 소설은 뷔트겐쉬타인의 언어 철학으로 직접 연결될 것이다.

적지 않은 철학자들이 볼테르의 "철학이야기(Philosophischen Erzaehlungen)"처럼 스스로 문학 텍스트를 쓰며, 여기서 자신의 이론을 바라볼 수 있게 해준다. 사르트르의 드라마와 소설을 생각해보자. 오늘날에는 철학을 문학적 수단을 통해 대중에게 알리려는 목적을 가진 저자들이 늘어나고 있다. 또한 특별한 소년 문학작품들도 여기에 속한다.[2]

---

1 이 주제에 대해서는 *Zeitschrift fuer Didak tik der Philosophie und Ethik*에서 2권이 출판되었다: "Literatur", 10. Jg.(1988), Heft 3와 "Literarische Texte", 20. Jg.(1998), Heft 3.

2 Jostein Gaarder, *Sofies Welt. Roman ueber die Geschichte der Philosophie*, Muenchen, Wien 1993; Markus Tiedemann, *Prinzessin Metaphysika. Eine fantastische Reise durch die Philosophie*, Hildesheim u.a. 1999; Eckhard Nordhofen, *Die Maedchen, der Lehrer und der*

이런 종류의 철학적인 문학은 그때그때 특정한 방식으로 수업에 투입될 수 있다. 철학 텍스트의 읽기와 연결하기 위하여 부분적으로는 하나의 주제에 접근해 가거나, 내포된 철학적인 사상을 끌어내기 위해 부분적으로 그 텍스트 자체로도 충분하기도 하다. 무엇보다도 중등단계(Sekundarstufe) I 에서는 철학수업 및 도덕수업은 달리 어떻게 할 수 없다. 이런 종류의 문학 텍스트는 수업에 유용할 것이다.

철학 속에서의 문학

지금부터는 좀 다른 것을 추구하고자 한다. 무엇보다도 철학 속에서의 문학[3]이 중요하다. 여기서는 철학이 그 자체로 문학이거나 혹은 철학 텍스트의 문학적 형식이라면, 문학으로서의 철학을 염두에 둔 것이다. 최근의 문학연구(전통적인 문학과는 달리)에서는 문학성(Literarizitaet)에 대해서 말하는데, 이것은 텍스트 내에서거나 혹은 문학 바깥에서 좁은 의미로 (좋은 문학 내지 순수 문학) 만날 수 있다.

철학 연구에서도 철학의 문학적 형식에 대해서는 존중되지 않았었다.

---

liebe Gott, Stuttgart 1999; Catherine Clément, **Theos Reise. Roman ueber die Religionen der Welt**, Muenchen 2001; Gabriele Muennix, **Anderwelten**, Weinheim, Basel 2001.

3 이 측면에서는 다음의 책들이 관련된다: Gottfried Gabriel/Christiane Schildknecht (Hg.) **Literarische Formen der Philosophie**, Stuttgart 1990; Christiane Schildknecht/Dieter Teichert (Hg.), **Philosophie in Literatur**, Frankfurt/M. 1996; Richard Faber/Barbara Naumann (Hg.), **Literarische Philosophie – Philosophische Literatur**, Wuerzburg 1999: Gottfried Gabriel, "Zwischen Wissenschaft und Dichtung. Nicht-propositional Vergegenwaertigung in der Philosophie", in: **Deutsche Zeitschrift fuer Philosophie**, 51. Jg. (2003), Heft 3, S. 415-425.

해석은 대체로 내용에 집중하였고, 다양한 쓰기 양식의 보이지 않는 작용에 대해서는 주목하지 않는다. 이것은 철학이나 도덕의 교수법에서도 마찬가지이다. 교수법에서는 철학적 문학의 이런 측면이 지금까지는 큰 역할을 하지 못했다. 이제 저자들이 철학하는 텍스트의 종류를 주제로 삼는다면, 이것의 교수법적 가능성을 전개시켜볼 것이다.

문학적 형식과 철학적 텍스트의 관계에서 세 가지 기본 입장이 구분되는데, 물론 이 입장들은 철학자의 자기 의식과 밀접한 관계에 있다. 이 입장들은 철학 및 도덕 교수법에 대해서도 의미가 있다.

1. 철학과 문학의 분리

첫 번째 입장은 문학적인 형식을 철학 외적이라고 간주한다.[4] 그래서 철학적인 사상에 있어서 그 사상이 어떤 형태로 구성되었느냐는 것은 완전히 동등한 것이다. 형식은 바뀔 수 있으며, 내용은 동일하다. 표현은 단지 철학적인 진술의 문체의 장식이든지 아니면 미적인 장식일 뿐이다. 표현은 물론 독자들을 자신의 논증으로 끌어오기 위한 전략적인 기능을 충족시킨다. 철학자가 어떤 대화체의 글을 쓴다면, 그는 독자들이 자신의 주제에 일치하게 해서 이를 통해 더 잘 확신할 수 있게 된다. 이런 의미에서 표현형식은 저자의 '교수법'에 속한다. 물론 '교수법적 형식'이라는 것이 겉으로는 '철학적 실체'를 다루지 않아서 교체할 수 있다는 중요한 제한을 받긴 하겠지

---

4 Harald Fricke, "Kann man poetisch philosophieren?", in: *Literarische Formen der Philosophie*, a.a.O. (Anm. 3), S. 26-39.

만 말이다.[5]

　이 입장은 철학적 논증을 표현방식으로부터, 그리고 전제에 근거한 인식을 문학적 형식으로부터 엄격하게 구분하는 것을 목적으로 삼으면서 철학과 문학의 분리를 주장한다. 이것은 무엇보다도 데카르트와 홉스에서부터 현대 분석 철학에 이르는 이성주의적 철학과 부합된다. 그래서 철학적 이성은 다음과 같이 스스로 말한다. 논리적으로 "강요적인" 주장은 문학적 가상에 의해 현혹되어서는 안 된다. 문학은 오로지 개념적 의심에 대한 교육적인 도움을 주는 데 기여할 뿐이다.

2. 문학 내에서 철학의 해체

　두 번째 입장은 철학 텍스트의 문학적 형식을 본질적인 것으로 간주하는데, 왜냐하면 철학의 언어와 문학의 언어를 분명하게 구분할 수 있는 충분한 근거를 알 수 없거나 알려고 하지 않기 때문이다.[6] 철학과 문학의 경계가 지워지면서, 철학적인 논증의 합리성에 대한 문제가 제기된다. 이런 종류의 정당화는 근대 철학의 이성에 대한 요청을 근본적으로 비판하는 비판이론과 포스트모던에서 보인다. 문학적 형식은 여기서 이성의 한계를 위해 존재한다. 이성적 철학의 끝에 이르면 철학은 문학적 형식으로 말할 수 없는 것들을 말할 수 있다.

---

5 위의 책., S. 28.

6 Richard Faber/Barbara Naumann, *Literarische Philosophie – Philosophische Literatur*, a.a.O. (Anm. 3), S. 7; Norbert Wokrart, *Glaubenskriege um die literarische Form von Philosophie*, 위의 책., S. 21-35.

그래서 이미 루소는 교육소설인 『에밀(Emile)』을 집필하였고, 그 후에 그는 자신의 문화비판과 정치적인 유토피아를 완성하였다. 잘 알려져 있듯 이 그는 근대 문명의 비참함에 대한 출구가 없음을 보여주었다.[7] 니체는 계몽에 대한 자신의 비판을 극단적으로 잠언적이면서도 문학적인 문체로 표현하였다.[8] 철학적으로 근본적 방향은 대화적으로 매개될 수 있다고 로티가 파악한 것처럼, 아도르노도 이성에 대한 자신의 비판을 수필과 잠언의 문학적 형식으로 구성한다.[9] 료따르에게 있어서 철학은 하나의 "거대한 이야기" 속에 존재한다.[10] 이런 경우들에는 철학이 문학 속에서 풀어진다.

3. 문학적 형식의 논증적 기능

세 번째 입장은 철학과 문학의 중재를 시도한다.[11] 이 입장에 따르면 철학은 텍스트의 형태와 밀접한 관계를 가지며, 문학적 형식이 본질적으로 철학 사상에 속한다. 사유는 표현방식에 의해 같이 각인되며 표현방식에 따라 변한다. 이론이 건조한 논문으로 혹은 생생한 대화로 구성되느냐는 그

---

7 Jean-Jacques Rousseau, *Emile oder Ueber die Erziehung*, hg. v. Martin Rang, Stuttgart 1976.

8 특히 잠언에 대해서는 다음을 참조하시오: Friedrich Nietzsche, Menschliches, allzu Menschliches, in: *Werke in drei Baenden*, hg. v. Karl Schlechta, Muenchen, Bd. I, S. 435 ff.

9 Theodor W. Adorno, Der Essay als Form, in: Adorno, *Gesammelte Schriften*, Bd. II, hg. v. Rolf Tiedemann, Frankfurt/M. 1997, S. 9-33; Christa Runtenberg, "Essays und Aphorismen. Reflexionen von Theodor W. Adorno im Philosophieunterricht", in: *Zeitschrift fuer Didaktik der Philosophie und Ethik* 26, (2004), Heft 2, S. 102-107; Richard Rorty, *Kontingenz, Ironie und Solidaritaet*, Frankfurt/M. 1993, S. 16.

10 François Lyotard, *Das postmoderne Wissen. Ein Bericht*, hg. v. Peter Engelmann, Graz, Wien 1986.

11 Gottfried Gabriel, "Literarische Form und nicht-propositionale Erkenntnis in der Philosophie", in: Gabriel/Schildknecht (Hg.), *Literarische Formen der Philosophie*, a.a.O. (Anm.3), S. 1-25, insb. S. 1 f.; Christiane Schildknecht/Dieter Teicher, *Philosophie in Literatur*, a.a.O. (Anm. 3), S. 11-18.

진술에까지 영향을 미친다. 역으로 특정한 표현형식은 특정한 진술에 특히 더 적절할 수 있다. 문학적 형식과 철학적 내용은 서로 영향을 주고받는다. 이러한 근거로 문학적 형식은 논증적인 기능을 충족시킨다. 문학적 형식은 철학적인 논증을 다른 방법적인 수단으로 진행시킨다. 문학적 형식도 방법을 가지고 있다.

이 입장은 여러 장점을 가진다. 한편으로는 철학이 문학으로 진지하게 수용되어 평가된다. 여기서 철학의 문학화에 대한 비판적인 자극은 계몽주의이래로 아도르노까지 그 가치가 인정되고 있다. 다른 한편으로는 포스트모던적인 결과가 회피될 수 있다. 문학적 형식의 인식적 기능이 승인된다 할지라도 아마도 철학의 학문적인 성격을 붙잡고 있을 것이다. 철학과 문학이 더 이상 대립하지 않고 철학이 문학적인 것 속에서 해체되지 않는다면 이성적인 논증에 대한 철학적 요청은 잘 유지될 수 있을 것이다.

다른 유형들

세 번째 입장은 교과적인 근거에서나 교수법적인 근거에서 옹호된다. 철학적인 관점에서 보면 철학과 문학의 관계를 탐구하는 새로운 영역이 생겨난다. 문학적 형식이 논증적이고 방법적인 기능을 가지고 있으므로 교과 전문적인 방법의 스펙트럼이 확장된다.[12] 그래서 이제는 문학적 형식에 맞는 철학적인 내용에 따라 문학적 형식을 탐구하는 것이 바로 과제이다.

---

12 철학의 방법에 대하여 이 책의 "철학수업과 도덕수업의 방법" 부분을 참조.

여기서 철학과 문학이 서로간의 경계를 지우지 않고서도 만날 수 있게 된다. 왜냐하면 문학적 형식이 그것의 전문적인 기능을 수행할 수 있는 그런 특정한 철학적 맥락에서 시작하기 때문이다. 그래서 쓰여진 대화의 형식이 문제 해결의 과제를 수행할 수 있으며(플라톤), 이미 완성된 체계의 형성에 대한 회의적인 대답을 제시할 수 있다(흄). 이 기능은 다시 한 번 드라마나 소설의 대화와는 구분된다. 이와 같은 것이 철학적인 이론의 관계에서 볼 때 편지소설과는 또 다른 기능을 가지고 있는 편지의 형식에도 마찬가지이다. 이런 근거로 철학 텍스트의 문학적 형식의 기능을 알아보는 것이 중요하다.

교수법적 관점에서 보면 이를 통해 텍스트읽기의 가능성이 자기 텍스트의 생산처럼 확장된다. 이 교수법은 원칙적으로 환원된 '교수법적 형식'과는 구분되는데, 이 형식에 따르면 표현 방식은 독자의 동기화와 완성된 사상을 잘 알 수 있게 해주는데 기여한다(첫 번째 입장 참조). 교수법적 대안은 오히려 문학적 형식의 철학적 의미를 숙고하고 이런 방식으로 학생의 읽고 쓰는 능력을 촉진시키는 데 있다.

여기서 학문적인 철학과 학교 수업에서의 철학 사이의 본질적인 구분이 나타난다. 대학 강의실에서는 잘 알려져 있거나 덜 알려져 있는 철학자들의 '고전적인' 논문이 읽힌다. 이것은 매우 의미 있는 것이다. 왜냐하면 철학적 문학의 중요한 부분이 바로 이런 형식으로 작성되기 때문이다. 다른 문학적 형식에 대한 연구는 여기서 부수적인 것이며 보다 소수의 전문가들의 연구영역에 속한다.

일반 교양적인 학교의 수업에서는 전혀 다른 상태이다. 이 경우에는 철학사에서 매우 흔하지 않으면서 주변적인 그러한 텍스트 종류를 고려하는 것은 의미 있다. 대학 철학에서 주변에 있는 것들이 학교 수업에서는 중심으로 다뤄질 수 있다. 철학수업이나 도덕수업에서 지금까지 주변에 있는 종류들을 고려하는 것에 찬성한다.[13]

논문의 기본 형식 외에도 철학은 그 역사에서 보면 수필, 격언, 대화와 서간, 자서전 그리고 이야기와 같은 다양한 문학적 형식을 가진 풍부한 저장고를 가지고 있다. 그렇지만 체계적인 논문들도 자주 숨겨진 내러티브의 구조를 가지고 있다.[14]

이러한 제안은 우선 철학수업 및 도덕수업에서 철학적인 텍스트 읽기에 적절하다. 이를 통해 텍스트를 철학사에서 선별하는 기준이 달라진다.[15] 문학적 형식의 다양성은 학생과 교사에게 변화를 제공한다. 이외에도 주변적인 종류에서는 완결성 때문에 긴 저작물의 부분들보다는 선호되는 짧은 글들이 자주 발견되기도 한다.

---

13 이런 접근에 대해서는 다음의 책을 참조하였다: Lieselotte Steinbruegge, "Grenzgaenge. Text zwischen Alltagskommunikation und Literatur", in: *Fremdsprachunterricht*, (1996), Heft 3, S. 195 ff.

14 이 책의 "텍스트를 읽는 열 가지 방법" 참조.

15 이 기준에 대해서는 "Kanon", *Zeitschrift fuer Didaktik der Philosophie und Ethik*, 18. Jg. (1997), Heft 2; Volker Steenblock, "Zur Bildungsaufgabe der Philosophiegeschichte", in: *Zeitschrift fuer Didaktik der Philosophie und Ethik*, 22. Jg. (2000), Heft 4, S. 258-272 참조.

이러한 문학적 형식은 수업대화로 더 잘 연결될 수 있다. 쓰인 대화와 서간에서는 텍스트 형식이 중요한데, 이것은 전통적인 매개인 말과 글 사이에 있다. 이런 이유로 구어적인 대화에서 텍스트읽기로 그리고 그 역의 방향으로의 변환을 만들기에 매우 적절하다. 대화적인 텍스트는 그래서 수업에서 새로운 대화형식을 자극시킨다. 주변적인 종류들은 수단의 지위를 가지며 단계들 사이의 매개에 기여한다.

결론적으로 그러한 텍스트와 연결하여 쓰기의 새로운 가능성이 열린다. 물론 학생들에게 텍스트와 상관없이 '가상적인 텍스트'를 쓰게 할 수 있다.[16] 그렇지만 텍스트 읽기와 창의적인 글쓰기의 연결이 보다 선호된다. 왜냐하면 이에 대해서는 이미 충분한 이용이 기대되기 때문이다. 한편으로는 철학사에서 뽑은 예들이 고유한 글쓰기를 위한 예기치 못한 자극을 제공하며, 다른 한편으로는 그러한 텍스트의 분석은 문학적 형식과 철학적 내용의 관계를 한눈에 볼 수 있게 해준다. '창의적인 글쓰기' 일반에서처럼 텍스트를 대화, 편지 등으로 변형하는 것이 단순한 형식주의로 타락해 버릴 수 있는 위험이 도사리고 있다. 임의의 텍스트를 임의의 형식으로 바꿀 수는 있다.[17] 그렇지만 문학적인 형식을 숙고하면서 다루는 것은 특정한 철학

---

16 Helmut Engels, "Man muss es ihnen zutrauen! Ueber das Verfassen von fiktionalen Texten im Philosophieunterricht", in: *Zeitschrift fuer Didaktik der Philosophie und Ethik*, 24. Jg. (2002), Heft 2, S. 106-114; ders., "Literarisches Philosophieren", in: *Ethik und Unterricht*, 14. Jg. (2003), Heft 1, S. 16-21.

17 철학과 도덕의 교과교수법은 이럴 경우 국어나 외국어 교수법의 기술적인 절차를 복사하게 될지도 모른다. - Gerhard Haas/Wolfgang Menzel/Kaspar H. Spinner, "Handlungs- und produktionsorientierter Literaturunterricht", in: *Praxis Deutsch*, (1994) Heft 123, S. 17 ff.; Daniela Caspari, *Kreativitaet im Umgang mit literarischen Texten im*

적 관점과 결합되어 있을 때 교과교수법적으로 중요하다.

개별적으로 철학수업 및 도덕수업에서 주변적인 종류들을 다루는 것은 다음과 같은 교수법적인 목적을 가지고 있다:

- 텍스트 종류의 다양성과 이를 통한 텍스트읽기의 보다 많은 교체 (…) 다른 문학적 형식을 가진 텍스트는 자주 통찰적이고 삶과 밀접하다.
- 논증의 자기만의 색깔: 논증을 자신의 경험, 이해의 상황 그리고 자기 생활사와 보다 많이 연결하기
- 논증의 관점의 교체: 특정한 설명형식은 관점의 교체를 가능하게 해 준다. 이를 통해 놀이와 같은 것이 철학적인 논증에 들어오게 된다.
- 변형하기: 다른 문학 형식을 가진 텍스트를 변형시키면서 학생은 철학적인 사상을 새로운 수단으로 전달하는 것을 배운다. 학생이 사상을 변형시키면서 일반화의 전제들을 만들어낸다. 여기서 수행평가에 대한 기준이 제시된다.
- 텍스트 능력의 촉진: 학생은 다양한 종류의 글과 글쓰는 양식을 느껴 보게 된다. 학생은 특정한 문학적 양식으로부터 철학적인 내용을 추측해볼 수 있다.
- 쓰기 능력의 촉진: 학생이 다양한 글쓰기 양식을 시도해보면서 철학적인 사상을 문학적으로 적절하게 표현하는 것을 배우게 된다.

일반적인 이행 후에는 선별된 텍스트 종류가 예와 함께 주어진다. 문학적 형식의 그때그때의 논증적인 기능으로부터 수업에서 실천해볼 수 있는 과제를 전개하는 것이 중요하다.

Fremdsprachenunterricht, Frankfurt/M. 1994.

대화

대화는 문학 형식과 철학 내용이 어떻게 연결되는지를 보여주는 중요한 예이다. 대화는 문제를 여러 측면에서 관찰하고 상이한 입장을 타당하게 하고 논증의 출구를 열어주는 것을 허용해준다. 저자는 원칙적이거나 전략적인 근거로 확정되는 것은 아니다. 그래서 대화는 자주 철학적 회의주의의 표현으로 등장하게 된다.

철학적 대화의 패러다임은 의심할 여지없이 소크라테스의 대화이다. 이미 플라톤도 소크라테스가 '쓰이지 않은 가르침'을 가지고서 '교수법적인' 이유로 대화형식을 선택했는지 아니면 대화의 문학적 형식이 철학적 회의주의의 표시였는지에 대해 물음을 제기하였다. 플라톤으로부터 현대에 이르기까지의 역사적인 변화를 제외한다면 근본적으로 동등한 대화상대자와 함께 진리를 추구하는 것에 보편적인 이상이 있다. 실용주의적인 전환의 흐름 속에서 이로부터 담론적으로 형성되는 합의가 이뤄졌다.[18] 모든 경우에서 대화는 문제지향적이며 과정 지향적인 사유를 위한 것이다. 아포리아적인 결말은 추가적인 사유를 자극한다. 이렇게 쓰인 대화를 읽는다면 수업에서 대화로의 이행이 쉬워진다.

---

18 Ekkehard Martens, *Dialogisch-pragmatische Philosophiedidaktik*, Hannover 1979; Detlef Horster, *Das Sokratische Gespraech in Theorie und Praxis*, Opladen 1994; Ute Siebert, *Das Sokratische Gespraech*, Kassel 1996; Gisela Raupach-Strey, *Sokratische Didaktik*, Muenster 2002.

대화를 위한 텍스트

Platon: Saemtliche Werke. Uebers. v. Friedrich Schleiermacher. Reinbek bei Hamburg: Rowohlt 1957.

Peter Abaelard: Gespraech eines Philosophen, eines Juden und eines Christen. Hrsg. v. Hans-Wolfgang Karutz. Frankfurt/M.: Insel 1995.

Giordano Bruno: Das Aschermittwochsmahl. Beschreiben in fuenf Dialogen zwischen vier Gespraechspartnern mit drei Betrachtungen ueber zwei Gegenstaende. Hrsg. v. Friedrich Fellmann. Frankfurt/M: Suhrkamp 1969.

Bernard de Fontenelle: Gespraeche im Elysium. Hrsg. v. Werner Langer. Hamburg; Junius 1989.

David Hume: Dialog ueber natuerliche Religion. Hrsg. v. Guenter Gawlik. Hamburg: Meiner 1968.

Paul K. Feyerabend: Die Torheit der Philosophen. Dialoge ueber die Erkenntnis. Hamburg: Junius 1995.

Ernst Tugendhat, Delso López, Ana Maria Vicuña: Wie sollen wir handeln? Schuelergespraeche ueber Moral. Stuttgart: Reclam 2000.

이외에도 철학적인 전통으로부터 대화의 또 다른 문학적 형식이 전승되어 온다. 물론 중세의 철학적인 대화도 철학수업이나 도덕수업에 들어올 수 있다. 소크라테스적-플라톤적인 대화는 중세에는 유명하지 않았으며, 이 또한 행운처럼 보일 수도 있다. 왜냐하면 특징적인 모범이 없었기 때문에 중세의 철학자들은 자신들에게 잘 맞는 대화형식을 새롭게 고안해내었다. 대학에서 제도화되었던 논쟁의 담론적 실천과 비교적 풍부하게 보유되어 있는 쓰인 대화를 구분해야 한다. 이러한 두 종류는 교수법적 관점에서 매우 흥미롭다.

논쟁은 수업대화에 대한 긴장감 있는 대안을 제공한다. 소크라테스적 대화에서는 잘 맞는 친구와 함께 진리를 위해 싸우지만 논쟁은 오히려 경기와 유사하다.[19] 한 사람이 주장을 하고 공격에 대해 방어한다. 논쟁 당사자가 주장을 자신의 말로 다시 반복해야 하는 것이 규칙이다. 방어자가 동의할지라도 방어자는 반박으로 시작할 수도 있다. 여기서 논증은 찬반으로 양극화되며, 동기를 제공하고 명료하게 작동할 수 있도록 첨예화된다. 관중은 이를 경청하면서 누가 보다 설득력 있는지, 그리고 이런 의미에서 누가 이겼는지를 결정한다. 이를 통해 토론은 재미있게 된다.

가상적인 대화에서는 이념형적인 인물이 참여하는데, 이 인물은 경우에 따라 특정한 신학적 내지 철학적 입장을 대변한다.[20] "철학자, 유대교인 그리고 그리스도교인의 대화"(1141)에서 아벨라르(Peter Abaelard)는 자신의

---

19 Peter Schulthess/Ruedi Imbach, *Die Philosophie im lateinischen Mittelalter*, Zuerich, Duesseldorf 1996, S. 151 ff.; Thomas Rentsch, "Die Kultur der quaestio. Zur literarischen Formgeschichte der Philosophie im Mittelalter", in: Gabriel/Schildknecht (Hg.), *Literarische Formen der Philosophie*, a.a.O. (Anm. 3) S. 73-91.

20 Klaus Jacobi (Hg.), *Gespraeche lesen. Philosophische Dialoge im Mittelalter*, Tuebingen 1999.

대화상대자를 다음과 같이 특징짓고 있다.

> 우리가 비록 다른 신앙과 삶으로 신을 섬긴다 하더라도 우리는 모두 유
> 일신의 숭배자가 될 것을 똑같이 고백한다. 우리 중 한 사람, 즉 이교도는
> 철학자라고 불리는 사람에 속하며 자연적인 도덕법에 만족한다. 다른 두
> 사람은 그러나 두 개의 성서를 가진다. 이들 중 한 사람은 유대교인이라
> 부르고 다른 사람은 그리스도교인이라고 부른다. 그러나 우리는 오랫동안
> 우리의 신앙의 상이한 방향에 대해 서로 비교하고 논쟁하기 때문에, 우리
> 는 결국 당신의 판결에 맡기게 되었다.[21]

초기의 액자 소설*은 논증의 역할이 분명하게 분배되어 있는 대화상황
을 계획한다. 소크라테스의 대화와는 달리 그리고 논쟁과는 유사하게 우선
특정한 (기독교적) 입장의 옹호가 중요하다. 그렇지만 관점들의 지속적인 변
화 속에서 의도하지 않은 회의적인 요소가 드러난다. 대화를 통해 논증은
개인적으로 채색되고 또 생생하게 제시된다. 변화된 역할을 통해 유사한
대화들이 철학수업에서도 계획될 수 있다.

계몽주의의 쓰인 대화는 분배된 역할의 틀이 채택되면 중세의 가상 대
화와 연결된다. 대체로 여기서도 대화는 이야기로 도입되는데, 여기에는
대화참여자를 소개하거나 상황이나 목적을 설명한다. 이런 방식으로 퐁
트넬(Bernard de Fontenelle)은 여러 시대의 죽은 철학자들의 대화를 연출한

---

21 Peter Abaelard, *Gespraeche eines Philosophen, eines Juden und eines Christen*, hg. v. Hans
　　Wolfgang Karutz, Frankfurt/M. 1995, S. 9.
* 【역자 주】한 소설 속에 다른 이야기가 들어 있는 형식의 소설.

다.[22] 『자연적인 종교에 대한 대화』(1751)에서 흄(David Hume)은 이런 문학적인 종류를 비판적인 관점에서 살펴보았다.

하나의 체계를 대화의 형식으로 제시하는 것은 자연스러워 보이지 않는다. 대화 형식으로 쓰는 사람은 직접적인 서술방식을 포기함으로써 자신의 설명을 보다 자유로운 것처럼 보이게 만들고 저자와 독자의 관계라는 외양을 피하고 싶어하지만, 쉽게 더 큰 악, 즉 교사와 학생의 그림을 제공하게 된다. (…) 그렇지만 대화 형식이 매우 적절하며, 표현의 직접적이고 꾸밈없는 종류보다 더 선호되는 대상들이 있다.[23]

계몽주의 시대에서 논쟁의 대화가 철학 내적인 문제들로 옮겨졌고, 이러한 전개에서 대표적인 입장이 변하였다. 그리스도교인과 철학자가 논쟁하지만 유신론자와 이신론자, 합리주의자와 경험주의자처럼, 철학자들이 서로 논쟁하는 것이 된다. 그리고 토론은 대체로 열린 채로 그리고 회의적으로 끝나게 되는데, 이를 통해 다시 소크라테스에게 근접하게 된다.

이러한 대화 형식은 수업에서 역할놀이의 일종으로 계획될 수 있다. 도덕수업 중에 아리스토주의자, 칸트주의자 그리고 공리주의자가 범례에 대한 논쟁 대화를 한다. 각자의 입장에 대해 잘 알고 한 번 더 서로 연관지어

---

22 원제는 "죽은 자들의 대화(Dialogues des morts)". Bernhard de Fontenelle, *Gespraeche im Elysium*, hg. v. Werner Langer, Hamburg 1989.

23 David Hume, *Dialoge ueber natuerliche Religion*, hg. v. Guenter Gawlik, Hamburg 1968, S. 1; Bernd Graefrath, "Vernuenftige Gelassenheit. Zur Bedeutung der Dialogform im Werk David Humes", in: Gabriel/Schildknecht(Hg.), *Literarische Formen der Philosophie*, a.a.O. (Anm. 3) S. 121-138 참조.

진다면 이것은 연속된 수업 결말에 적절하다. 역할분배를 통해 철학적인 논증하기가 놀이의 성격을 갖게 된다. 대화상대자는 자신의 의견을 분명하게 하는 것이 아니라 상상력을 발휘하여 그리고 창의적으로 새로운 논증을 실험하는 것이다.

요약하자면 철학적 대화의 역사로부터 다음과 같은 수업에서의 행위 형식이 산출된다.

- 중세적인 논쟁의 양식으로 논쟁적인 대화를 수행하라. 참여자를 평가할 수 있는 관찰자를 정하라.

- 특정한 철학적 입장이 대변될 수 있는 역할을 나누면서 대화를 계획하라.

- 쓰인 대화, 예를 들면 흄의 "자연적인 종교에 대한 대화"의 문구들을 분석하라; 왜 흄이 자신의 종교철학을 위해 대화의 형식을 사용했는지에 대해 생각하라.

- 다른 나라와 시대에 속하는 잘 알고 있는 철학자들 간의 대화를 써 보라.

- 특정한 철학 이론의 대표자들 간의 대화를 써 보라.

- 그때그때의 대화의 상황, 참여자 그리고 목적이 전달될 수 있는 액자 소설을 써 보라.

편지

주관적으로 그리고 의사소통적으로 쓰이는 편지도 철학수업이나 도덕 수업에 매우 적절하다. 편지는 대화의 문어적 형식을 나타내지만, 그럼에도 불구하고 보다 복잡한 의사소통구조를 가지고 있다.[24] 편지는 실제적이든 가상적이든 구체적인 사람들을 매개하며, 그래서 직접적인 당사자들이 있기 마련이다. 그렇지만 편지는 공간적인 거리를 전제하며, 편지가 매개로서의 물질적 형식으로 이 거리를 극복하게 해준다. 대화와는 달리 의사소통이 동시에 발생하지는 않는다. 단계의 연기는 자발적인 반응을 제공하며, 숙고된 성찰을 가능하게 해주는 지연의 의도적인 장점을 가진다. 그래서 편지는 상호주관적인 근접과 성찰적인 거리를 동시에 가능하게 해준다.

편지는 정보를 알려주거나, 요청하거나 표명하는 기능을 수행한다. 그래서 학생들에게 편지를 쓰라고 하는데, 이 편지에서 학생은 자신의 친구에게 철학적 읽기의 내용에 대해 알려준다. 편지 형식을 통해 표현이 보다 사적이고, 생생하며, 언어적으로도 덜 강요스럽다. 편지는 누군가에게 무언가를 이해시키려는 노력을 요구한다.[25] 편지형식으로 전달되는 것에는 상당한 이행노력이 표현된다. 이런 종류의 전달은 또한 개별적인 당사자들이나 전체 학급간의 편지교환으로 가능해진다.

---

24 Reinhard M. G. Nickisch, *Brief*, Stuttgart 1991.

25 Engels, "Man muss es ihnen zutrauen!", a.a.O. (Anm. 16) S. 108 f. 참조; 인터넷상에서의 편지에 대해서는 Milke Sandbothe, "Pragmatische Medienkompetenz. Ueberlegungen zur paedagogischen Einbettung internetbasierter Schreibprozesse", in *Zeischrift fuer Didaktik der Philosophie und Ethik*, 24. Jg. (2002), Heft 2, S. 152-156 참조.

텍스트로서의 편지

Platon: (플라톤이라는 이름하에 전달된 편지들) Saemtliche Werke. Uebers. v. Friedrich Schleiermacher. Reinbeck bei Hamburg: Rowohlt 1957. Band 1. S. 285-300.

Epikur: Briefe, Sprueche, Werkfragmente. Hrsg. v. Hans-Wolfgang Krautz. Stuttgart: Reclam 1980.

Lucilius Annaeus Seneca: An Lucilius Briefe ueber Ethik. Hrsg. v. Manfred Rosenbach. 2 Bde. Darmstadt: Wissenschaftliche Buchgesellschaft 1980-1984.

Johann Gottfried Herder: Briefe der Humanitaet. Hrsg. v. Heinz Winfried Sabais. Frankfurt/M.: Siegel 1947.

Condorcets Ratschlaege an seine Tochter. Uebers. v. Dieter Thomae. In: Zeitschrift fuer Di dak tik der Philosophie und Ethik. Heft 1. 1995. S. 54-58.

Martin Heidegger: Ueber den Humanismus. Frankfurt/M.: Klostermann 91991.

François Lyotard: Postmdoerne fuer Kinder: Briefe aus den Jahren 1982-1985. Uebers. v. Dorothea Schmidt. Wien: Passagen 1987.

Nora K. und Vittorio Hoesle: Das Café der toten Philosophen: Ein philosophischer Briefwechsel fuer Kinder und Erwachsene. Muenchen: Beck 1997.

세네카(Seneca)나 콩도르세(Condorcet)와 연결하여 여기서는 편지의 호소하는 기능에 주목해야 한다. 세네카의 『Briefe an Lucilius』(62–65)는 윤리 이론의 외양적인 모습을 나타내고 있는 것이 아니라 철학적인 삶의 기술의 구성부분으로 이해된다. 이 편지는 받는 사람에게 좋은 삶을 위한 실천적인 권고나 규정을 알려주는 과제를 가진다. 도덕적인 통찰은 일상적인 삶의 실행에서 이해되어야 한다:

> 말들은 사실을 통해 입증되어야 한다. 〔…〕 철학은 행위를 가르치는 것이지 말을 가르치는 것은 아니다. 자신의 고유한 법칙에 따라 살아야 하며, 삶이 말과 모순되지 않아야 한다고 철학은 주장한다.[26]

이와 유사한 방식으로 콩도르세도 『자기 딸에게 주는 충고』(1974)를 보낸다. 호소적인 성격은 일련의 부드러운 명령으로 표현되며, 여기에서 계몽의 정신 안에서 행복과 덕을 요청한다. 철학적인 명제로부터 그는 직접적으로 실천적인 결론을 끌어낸다:

> 행복은 좋은 것이고, 자연으로부터 획득되는 것,
> 여기 지상에서 교양 없이는 얻어질 수 없다.
> 〔…〕 자연이 너에게 손해를 끼치거나 은혜를 베풀든, 활동에 대한
> 즐거움이 너의 목적이 되어야 한다는 것을 절대 잊지 말아라.[27]

---

26 Seneca, An Lucilius Briefe ueber Ethik, 2. Bde. hg. v. Manfred Rosenbach, Darmstadt 1980-1984, *Brief* 20, 1 f.; Dieter Teichert, "Der Philosoph als Briefschreiber. Zur Bedeutung der literarischen Form von Senecas Briefen an Lucilius", in: Gabriel/Schildknecht (Hg.): *Literarische Formen der Philosophie*, a.a.O. (Anm. 3) S. 62-72.

27 Condorcets Ratschlaege an seine Tochter, uebers. v. Dieter Thomae, in: *Zeischrift fuer Didaktik der Philosophie und Ethik*, 17. Jg. (1995), Heft 1, S. 55.

분명히 이러한 지시는 도덕화로의 안내로 오해되어서는 안 된다. 오히려 철학적 앎과 삶의 실천의 결합이 중요하며, 이 결합이 편지 안에서 특별한 방식으로 주제화될 수 있다. 이러한 문학적 형식이 내용적인 물음, 즉 이러한 이론으로부터 나를 위해서 무엇이 나오는가? 내가 무엇을 해야 하는가? 그리고 다른 사람의 입장에 처해볼 때 내가 다른 사람에게 무엇을 조언할 수 있는가? 와 같은 물음들을 의미하는가? 학생이 이런 의미에서 쓰기를 한다면, 편지 형식은 적절한 수단이다.

여기서 편지 수취인은 다양할 수 있다: 내가 친구에게 무엇을 충고하는가? 무엇을 위해 부모나 선생님에게 요청하는가? 어떤 충고를 정치가에게 할까(묻지 않더라도)? 이와 같은 이론은 경우에 따라서 상이한 결론추론으로 이끈다. 이런 맥락에서 '실재의' 편지가 쓰일 수 있다.

읽기와 쓰기 과제는 다음과 같다:

- 예를 들면 에피쿠로스나 세네카가 쓴 철학적인 편지를 설명하라; 이 텍스트에서 편지 형식의 기능을 찾아내라.

- 특정인에게 자신의 철학적 사유를 이해시키기 위해 편지를 써 보라.

- 친구(혹은 다른 학급 전체)와 함께 철학 주제에 대한 편지를 (혹은 학급 전체와) 써 보라.

- 어떤 사람에게 철학적인 관점에서 실천적인 조언을 전하는 편지를 써 보라.

- 동일한 조언을 가진 편지의 수취인을 바꿔 보라.

자서전

자서전의 문학적 형식은 철학적인 일기와 유사하며,[28] 교육사는 이제 이야기 속에서 관련되면서도 자기의미적으로 설명된다. 고유한 나(das eigene Ich)에 대한 숙고는 내러티브적인 구조를 가지며, 여기서 나는 내러티브적 동일성(eine narrative Identitaet)이다.[29] 자서전에서 철학적인 저자는 자신이 어떻게 해서 자신의 고유한 철학에 도달하게 되었는지를 설명한다. 여기서 그때그때의 삶의 상황들에 대해서뿐만 아니라 이론적 작업의 배경과 동기에 대해서도 경험할 수 있다. 어떤 사유습관으로부터 저자가 자유로워지려고 했는지 그리고 어떤 대안적인 전통과 연결하려고 했는지가 분명해진다면, 문제 상황이 보다 쉽게 이해될 것이다. 이외에도 자선적적인 텍스트의 저자와 동일시할 수도 있다.

---

28 Urs Thurnherr, "Die Pose der Heteronomie oder Ethik der Lernenden", *Zeischrift fuer Didaktik der Philosophie und Ethik*, 21. Jg. (1999), Heft 2, S. 110-115; Martina Dege, "Montaignes 'Essais' - der Versuch, schreibend die Balance zu halten", in: 위의 책., S. 125; dies, "Der Weg ist das Ziel. Von einer prozessorientierten zu einer dialogischen Schreibdidaktik", in: *Zeischrift fuer Didaktik der Philosophie und Ethik*, 24. Jg. (2002), Heft 2, S. 139; Lutz von Werder, "Philosophieren durch Schreiben. Ein Tagebuch-Projekt", 위의 책., S. 146-151.

29 Paul Ricoeur, *Zeit und Erzaehlung*, Bd. 3, uebers. v. Andreas Knop, Muenchen 1991, S. 395; Richard Breun, "Die Artikulation moralischer Erfahrung. Zu den methodischen Grundlagen des Ethikunterrichts", in: *Ethik & Unterricht*, (2003), Heft 1, S. 4-9. - 이미 딜타이(Wilhelm Dilthey)도 자서전을 자기 성찰의 해석적 패러다임으로 보았다: *Der Aufbau der geschichtlichen Welt in den Geisteswissenschaften*, Einl. v. Manfred Riedel, Frankfurt/M. 1970, S. 157 ff.

자서전 텍스트

Aurelius Augustinus: Bekenntnisse. Hrsg. v. Georg Kubis. Leipzig: Benno 1984.

René Descartes: Von der Methode. Hrsg. v. Lueder Gaebe. Hamburg: Meiner 1969.

Jean-Jacque Rousseau: Bekenntnisse. Hrsg. v. Ernst Hardt. Frankfurt/M.: Insel 1959.

SØren Kierkegaard: Stadien auf des Lebens Weg. Gesammelte Werke. Abt. 15. Duesseldorf/Koeln: Eugen Diederichs 1985.

Jean-Paul Sartre: Die Woerter. Reinbeck bei Hamburg: Rowohlt 1965.

Paul Feyerabend: Zeitverschwendung. Frankfurt/M.: Suhrkamp 1995.

아우구스티누스의 『고백록』(397-401)은 사적이고 감정적으로 시작하여서 학생들에게 직접적으로 말을 건넨다:

> 하느님, 나의 하느님, 저는 비참함과 조롱을 겪었습니다. 제가 어렸을 적에 이 세상에서 성공하고 명예와 헛된 부를 얻는 데 도움이 될 뿐인 웅변술에서 뛰어난 사람이 되어야 한다고 들었습니다. 그래서 읽고 쓰는 것을 배우기 위해 학교에 다니게 되었지만, 그것이 무슨 도움이 되었는지를 알지 못하였으며, 배움에 게을리 하면 혼나기도 하였습니다.[30]

아우구스티누스가 회고적인 관점에서 개종한 것은 지금과 같은 피사 (PISA)의 시대에는 사실성을 요구할 수 있다. 모든 학생은 무엇을 위해 쓰

---

30 Aurelius Augustinus, *Bekenntnisse*, hg. v. Georg Kubis, Leipzig 1984, S. 19.

기와 읽기를 배우는지 스스로 물어보게 되며, 어떤 삶의 목적과 – 교사의 것과 같을 수 없는 – 연결되어야 하는지를 물어보게 된다.

이런 종류의 자서전적인 텍스트는 철학수업이나 도덕수업에서도 쓰일 수 있다:

어떤 분야, 주제 그리고 학습자의 경험이 자신에게 중요했거나 중요한 지에 대해서 써 보라.

또 다른 예는 데카르트의 『방법에 대하여(Von der Methode)』(1637)인데, 여기서 자선적적인 문구들은 실제로 숨겨져 있다.[31] 데카르트는 자신의 새로운 방법을 가르치려는 것이 아니라 그 자신이 자신의 이성을 이끌려고 시도했던 방법을 알려주려는 것이다. 그는 자신의 글을 그래서 '보고' 내지 '이야기'라고 이해한다.[32] 여기에서 그는 자신의 철학적 인식의 역사를, 즉 그가 학교에서 배우는 사유로부터 어떻게 벗어나 자신의 원칙을 발견했는지를 설명한다.

어릴 때부터 나는 학문적인 교육을 경험하였고, 학문의 도움으로 명료하고 확실한 인식을 삶에 유용한 모든 것에 적용시킬 수 있어야 한다고 사

---

31 René Descartes, *Von der Methode*, hg. v. Lueder Gaebe, Hamburg 1969, S. 9; Christiane Schildknecht, "Erleuchtung und Tarnung. Ueberlegungen zur literarischen Form bei René Descartes", in: Gabriel/Schildknecht (Hg.), *"Monsieur Descartes' Geplauder aus der Schule. Die 'Abhandlung ueber die Methode' als Unterrichtsthema"*, in: *Zeischrift fuer Didaktik der Philosophie und Ethik*, 10. Jg. (1988), Heft 3, S. 177-182.

32 René Descartes, Von der Methode, a.a.O. (Anm. 31), S. 7.

람들은 내게 말해줬다. 나는 그것을 체험적으로 배우고 싶어 했다. 그렇지만 내가 학교의 전 과정을 마치고 나서 그 끝에서 배운 사람들이 습관적인 것으로 받아들여서 나는 내 생각을 완전히 바꿨다. 내가 수많은 의심과 오류 속에 빠져있다는 것을 알았기 때문에, 내게는 마치 내가 자신을 가르치려는 노력 속에서 점점 더 많이 나의 무지를 발견하는 것 외에 다른 어떤 유용한 것도 찾을 수 없는 것처럼 보였다.[33]

세계적인 자서전으로의 전환에도 불구하고 아우구스티누스와 유사한 점이 눈에 띤다. 나중의 통찰의 관점에서 자기 연구의 역사의 시작을 잘못된 길로 표현한다. 여기서 데카르트는 그가 이러한 교육에서 참이라고 배운 것에 대해서는 침묵한다. 나중에 그는 자신의 발견이 자율적인 깨달음처럼 보이는 상황을 도입한다.

나는 그 당시 아직도 끝나지 않았던 전쟁이 나를 부르는 상황에서 독일에 있었다. 내가 걱정이나 열정에 의해 시달리지 않은 곳에서 하루 종일 홀로 따뜻한 방안에서 틀어박혀 있었고, 바로 여기에서 내 생각과 대화를 나누는 여가를 찾았다.[34]

자서전의 문학적 형식과 구체적인 이야기는 데카르트의 인식의 철학적 원칙을 묘사하고 있다. 인간은 외적인 영향과 무관하게 철저히 자기 자신에 의해 세워진다. 인간은 고유한 '나는 생각한다'를 생각해낸다. 데카르트의 자기 자신과의 대화는 대표적으로 근대 주체의 자기성찰에 상응한다.

---

33 위의 책., S. 7, S. 9.

34 위의 책., S. 19, S. 27. – 이 장면의 시적인 묘사에 대해서는 Durs Gruenbein, *Vom Schnee oder Descartes in Deutschland*, Frankfurt/M. 2004 참조.

수업에서 자서전적 텍스트는 자신의 교육의 과정을 돌아보는 기회를 제공한다. 학습과정은 자신의 삶의 역사와 결합된다. 이것은 자신의 이익이나 경험과 결합된 철학적 인식에서도 마찬가지이다.

다음과 같은 과제가 읽기와 연결하여 제기될 수 있다:

- 아우구스티누스와 데카르트의 자서전 문구들을 탐구해보라. 왜 이 저자들이 자서전의 형식을 선택했을까?

- 이론적 인식의 역사를 써보라. 어떤 상황에서 내가 어떤 것을 이해하거나 발견했는가? 어떻게 내가 하나의 생각에 도달했는가? 나에게 이런 통찰이 무엇을 가져다 주었는가?

- 실천적 인식의 역사를 써 보라. 어떤 상황에서 도덕적인 경험을 했는가? 여기서 내가 무엇을 체험했는가? 어떻게 내가 특정한 윤리적 결정에 도달했는가?[35]

이와 같은 종류의 숙고는 자기가 쓴 삶의 흐름에 대한 판단에서 혹은 학생이 졸업할 때 써야 하는 서술평가에 도움이 될 것이다.

아우구스티누스와 데카르트에 따르면 다음과 같은 물음이 제기된다: 오늘의 시각에서 지금까지의 내 삶이나 교육의 과정을 어떻게 사용할까? 여기서 어떤 역사의 왜곡이 일어나는가? 어떤 이야기들이 만들어지는가?

---

[35] 여기에는 구성주의적인 방법과 유사한 면이 있다. Thomas Rentsch, "Einfuehrung in den Konstruktivismus – Proto-Ethik und didaktische Transformation", in: Johannes Rohbeck (Hg.), *Didaktische Transformationen*, Dresden 2003, S. 139-149 참조.

어떤 유명한 이야기들이 생기는가? 여기서는 그럼에도 불구하고 도덕적인 요청, 즉 가능한 한 "진정하게(ehrlich)" 쓰는 것보다는 점점 추가적인 자기 해석이 불가피하며 오히려 필수적인 통찰이 보다 중요하다. 이러한 통찰을 그 자체로 알게 하는 것에 달려 있다.

이야기

자서전은 이미 많든 적든 간에 드러나지 않은 이야기이다. 여행도 자주 교육사의 중요한 부분을 구성한다. 그뿐만 아니라 철학사에서도 명시적인 이야기들이 발견된다.[36] 그 대신에 여기서는 이야기의 논증적 기능을 파악하고 검증하고 교수법적으로 이용하는 것을 제안하고자 한다. 여기서 철학적인 논증의 요청을 부정하려는 것이 아니라 확장하려는 것이 의도이다. 마치 역으로 이야기가 무언가를 설명할 수 있는 것처럼, 설명하는 텍스트가 이야기의 계기를 가지고 있다는 생각이 그 이면에 깔려 있다. 이야기는 내러티브적인 논증을 구성한다.[37] 이것은 학생이 자신의 이야기를 통해 철학의 특정 이론을 입증하거나 반박할 수 있다는 것을 의미한다.

---

36 Matias Martinez/Michael Scheffel, *Einfuehrung in die Erzaehltheorie*, Muenchen 1999.

37 Ricoeur, *Zeit und Erzaehlung*, a.a.O. (Anm. 29), Bd. III, S. 395 참조.

이야기를 위한 텍스트

Voltaire: Erzaehungen, Dialoge, Streitschriften. Hrsg. v. Martin Fontius. 3 Bde. Berlin: Ruetten & Loening 1981.

Voltaire: Candid[sic] oder Die Beste der Welten. Uebers. v. Ernst Sander. Stuttgart: Reclam 1971.

Denis Diderot: Erzaehlungen und Gespraeche. Hrsg. v. Victor Klemperer. Leipzig: Dietrich 1953.

Lyotard, Jean-François: Das postmoderne Wissen. Ein Bericht. Hrsg. v. Peter Engelmann. Wien: Passagen 1986.

『깡디드 혹은 세계에서 가장 좋은 것들(Candid oder Die Beste der Welten)』(1759) 이라는 이야기에서 볼테르는 30년 전쟁 동안 독일에 있는 한 귀족의 성에서 교육받았던 깡디드(원래는 Candide)에 대해 이야기한다. 깡디드는 가정교사인 빵글로스(Pangloss)에게 그가 '모든 가능한 세계 중에 가장 좋은 세계'에 살고 있으며, 모든 것은 '원인(Grund)'을 가지고 '하나의 목적'을 위해 만들어져 있다고 배웠다.* 볼테르는 이 철학을 조롱하면서, 이것으로 라이프니쯔(Gottfried Wilhelm Leibniz, 1646~1716)와 그의 후계자인 볼프(Christian Wolff, 1679~1754)를 슬쩍 비꼬았다: "너희들의 코를 보아라. 코는 안경을 걸칠 수 있도록 만들어졌다. 그래서 안경이 있는 것이다." 이미 이러한 풍자는 전체 자연이 인간의 행복에 기여한다는 이론에 대한 비

---

* Voltaire, *Candid oder Die Besten der Welten*, uebers. v. Ernst Sander, Stuttgart 1971, S. 4.; 【역자 주】볼테르 저, 염기용 역, 『깡디드』, 범우사, 1996.

판적인 이의제기를 한다. 그래도 볼테르의 결정적인 논증은 깡디드가 어떻게 성에서 쫓겨나고 용병의 손에 들어가서 전쟁의 참혹함을 경험하게 되었는지에 대한 이야기에 있다.

> 먼저 대포들이 모든 방향에서 6천명의 사람들에게 쏟아졌다; 그 후에 머스킷 총의 발사가 그들의 표면을 중독시킨 9천명에서 만명의 악한들의 모든 가능한 세계 중 가장 좋은 세계를 없애버렸다. 그리고 총검으로도 몇 천명의 사람들이 죽기에 충분한 이유였다. 전체적으로 아마도 3만명의 사람들이 거기에 있었다. 깡디드는 철학자처럼 전율을 느꼈다.[38]

이야기를 진행하면서 깡디드는 리사본으로 여행을 하고 거기서 공포스러운 지진을 경험하는데(1755), 여기서 리사본의 지진에 대한 암시는 그 당시 신의 섭리에 대한 믿음을 동요시켰고, 이러한 역사를 위한 동기를 구성하였다. 볼테르는 이러한 철학적인 믿음을 모순으로 이끌었고, 그가 그것의 사유동기를 아이러니하게 반복하여 '실제'에 직면하게 하였다. 신학적 철학이 완전한 세계를 예고한다면 자연세계나 인간세계는 재앙으로 구성된다.

가상적인 실재에 존재하는 볼테르의 이의제기를 판단하는 것처럼 어떤 경우에서든 다음과 같은 구조를 가지고 있는 논증이 문제가 된다. 사변적인 주장은 경험에 근거하여 반박되어야 한다. 그리고 이러한 경험은 다시 이야기될 수 있어야 한다. 이야기는 반증으로 기능한다.

---

[38] 위의 책., S. 8.

이 견본에 대한 수업에서 철학적인 주제를 구성하고 나서 그것들 중에서 대화적인 입장을 선택하여 쓰시오.

- 아래와 같은 철학적인 주제를 입증하거나 반박하는 이야기를 말해보시오.

"모든 인간은 선한 삶을 추구한다."

"인간은 본래적으로 선하다."

"역사는 진보한다."

- 칸트의 "정언명법"을 입증하거나 반박하는 이야기를 말해보시오.

- 밀의 "최대다수의 최대행복" 원칙을 입증하거나 반박하는 이야기를 말해보시오.

철학적 이야기의 다른 형태를 볼테르와 동시대에 살았던 디드로의 『달랑베르의 꿈(d'Alemberts Traum)』(1769)이 제공한다. 여기서 자신과 친한 수학적이자 철학자인 달랑베르는 가상적인 고열로 인한 꿈의 상태에서 자신의 합리적인 체계를 의심하고 새로운 인식에 도달하게 된다. 환상 속에서 그는 오래된 기계적인 세계상을 무너뜨리고, 유기적인 물질의 개념에 근접하였다.

벌집에서 벌이 움직이는 것을 한 번 본적이 있는가? 〔…〕 세계 혹은 물질의 총체 그것은 바로 벌집이다. 벌들이 나뭇가지의 끝에 자신의 작은 발들이 서로 얽혀 있으면서도 그 작은 날개 달린 동물의 무리를 어떻게 만들어내는지를 본 적이 있는가? 〔…〕 이 벌떼는 하나의 본질이며, 개체이며,

어떤 동물이다 ….[39]

자기비판적인 계몽의 이러한 예시가 보여주는 것처럼 이야기는 낡은 이론에 대한 비판에 기여한다. 이야기는 실험적인 형식으로 철학적인 텍스트에서는 미처 생각할 수 없는 것들을 말하도록 해준다. 이야기하는 사람은 앞서가는 사상가의 역할을 한다.

> 철학이나 도덕수업의 상황으로 옮겨보면 예를 들어 다음과 같은 쓰기과제가 제시될 수 있다:
> 칸트가 꿈을 꾸는데, 이 꿈 속에서 그의 선의지의 원칙이 문득 생각이 났다고 상상해보자. 그러한 이야기를 말해보자.

이야기되는 철학

체계적인 논문은 자주 내러티브적 구조를 가지고 있지만, 이 구조가 항상 드러나 있지는 않으며 발견되어져야 하는 경우가 많다. 마치 이야기가 무언가를 설명할 수 있는 것처럼, 역으로 설명된 텍스트가 설명의 계기를 가지고 있다는 생각이 이론 뒤에 깔려 있다. 예를 들어 자기의 자동차가 왜 고장 났는지를 설명(erklaeren)하려는 사람은 자동차가 고장 난 과정을 이야기 한다(erzaehlen). 이 관계에 대화적 논증(narratives Argument)의 심오한 근거가 있다.[40] '설명하기'와 '이해하기'의 해석학적 대립이 여기서 연결되는

---

39 Denis Diderot, *Erzaehungen und Gespraeche*, hg. v. Victor Klemperer, Leipzig 1953, S. 377.
40 Ricœur, *Zeit und Erzaehlung*, a.a.O. (Anm. 29), Bd. I, S. 214 ff 참조.

것처럼, '논증하기'와 '이야기하기'의 경계도 유동적이다. 이런다고 해서 철학적 진술의 타당성 요청이 의심되지는 않는다. 그러한 텍스트에서 특정 논증이 대체로 타당성을 얻게 된다는 것이 보다 명확해질 뿐이다.

이 물음은 철학과 도덕의 교수법을 위해서도 특정한 결과를 갖는다. 왜냐하면 교사는 어떤 구체적인 조건에서 그리고 어떤 상황에서 하나의 논증이 학생들에게 보일 것인지에 대해 주의하기 때문이다. 여기서 제안된 대화적인 절차의 도움을 받으면 이를 넘어서서 이해하기 어려운 논증에 대한 학생지향적인 접근을 할 수 있게 된다. 여기서 두 가지 예시를 제안하고자 한다.

1. 내러티브적으로 논증하기

첫 번째 예시는 정치 철학에서 나온다. 철학 이론은 홉스의 저작에서처럼 합리적인 모습으로 제시되는 경우가 거의 없다. 형이상학, 인간학 그리고 국가론은 체계적으로 제시된다. 완결된 사유의 구조가 수학의 방법론적 모델에 따라 구성된다. 아마도 리바이어던(Leviathan, 1651)에는 한 편의 이야기가 숨겨져 있다. 사회계약론은 숨겨진 내러티브적 논증을 가지고 있는데, 여기에는 전쟁의 '자연상태'에서 평화로운 국가 상태로의 이행이 하나의 역사적인 사건의 결과로 설명되어 있다: 인간이 전쟁상태에서 나쁜 경험을 하고난 후에, 미래에 안전하게 살기 위해서 계약을 체결하게 된다.[41]

---

41 Thomas Hobbes, *Leviathan*, Stuttgart 1970.

학생들이 시험 칠 때, 공부를 하지 않은 학생이 오히려 이 이야기를 마치 자신들이 그 옆에 있었던 것처럼 사실적으로 이야기하는 것을 본 경험이 있다: 전에는 지속적인 전쟁이 지배했었고, 그 후에 사람들은 계약을 체결해야겠다는 생각을 하게 되었다는 등등. 감독자에게는 다음과 같이 전체를 하나의 논증관계로 재현하라는 요청의 동기가 생긴다: 홉스는 강력한 국가의 필연성을 정당화하기 위해 전쟁을 하는 사회상태를 전제한다.

내러티브적 논증의 측면에서는 덜 엄격하게 진행되고 이야기를 일단하게 해준다는 것은 분명하다. 홉스적인 텍스트에서 실제로 내러티브적인 구조가 깔려 있다는 관찰은 전문적으로 볼 때에도 찬성할 것이다. 교수법적으로도 이것이 필요한데, 왜냐하면 처음의 이야기가 이론으로 상승하는 것을 쉽게 해주기 때문이다. 만약 역사 이야기가 이해된다면, 이와 연결하여 이야기가 어떤 논증적인 기능을 수행하는지가 명백해질 수 있다. 이야기와 논증은 더 이상 서로 배타적인 것이 아니라 서로 의존하고 있다. 이러한 단계적 결과가 철학의 일일 뿐만 아니라 학생의 학습과정에도 옳다.

2. 도덕적 딜레마의 내러티브적 구조

두 번째 예시는 수업에서의 윤리적인 판단과 관련된다. 도덕수업의 강조점이 단지 가치교육에 있는 것이 아니라 도덕적으로 논증하기에 있다면 이것에 동의할 것이다.[42] 그렇지만 도덕적인 논증이 어떻게 순수하게 실제

---

42 Volker Pfeifer, *Didaktik des Ethikunterrichts. Wie laesst sich Moral lehren und lernen*?, Stuttgart 2003, S. 139 ff.

로 파악될 수 있을까? 문제는 이미 윤리적인 판단을 다룰 때 출발점을 구성한다고 알려져 있는 도덕적 딜레마에서부터 시작된다. 그런 딜레마는 이야기 속에 있다. 딜레마는 결과적으로는 이야기하면서 표현될 수밖에 없는 구체적인 경우를 제시한다. 그리고 이 딜레마가 두 가지 도덕 규범 간의 갈등을 나타냄으로서 딜레마는 특정한 내러티브적 구조를 갖게 된다.

헤겔은 개개의 도덕적 딜레마의 기본형식, 즉 소포클레스(Sophokles)의 안티고네(Antigone)의 예라는 고대 그리스의 비극에 주목하게 되었다.[43] 안티고네의 갈등은 한편으로는 자기 오빠를 매장하는 데 있으며, 다른 한편으로는 국법을 존중하는 것에 있다. 가족과 국가의 두 입장은 각각 규범적인 정당성을 갖고 있다. 이 갈등은 우연한 상황에서 생기는 것이 아니라 불가피하며 이런 의미에서 필연적이고 이성적인 것이다. 이 극적인 작품은 철학적 윤리학의 기본적인 모델을 제시한다.

이러한 발생의 관계를 뒤집어 놓으면 도덕적인 딜레마는 문학적인 형식을 갖는다. 그 안에 표현된 갈등은, 그것이 '고안된' 이야기인지 아니면 '실제적인' 이야기인지에 상관없이, 내러티브적 구조를 갖는다.

만약 딜레마의 역사가 가능한 한 자세하게 분석될 수 있다면, 이러한 역

43 Georg Wilhelm Friedrich Hegel, "Phaenomenologie des Geistes", in: Ders., *Werke in 20 Baenden*, Bd. 3., hg. v. Eva Moldenhauer/Karl Markus Michel, Frankfurt/M. 1969, S. 383 ff., S. 417 ff.; ders., "Grundlinien der Philosophie des Rechts", in: 위의 책., ∬ 118, S. 166; Matthias Tichy, *Die Vielfalt des ethischen Urteils*, Bad Heilbrunn 1998, S. 235 ff. 참조.

사적이면서도 체계적인 관련은 도덕수업에서도 중요하다. 단지 어린 학생들에게만 이야기와 이야기의 재현이 필수적인 것은 아니다. 왜냐하면 이야기된 것을 뒤따라가면서 문제가 되는 상황이 자세하게 파악될 수 있기 때문이다. 일어난 것을 기술하는 것에서부터 출발해야 한다면, 이 부분에 대한 이야기는 상황에 대한 분석과 관련될 것이다.

이 첫 단계에서 상황을 단지 사태적으로 그리고 중립적으로 기술한다면, 이것은 실증적인 환상을 믿는 것이다. 오히려 딜레마에서는 구체적인 생활사의 단면이 중요하다. 그러한 전기적이며 감정적인 상황은 기술적인 과제일 뿐만 아니라 해석학적 과제이다. 딜레마를 이야기로 받아들인다면, 상황에 대한 해석이 더 잘 수행될 것이다.

이외에도 이미 소위 상황분석에서 사실적인 것과 규범적인 것이 섞인다. 경험해보면 학생은 상황에 대한 기술에서 이미 규범적인 가치평가를 한다. 그래서 단계모델에서 사실과 규범을 분리해서 따로따로 다루려는 것은 문제가 된다. 이와 반대로 딜레마의 내러티브적 성격에서 시작해야 한다면 이런 관계를 고려할 수 있다. 이야기 하기는 그 자체가 하나의 상황을 기술하는 것뿐만 아니라 동시에 규범적으로 가치평가한다는 점에서 매우 뛰어나다. 이런 종류의 해석과 함께 내재된 규범을 드러내는 전제가 만들어진다.

제13장

수사학과 철학 교수법

　　수사학은 요새 인기 있는 주제이다. 대학, 학교 그리고 다른 교육시설은 수사학 코스를 개설하고 있다. 기업은 직원들에게 말하기(그리고 설득하기)를 가르친다. '논쟁 클럽(Debattier-Club)'이 생겨나고, 여기서 말하는 기술을 연습할 수 있다. 편집부는 수사학적인 시합을 개최한다. 수많은 조언자들이 모든 계기에 대한 모범사례를 준비해놓고 있다.[1] 인터넷에는 실천

---

1 이중 대표적인 것을 제시하면 다음과 같다. Karl H. Anton, *Mit List und Tuecke argumentieren*, Wiesbaden 2000; Peter Ebeling, *Rhetorik – der Weg zum Erfolg*, Baden-Baden 2001; Albrecht Behmel u. a., Rhetorik. *Know-how fuer erfolgreiches Studieren*, Berlin 2002; Vera F. Birkenbihl, *Rede-Training fuer jeden Anlass*, Kreuzlingen 2002; Herbert Grenzmer, *Schnellkurs Rhetorik*, Koeln 2003; Gudrun Fey, *Reden macht Leute*, Muenchen 2003; Cornelia Dietrich, *Rhetorik. Die Kunst zu ueberzeugen und sich durchsetzen*, Kronberg 2003; Kurt Haberkorn, *88 Tipps fuer erfolgreiche Redner*, Renningen 2003; Ingrid Antengruber/Werner Tusche, *Reden und Ueberzeugen. Rhetorik im Alltag*, Wien 2004; Peter Flume, *Karrierefaktor*

적인 지침들이 제공되어 있는 사이트가 수없이 많다. 특히 수사학 주제를 다루는 학술적인 저작들이 늘어나고 있다.[2] 수사학의 귀환(Wiederkehr der Rhetorik)에는 나름의 이유들이 있다.

새로 찾아낸 수사학은 새로운 미디어와의 관계 속에 있다. 시각적인 표현의 기술적 가능성이 확장되면, 보여주는 것이 전면에 등장하게 된다. 강연자는 스스로 이러한 것을 파악해야 한다. 강연자는 자신이 드러나는 모습을 통해, 즉 자유로운 말하기와 생생한 등장을 통해 미디어의 기준에 스스로 맞출 수밖에 없다. 여기서 수사학은 보여주는 기술을 지지해준다.

이러한 자기 표현은 즐거울 수 있다. 그러나 밝은 측면 뒤에는 사회적 강제가 숨어 있는 경우가 흔하다. 세계 시장에 자신의 생산품과 서비스를 팔수 있는 능력은 경제적인 생존을 위한 물음이 된다. 구직자에게는 자기 자신을 '판매하는 것'이 점점 더 어려워진다. 그래서 교육받는 자들이나 학생들은 가능한 한 효과적으로 보여주어야 한다는 중압감이 생긴다. 여기서 수사학은 이해관계의 대변에 기여한다.

이를 넘어서 정치에서는 정당한 입장의 변호가 점점 더 큰 역할을 가지

Rhetorik, Freiburg 2004; Goeran Haegg, Ueberreden, *Ueberzeugen, Gewinnen*, Muenchen 2004; Peter Heigl, 30 *Minuten fuer gute Rhetorik*, Offenbach 2005 참조.

2 Karl Heinz Goettert, *Einfuehrung in die Rhetorik*, Muenchen 1998; Helmut Vetter/Heinrich Richard, *Die Wiederkehr der Rhetorik*, Berlin 1999; Joerg Willwock, *Rhetorik*, Hamburg 2000; Heinrich F. Plett, *Systematische Rhetorik*, Muenchen 2000; Joachim Knape, *Allgemeine Rhetorik*, Stuttgart 2000.

게 된다. 다원적인 사회에서 다양한 의견과 평가의 문제는 불가피한 충돌이 이성적인 이해를 통해 완화된다면 평화적으로 해결될 수 있다. 게다가 새로운 윤리적인 척도를 요청하는 기술적으로 확장된 행동영역이 생겨난다. 그렇게 배가되는 선택들은 논증적으로만 수행될 수 있는 지속적인 정당화를 요청하게 된다.[3] 논증술로서의 수사학은 민주주의에서는 실천적인 이성에 속한다.

결국 철학은 수사학으로 파악될 수 있다.[4] 언어적 전회 이후에 수사학적 전회가 따라 나온다. 그 이면에는 형식논리적-과학적인 철학에 의해 제기되는 과도한 타당성 요청에 대한 비판이 깔려 있다. 그래서 수사학적 형식이 눈에 띄게 되는데, 이 형식은 철학적인 사유로부터 벗어나 있는 것이 아니라 사유된 내용을 적절하게 만들어 낸다. 비록 철학이 수사학으로 해체될 것이라는 포스트모던한 유보를 공유하고 있다하더라도, 논증의 확신시켜주는 힘이 표현의 방식에 달려 있다는 인식을 가둬 놓지는 못할 것이다. 이외에도 수사학을 통해 논증이 하나의 사태를 정당화할 뿐만 아니라 동시에 특정한 대화상대를 확신시킬 수 있다는 것이 눈에 들어오게 된다. 그래서 수사학은 확신의 미적 그리고 의사소통적인 화용론(Pragmatik)을 지지해준다.

---

3 Josef Kopperschmidt, *Argumentationstheorie zur Einfuehrung*, Hamburg 2000, S. 23 ff.; Heinz-Alber Veraart, "Moralisches Argumentieren", in: *Zeitschrift fuer Didaktik der Philosophie une Ethik*, 25. Jg. (2003), Heft 3, S. 199f. 참조.

4 Dirk Vanderbeke, *Worueber man nicht sprechen kann – Aspekte der Undarstellbarkeit in Philosophie, Naturwissenschaft und Literatur*, Stuttgart 1995; Gottfried Gabriel, *Logik und Rhetorik der Erkenntnis*, Paderborn 1997; Peter L. Oesterreich (Hg.), *Rhetorik und Philosophie*, Tuebingen 1999; Josef Kopperschmidt, *Rhetorische Anthropologie*, Muenchen 2000; Peter L. Oesterreich, *Philosophie der Rhetorik*, Bamberg 2003.

철학과 도덕의 교수법에서는 이러한 개략적인 문제 상황이 중요한 결과를 갖는다. 왜냐하면 위에서 언급된 영역은 다음에서 첨예화될 수 있는 이중적인 모습을 가져오기 때문이다:

한편으로 수사학은 개인적, 경제적 그리고 정치적인 이익을 실현하는 데 기여하는 도구로 간주된다. 적절한 수단을 적용하여 이뤄내는 성공이 중요해진다. 대화상대를 '정복'되어야 할 '적'으로 다룬다. 논증을 통한 확신은 수사학적 트릭을 통한 설득에 굴복하게 된다. 이런 부정적인 경우 교과교수법은 그런 종류의 사회기술을 강화시킬 준비가 되어 있는지에 대해 스스로 물어봐야 한다. 철학수업이나 도덕수업이 학생들을 그런 경쟁에 적합하도록 해야 할 과제를 갖는가?

다른 한편으로 수사학은 민주적인 실천의 맥락에서 이성적으로 논증하기를 의미한다. 이런 긍정적인 의미에서 수사학을 실천 철학의 구성요소로 볼 수 있다. 수사학은 논증이 '그 자체로'는 확신시키지 못하며, 개인적이고 정서적인 강화를 필요로 한다는 사실을 고려한다. 수사학은 관련자로 진지하게 받아들여지는 구체적인 화자와 청자가 있는 의사소통적 상황에서 진행된다. 그래서 논증은 논리적인 근거로부터만 '강요되는' 것은 아니며, 논증은 자신의 확신시키는 힘을 특정한 문화적 맥락에서 전개한다. 좋은 논증이 가능해지는 이런 조건들도 수업에서 고려되어야 한다.

이 장에서 수사학의 복권(Rehabilitierung der Rhetorik)을 철학 교수법에서 옹호하려 한다면, 이런 이중적인 측면을 극복하는데 그 목적이 있을 것이다.

왜냐하면 확신과 설득은 서로 배타적이지 않기 때문이다. 마치 논증적인 핵심이 없는 모든 설득이 성공할 수 없는 것처럼, 논증을 통한 모든 확신은 전략적이다. 이런 통찰은 미래의 시민들에게 가르쳐야만 하는 윤리적으로 정당한 이해관계의 대변이라는 의미에서 정치적 실천에 속한다. 이와 마찬가지로 화용론적인 유용성도 도움이 될 것이다. 왜냐하면 이것이 학생들에게 '실제적인' 삶을 준비하도록 해주기 때문이다. 학생들은 정당한 이해관심을 실현하는 것과 스스로를 공정하지 못한 실천가들로부터 보호하는 것을 배울 수 있다.

철학 교수법

철학과 도덕의 교수법에서 수사학은 거의 역할을 하지 못했다.[5] 결정적인 약점은 대화적인 개념과 텍스트 지향적인 개념들 사이에 논쟁이 일어나면서부터 이미 제기되었다. 소크라테스적인 대화를 결정함으로 인해 소피스트의 철학과 수사학의 평판이 나빠지게 되었다. 플라톤에게 있어서 소피스트는 자신의 앎과 능력을 재화처럼 힘 있는 자들에게 판매하는 '상인'으로 간주되었다.[6] 수사학자들은 의사소통적인 교수법에 모순되는 것처럼 보였다.

플라톤은 잘 알다시피 두 가지 이유로 수사학을 거부하였다. 첫째, 수사

---

5 포괄적인 주제를 다루고 있는 『Wulff D. Rhefus und Horst Becker (hg), *Handbuch des Philosophie-Unterrichts*, Duesseldorf 1986』에서도 '수사학'이라는 단어를 찾아볼 수 없다.

6 Ekkehard Martens, *Einfuehrung in die Didaktik der Philosophie*, Darmstadt 1983, S. 48.

학은 도덕적으로 비난받을 만하다. 왜냐하면 수사학은 임의의 목적을 위한 수단으로 사용될 수 있으며, 그래서 나쁜 목적을 위해서 잘못 사용될 수 있기 때문이다.[7] 둘째, 수사학(혹은 변론술)은 옳고 그른 것에 대해 가르치는 것이 아니라, 이성적인 근거를 통해 확신시키는 대신에 요령으로 많은 것을 설득함으로써 '단지 믿도록 만든다'는 것이다.[8] 가상의 세계에 대하여 플라톤은 이성적인 통찰에 의해서만 근거될 수 있는 진리와 선의 영역에 주력하였다.

수사학에 대한 이러한 초기의 거부는 철학 전체의 역사에 각인되었다. 무엇보다도 근대와 계몽의 철학은 간접적으로는 플라톤과 연결되었고, 여기서도 수사학은 방해하는 거추장스러운 장식이라고 거부되었다.[9] 누구보다도 칸트는 '웅변술(ars oratoria)'을 "인간의 약점을 자신의 의도에 맞게 다루는 존중할 가치가 없는 간계"라고 비판하였다.[10] 신칸트주의에서도 플라톤적인 전통은 계속되었으며, 이것은 넬슨과 헥크만이 제시한 소크라테스

---

7 Platon, Gorgias 447 a ff.; Samuel Ijsseling, *Rhetorik und Philosophie. Eine historisch-systematische Einfuehrung*, Stuttgart Bad-Cannstatt 1988, S. 16 ff.; Peter Ptassek, Rhetorische *Rationalitaet – Stationen einer Verdraengungsgeschichte von der Antike bis zur Neuzeit*, Muenchen 1993. 참조.

8 Platon, *Gorgias* 455 a.

9 Francis Bacon, *Neues Organ der Wissenschaften*, Darmstadt 1971, S. 25, S. 39 f.; René Descartes, *Von der Methode*, Hamburg 1960, S. 9; Thomas Hobbes, *Leviathan*, Frankfurt/M. 1966, S. 32 ff.; Blaise Pascal, *Reflexionen ueber die Geometrie im Allgemeinen*, Basel 1974; S. Ijsseling, *Rhetorik und Philosophie. Eine historisch-systematische Einfuehrung*, a.a.O. (Anm. 7), S. 89 ff. 참조.

10 Immanuel Kant: Kritik der Urteilskraft, in: Ders., *Werke in 12 Baenden*, Band X, hg. v. Wilhelm Weischedel, Frankfurt/M. 1977, S. 267 (Anm. 20).

주의에서도 구체화되었다.[11] 이것은 결국 최근의 담론이론에도 영향을 주었고, 이성적인 논증의 이상을 칸트적인 모범에 근거하고 있다.[12]

대화적인 철학 교수법이 고대 소크라테스뿐만 아니라 현대의 담론 이론가들에 근거를 두었을 때, 이러한 철학 교수법은 철학사의 주류와 연결된다. 이것은 텍스트지향적인 철학 교수법에도 해당하며, 적어도 이에 상응하는 글을 읽을거리의 기준으로 기여하는 한에서 그렇다. 개개의 경우에서도 수사학적으로 매개되지 않은 그리고 이런 의미에서 '순수한' 이성이, 즉 이성적으로 '강요되는 논증'으로서의 대화에서 그리고 이미 주어진 '논리적으로 설득력 있는' 논증을 따라가는 것으로서의 텍스트 읽기에서 중요시되었다.[13] 이런 방식으로 교수법 내에서 철학과 수사학의 대립이 이어져 내려왔다. 수사학은 철학과 철학수업의 타당성 요청과 양립할 수 없는 것처럼 보였다. 수사학은 불필요한 부수적인 것일 뿐만 아니라 조작될 수 있는 위험의 원천으로 경시되었다.

11 Leonard Nelson: "Die sokratische Methode", in: ders., *Gesammelte Schriften*, Bd. I, Hamburg 1970, S. 271 ff.; Gustav Heckmann, *Das sokratische Gespraech*, Hannover 1981; Gisela Raupach-Strey, *Sokratische Didaktik*, Muenster 2002. 참조.

12 Paul Lorenzen, *Methoisches Denken*, Frankfurt/M. 1968; Karl-Otto Apel, *Transformationen der Philosophie. Bedeutung 2: Das Aporie der Kommunikationsgemeinschaft*, Frankfurt/M. 1973; Juergen Habermas, *Theorie des kommunikativen Handelns*, Frankfurt/M. 1981.

13 Gisela Raupach (Hg.), Themenheft: "Das zwingende Argument", *Zeischrift fuer Didaktik der Philosophie*, II. Jg. (1989), Heft I; Monika Saenger (Hg.), Themenheft: "Moralisches Argumentieren", *Zeischrift fuer Didaktik der Philosophie und Ethik*, 25. Jg. (2003) Heft 3; Wulff D. Refuhs, *Der Philosophieunterricht*, Stuttgart-Bad Cannstadt 1986, S. 121 ff. 참조.

수사학의 교수법적 가능성

이러한 교수법의 약한 입장의 역설은 교육의 이론과 실천에 밀접하게 결합된 반대의 전통이 수사학과 함께 제외되었다는 데에 있다. 학교철학에서는 수사학이 매개의 기술로 간주되었다. 왜냐하면 수사학적으로 교육받은 연설가와 작가는 자신의 사유를 다른 사람에게 설명하는 것을 알게 되었기 때문이다. 여기서는 지도와 연습을 통해 가르쳐지고 배워야만 하는 실천적인 능력이 중시되었다. 이런 의미에서 수사학은 교수법과 밀접한 관계를 갖는다.

철학과 수사학은 나중에는 서로 분리되었지만 그 유래가 같은 것이었다. 소피스트에 대한 반박은 정당하지 못하였다. 왜냐하면 수사학적인 수단의 선택이 반드시 악용으로 이끌어지는 것은 아니기 때문이다. 수사학의 목적은 좋은 목적을 옳은 논증으로 옹호하는 데 있다. 수사학은 법적 그리고 정치적 실천에서 이런 논증이 실천적으로 효과적이기 위해서는 수사학적으로 지지되어야 한다는 것을 인정할 뿐이다.

이런 생각을 아리스토텔레스는 자신의 책 『수사학(Rhetorik)』에서 체계적인 이론으로 전개하였다. 그에게 있어서 수사학은 설득의 기술이라기보다는 확신하고 확신시키는 데 기여하는 그러한 요소들을 연구하는 것이다.[14] 그는 어떤 수단으로, 어느 정도만큼, 그리고 어떤 조건 하에서 사람들

---

14 Aristoteles, ***Rhetorik***, uebers. u. hg. v. Gernot Krapinger, Stuttgart 1999, I 1, 1355b. - Heinrich Lausberg, ***Elemente der literarischen Rhetorik***, Ismaning 1990, S. 18 ff.; Ijsseling,

이 서로 무언가에 대해서 확신할 수 있는지에 대하여 연구한다. 그는 말하기의 성공에 영향을 미치는 3가지 요인으로, '화자의 성격', '청자를 특정한 감정상태로 옮겨 놓으려는 의도', 그리고 '말 그 자체'의 내용을 제시한다.[15] 이에 따라 말의 과제는 '알려주고', '감동시키고', '받아들이는' 것에 있다. 중요한 것은 아리스토텔레스가 항상 구체적인 상황을 자신의 숙고의 출발점으로 삼으며, 그때그때의 관련자들을 감정과 이성으로 관찰한다는 것이다.

이런 종류의 수사학은 그 후 수세기동안 수련이나 교육을 위한 모델을 구성하였다. 고대 후기에 키케로는 철학, 수사학 그리고 정치학의 통일을 위해 노력했으며, 퀸틸리아누스는 이로부터 전체적인 학습프로그램을 만들어냈다.[16] 중세부터 르네상스까지 수사학은 논문을 준비하기 위해서 신학자와 철학자의 기초과목에 속했다. 그리고 비록 근대와 계몽의 철학자들이 수사학으로부터 등을 돌렸다 하더라도, 수사학은 19세기까지 교육과정으로 유지되었다.

수사학이 다시 철학과 도덕 교수법에 통합되어야 한다는 주장은 철학, 수사학 그리고 교육학의 이런 전승된 관계와 연결되는 것이다. 수사학은 실천 철학에 속한다. 왜냐하면 수사학이 사람들이 어떻게 윤리적인 목적을

Rhetorik und Philosophie. Eine historisch-systematische Einfuehrung, a.a.O. (Anm. 7), S. 43 ff.; Goettert, *Einfuehrung in die Rhetorik*, a.a.O. (Anm. 2), S. 17 ff. 참조.

15 Aristoteles, *Rhetorik*, a.a.O. (Anm. 14), I 2, 1356a.

16 Cicero, *De Oratore I*, 20; *Quintilian, Institutio oratoria II*, 14 ff.; zit. nach Ijsseling, *Rhetorik und Philosophie. Eine historisch-systematische Einfuehrung*, a.a.O. (Anm. 7) S. 54 ff.

이성적인 논증으로 정당화시킬 수 있는지를 보여주기 때문이다. 이와 동시에 수사학은 교육학에도 속한다. 왜냐하면 수사학은 어떻게 사람들이 구체적인 상황에서 실제로 논증으로 확신할 수 있는지를 가르치기 때문이다. 이렇게 수사학은 철학적인 타당성요청을 설득적인 의사소통의 화용론과 결합시킨다.

이로부터 수사학의 교수법적 가능성은 다음과 같이 분명해진다:

- 수사학은 논증술이며, 여기서 사태적인 정당화와 의사소통적인 확신이 관련된다.
- 수사학은 가르치고, 배우고, 적용하고 연습할 수 있다. 이런 방법으로 수사학은 논증적인 역량을 전달해준다.
- 수사학은 삶의 실천으로 이해한다면, 수사학은 행위지향적인 교수법에 대한 접근을 제공한다.
- 학생은 논증을 구체적인 상황에서 구성하는 것, 즉 논증을 적절한 형식으로 특정한 관련자에게 향하게 하는 것을 배운다. 이런 종류의 전달에는 인지적 측면뿐만 아니라 정서적 측면도 속한다.
- 논증의 확신시키는 힘은 그때그때의 맥락에 좌우되기 때문에 학생은 확신시킬 사람의 문화적 제도적 배경을 고려하는 것을 배운다.
- 논증이 언어적으로 그리고 문학적으로 매개될 수 있음을 수사학이 보여준다면, 학생은 특히 논증의 말하기 형식을 더 존중하는 것을 배운다.
- 수사학이 쓰여진 말의 구성과 완성에 대하여 가르쳐주므로, 수사학은 문제토의에 대한 쓰기에 도움을 제공해준다.
- 수사학이 기술로 악용된다면 학생은 논증비판을 통해 공정하지 못한 방법을 살펴보고 이를 거부하는 것을 배운다.

맥락 속에서 논증하기

최근에 수업에서 윤리적으로 논증하기에 대한 내용과 방법이 다행히도 자세히 연구되었다.[17] 여기에서 수사학의 요소들이 비록 분명하게 드러나지는 않지만 역할을 수행하고 있는 것은 분명하다.[18] 그러한 설명을 교수법적 관점에서 시도해보고자 한다. 논증이론이 지금까지는 타당성의 관점에서 논의되어왔지만, 여기서는 화용론의 수사학적 측면이 보다 중요해진다.

설명을 위해서 칸트에게서 가져온 다음의 예를 생각해보자:

하인즈는 돈이 필요하다. 그는 아는 사람에게 돈을 빌릴 수밖에 없다고 생각한다. 그가 빌린 돈을 갚을 수 없다는 것을 잘 알고 있지만, 돈을 빌리면 정한 기한 안에 돈을 갚겠다는 거짓약속으로 그것을 빌렸다. 이 경우에 그는 급한 돈이 필요하면, 비록 그렇게 할 수 없는 처지라 하더라도 그것을 갚겠다는 약속으로 빌린다라는 준칙(Maxime)에 따라 행동한 것이다.[19]

---

17 Volker Pfeifer, *Ethisch argumentieren*, Buehl 1997; ders., "Analytische Philosophie und ethisches Argumentieren", in: *Zeitschrift fuer Didaktik der Philosophie und Ethik*, 22. Jg.(2000), Heft 2, S. 94 ff.; ders., "Kohaerentismus und ethisches Argumentieren", in: Johannes Rohbeck (Hg.), *Philosophische Denkrichtungen*, Dresden 2001, S. 11 ff.; ders., *Didaktik des Ethikunterrichts*, Stuttgart 2003, S. 139 ff.; Julia Dietrich, "Ethische Urteilsbildung", in: *Zeitschrift fuer Didaktik der Philosophie und Ethik*, 25. Jg.(2003), Heft 2, S. 269 ff.; ders., "Grundzuege ethischer Urteilsbildung", in: Johannes Rohbeck (Hg.): *Ethisch-philosophische Basiskompetenz*, Dresden 2004, S. 83 ff.- 이 논문들에 대해 의미있는 조언을 해준 디트리히(Julia Dietrich)에게 감사한다.

18 파이퍼(Pfeifer)에게 중요한 툴민(Stephen Toulmin)은 논증에 대한 자신의 이론을 명시적으로 로 수사학에 근거하여 전개하고 있다: Stephen Toulmin, *Der Gebrauch von Argumenten*, Kronberg 1975(1958); Chaim Perelman, *Die neue Rhetorik*, Stuttgart Bad-Cannstatt 2004(1964).

19 Immanuel Kant, *Grundlegung zur Metaphysik der Sitten*, hg. v. Theodor Valentiner. Stuttgart

이러한 준칙에 대한 고전적인 논증은 모든 사람이 그렇게 행동한다면 어떤 일이 일어날지를 고려해봐야 한다는 보편화의 원칙에 근거한다. 이 논증은 다양한 방식으로 구성될 수 있다.

보통은 실천적 삼단논법[20]이 도덕적인 논증의 기본모델로 기여한다. 이 것은 3개의 서로 연결되는 문장, 보편적인 규범적 대전제, 구체적이고 기술적인 소전제와 구체적인 행위지침을 담고 있는 결론으로 구성된다.

> **이 경우에 논증은 다음과 같이 정렬된다:**
>
> **거짓약속을 하는 것은 금지된다.**
>
> **하인즈는 거짓약속으로 돈을 빌리고자 한다.**
>
> ---
>
> **따라서 하인즈는 거짓약속으로 돈을 빌려서는 안된다.**

그렇지만 이 세 단계가 윤리적인 독단(Dogma)은 아니다. 실천적 삼단논법은 논증이론적인 근거에도 교수법적 근거에서도 강제적인 것은 아니다. 마찬가지로 논증을 하나의 전체적인 사슬로 확장시키는 것도 가능하다. 직접적으로 앞의 논증을 사용하는 논증이 각각의 논증을 따른다면, 하나의 논

1961, S. 69 f.

20 Aristoteles, *Nikomachische Ethik*, uebers. v. Franz Dirlmeier, Stuttgart 1983, 1141b, S. 14-20. - 기본적으로 툴민(S. Toulmin)은 실천적 삼단논법의 모델에 근거한다: Toulmin, a.a.O. (Anm. 18).

증의 연쇄(사슬)가 있게 된다.[21]

다음 예시와 관련하여 아래의 논증을 생각해보자:

1. 하인즈는 다음과 같은 준칙에 따라 행위하고자 한다: 돈이 필요한 사람은 약속에 따라 갚겠다는 거짓약속을 하더라도 돈을 빌린다.

2. 이런 준칙에 따라 행한다면, 바로 누구도 더 이상 돈을 빌리지 못할 것이다. 왜냐하면 누구도 돈을 돌려받을 수 없다는 것에서 시작해야 하기 때문이다.

3. 약속에 근거하여 돈을 빌리는 제도가 사라질 것이다.

4. 그렇지만 경우에 따라서 사람이 돈을 빌려서 어려움을 벗어나는 것은 좋은 일이다.

- -

5. 돈이 필요한 사람이 거짓약속으로 돈을 빌리도록 허용된다면 일반화될 수 없다.

6. 그래서 갚겠다는 거짓약속으로 돈을 빌리는 것을 하지 말아야 한다.

- -

7. 따라서 하인즈는 거짓약속으로 돈을 빌려서는 안 된다.

논증의 이러한 연장은 결코 강제적인 것은 아니다. 왜냐하면 보다 더 많은 단계들이 가능하기 때문이다. 역으로 논증을 몇 명제로 줄이는 것도 가

---

21 Holm Tetens, *Philosophisches Argumentieren. Eine Einfuehrung*, Muenchen 2004, S. 153.

능하다. 이런 종류의 기본형식은 두 가지 진술의 기능적인 결합에 있다: b
가 타당하기 때문에 a가 타당하다.[22] 여기에는 진술 b가 진술 a를 위한 논증
의 역할을 한다. 여기에서 상응하는 논증은 다음과 같다.

> 앞으로 누구도 돈을 빌릴 수 없기 때문에 하인즈는 거짓약속으로 돈을
> 빌려서는 안 된다.

이런 맥락에서 다음과 같은 질문이 제기된다: 이 세 가지 형식 중에서
어느 것이 논증하기를 위해 적절한가? 대답은 다음과 같다: 그것은 논증이
이뤄지는 구체적인 상황에 달려 있다. "윤리적으로 논증하기"라는 주제를
다루는 수업시간에는 실천적 삼단논법을 넘어서서 최대한 상세한 논증을
구성하는 것이 중요할 수도 있다. 그러나 다른 주제나 일상적인 상황에서
는 짧은 형식으로도 충분하다. 상황에 따라 달라지는 것이다.

아리스토텔레스도 자신의 『수사학』에서 축약된 삼단논법(혹은 연역,
Syllogismus)이라고 정의한 수사추론(Enthymem)[23]이라는 용어를 사용하면
서 핵심적인 질문을 다루고 있다. 특정한 청중이 하나의 완전한 논증에 지
루해 하거나 부담을 느끼는 경우에는 수사추론의 사용이 의미 있다고 아리
스토텔레스는 보았다. 특정한 청중이 스스로 이해되는 논증을 반복해서는

---

22 Kopperschimdt, *Argumenationstheorie zur Einfuehrung*, a.a.O. (Anm. 3), S. 51 ff.

23 Aristoteles, *Rhetorik*, a.a.O. (Anm. 14), I 2, 1356b; Goettert, *Einfuehrung in die Rhetorik*,
a.a.O. (Anm. 2), S. 33 u. 88; *Historisches Woerterbuch der Philosophie*, Bd. 2, S. 528 ff. 참조;
역자 주: Enthymem을 대체로 정언적 삼단논법과 달리 수사적 삼단논식, 약식 삼단논식이라
고 이해하지만 그렇지 않다고 보는 견해도 있다.

안 된다. 또한 관련자의 지능을 능가하는 논증이 사용되어야 한다. 필요한 것만을 말해고 가능한 인상적인 형식으로 확신시키는 것이 기술이다. 이것이 좋은 의미의 타당성 요청을 공허하게 만들지 않으면서 논증적인 확신의 화용론을 구성한다.

수사학과 위상학(Topik)

여기서 더 물어봐야 할 질문은 다음과 같다. 논증이 가지는 확신의 힘이 도대체 어떻게 생겨나는가? 논증의 기본형태가 두 가지 진술로 구성된다면, 이 중 두 번째 진술이 논증의 기능을 충족시킨다면, 어떤 조건하에서 논증적인 결합이 기능하느냐에 대한 문제가 제기된다.[24] 형식적인 구조는 해답을 제공해주지 못하며, 축약되거나 완전한 삼단논법도, 또한 임의의 긴 논증의 연쇄도 마찬가지다. 논증이 타당한지의 여부는 대화상대자가 이미 그전에 가지고 있는 기본확신에 달려 있다.

이와 같은 종류의 숙고가 바로 아리스토텔레스의 수사학의 분과인 위상학(Topik)에 속한다.[25] 토포이(topoi: 장소)는 공동의 장소, 즉 지배적인 의견이며, 이를 가지고서 화자가 청중들과 생각해야만 하는 것이다. 확신의 기술은 이제 기존의 생각에 의도적으로 연결시키면서 이 생각을 신중하게

---

24 Kopperschmidt, *Argumentationstheorie zur Einfuehrung*, a.a.O. (Anm. 3), S. 62 ff.

25 Aristoteles, *Rhetorik*, a.a.O. (Anm. 14), I 1, 1355a; ders., Topik, hg. v. Tim Wagner/Christoph Rapp, Stuttgart 2004 – Goettert, *Einfuehrung in die Rhetorik*, a.a.O. (Anm. 2), S. 34 ff.; Lothar Bornscheuer, *Topik – Zur Struktur der gesellschaftlichen Einbildungskraft*, Frankfurt/M. 1976; Gonsalv K. Mainberger, *Rhetorica I und II*, Stuttgart 1987/88. 참조.

변경하는 데 있다.

오늘날 사람들은 편견, 해석의 본보기 내지 가치지향성에 대해 언급한다. 이것들은 삶의 세계에서의 방향 설정에 중요한 기능을 수행하는 경험과 의도에 근거한다.[26] 이것들은 그것이 어떻게 나타나든 그렇게 불분명하지는 않으며, 자주 일련의 전제와 가치판단을 전체의 네트워크로 연결시키기 때문에 부분적으로는 복잡한 구조를 가진 실천적인 앎을 내포하고 있다.

직관적인 삶의 방향성에 대한 앎을 무시하지 말라는 기본법칙을 임의로 바꿔서는 안 된다. 왜냐하면, 첫째, 전(前)이론적인 의견은 대체로 일치되어 정당화될 수 있다. 둘째, 이런 종류의 기본전제를 토대로 하여 이성적인 논증이 형성될 수 있다. 그리고 셋째, 편견이 최종적인 것이 아니라 더 검토되어야 한다. 여기서 논증적으로 정당화될 만한 이성적인 편견들도 있다는 것이 명백해질 수 있다.

수사학과 위상학에 대한 이런 종류의 관련은 풍부한 교수법적인 결과를 갖는다. 왜냐하면 위상학은 배우는 사람들이 처해 있는 곳에서 데리고 나와야 한다는 교육적인 규칙을 포함하고 있기 때문이다. 철학수업이나 도덕수업에서는 학생이 미리 가지고 있는 생활세계적인 앎이 사고의 출발점이 되어야 한다는 것이 중요하다. 여기서 수사학과 교수법은 근본적인 관련을 맺는다.

---

26 Ulrich Gebhard, "Intuitive Vorstellungen zur Gentechnik", in: Johannes Rohbeck, (Hg.), *Ethisch-philosophische Basiskompetenz*, Dresden 2004, S. 141 ff.

수업에서 위상학은 일반적인 견해를 말로 표현하고 그것을 알도록 해주는 데 기여한다. 학생에게 자기의 의견을 생각해보고 정당화하도록 요구하면, 이들은 자신의 전제에 대해 분명히 알게 된다. 수사학은 자기 의견을 언어적으로 적절하게 표현해낼 수 있는 전문적인 교수법적 능력으로 간주될 수 있다. 비록 이에 대해 학급 내에서 합의를 목표로 할 수 없다 하더라도 적어도 의견을 알 수 있으며, 서로 정당화가 잘된 것으로 승인된다. 수업을 더 진행하면서 이 의견을 논증적인 작업의 기초로 삼을 수 있다. 여기서 상이한 기본전제들이 이성적이고 이해할 수 있는 방식으로 상이한 실천적인 추론으로 이끌어질 수 있는지가 명백해진다.

이를 넘어서서 학생은 위상적인 절차를 스스로 적용해볼 수 있다. 학생은 '옳게' 논증하는 것을 배울 뿐만 아니라, 논증을 구체적인 상황에서 사용하는 것을 배워서 특정한 대화상대를 실제로 확신시킬 수 있어야 한다. 여기서 학생은 사태적인 것과 사람들 사이의 것의 관계가 가지는 긴장을 창의적으로 다룰 수 있도록 배우게 된다.

이에 상응하는 과제는 공허한 공간에서 논증하는 그런 것이 아니다. 구체적인 상황 속에서 특정한 관련자들과 깊이 생각해보거나 '실제적인' 상황에서 해 볼 수 있는 연습이 중요하다. 이런 전제 하에서 특정한 대화상대자에게 중요하게 구성된 논증이 지나치게 상세한 입증보다 효과적이다. 그리고 특정한 논증이 특정한 상대에게는 다른 사람들에게 보다 더 설득력이 있다는 것을 알 수 있다. 따라서 다양한 동기를 위한 논증을 전개하고 상황에 맞게 바꾸는 것에 그 목적이 있다.

거짓약속으로 돈을 빌리려는 '하인즈'의 가벼운 경우가 세계 경제에 적용되면서 가난한 나라가 자신의 채무를 갚아야 할 의무가 있는지 그리고 어느 정도나 그런지에 대한 질문을 토론해본다면, 다양한 입장들뿐만 다양한 관련자들도 생각될 수 있다. 은행장에게 신용사회에서 신용이 얼마나 중요한지에 대해 확신시킬 수 있다. 이런 맥락에서는 소위 개발도상국의 어려운 처지에 대한 이해가 구해질 수도 있다. 역으로 세계화의 반대자들의 모임에서 빈곤퇴치의 필수성이 아니라 기능적인 신용체계의 중요성에 근거해서 유리한 경우에 가난한 나라들에게도 이득이 될 수 있음을 확신시킬 수도 있다.

예시의 기능

논증할 때 구체적인 상황이 문제가 될 경우 행위자의 상황이 중요한 역할을 하게 된다. 이런 특수한 조건들이 일반적인 논증에서 예시를 통해 설명된다. 수사학에서 예시는 확신을 위한 중요한 수단에 속한다.[27]

예시는 철학수업이나 도덕수업에서도 중요하다.[28] 왜냐하면 예시는 직관적이며 삶에 밀접해 있다; 예시는 학생들이 흥미를 갖게 하고 더 생

---

[27] Aristoteles, *Rhetorik*, a.a.O. (Anm. 14), I 2, 1356b; Goettert, *Einfuehrung in die Rhetorik*, a.a.O. (Anm. 2), S. 87 참조.

[28] Helmut Engels, "Zur Funktion von Beispielen im Philosophieunterricht", in: *Philosophie. Anregungen fuer die Unterrichtspraxis*, 6. Jg. (1984), Heft II, S. 16 ff.; Norbert Diesenberg, "Die Konstruktion innerer Bilder bei der Lektuere philosophischer Texte", in: *Zeischrift fuer Didak tik der Philosophie*, 14. Jg. (1992), Heft 2, S. 101 ff.

각할 수 있게 해준다. 그래서 예시는 논증의 대화상대자를 확신시키는 데 기여한다. 여기서 수학적인 맥락에서 새로운 적용 가능성이 열린다.

하나의 예시에서 일반적인 것이 특수한 것을 통해 재현된다. 개념, 이론이나 규칙이 일반적인 것을 구성한다면, 특수한 것은 사물, 사건이나 이미지로 구성된다. 무엇보다도 철학의 추상적인 이론이 이해하기 힘든 경우가 많다면, 예시를 통한 입증이 도움이 될 것이다.

특수한 것과 일반적인 것의 관계에 바탕을 둔다면, 형식적으로 세 가지 연결 가능성, 즉 첫째, 특수한 것에서 일반적인 것으로, 둘째, 일반적인 것에서 특수한 것으로, 셋째, 상호관계가 생겨난다.[29]

1. 예시가 일반적인 것을 전제로 한다면, 귀납적인 방법을 취하게 된다. 예시의 도움으로 학생은 일반적인 개념을 배우게 된다. 가령 주제가 "자유란 무엇인가?"라면, 우선 자유로운 행위, 사유 그리고 느낌이 나타나는 예시들을 찾을 것이다. 일반적인 정의를 요구하는 대신에 "자유로운" 내지 "자유롭지 못한"을 알 수 있는 구체적인 상황을 생각해보도록 학생들에게 요구한다. 이런 방법으로 학생은 개념적으로 그리고 이론적으로 일반화하기 전에 잘 알고 있는 것으로 주의를 돌려보게 된다.

2. 이와 반대로 예시가 일반적인 것을 따르게 되면, 연역적인 방법이 제안된다. 위에서 언급된 경우에서 자유의 개념이 도입되고 정의되어

---

29 Gottfried Gabriel, "Logik und Rhetorik der Beispiel", in: Ders., *Logik und Rhetorik der Erkenntnis*, Paderborn 1997, S. 129 f.

야 학생은 이 개념을 예시를 통해서 설명해야 한다. 그래서 학생이 개념을 이해했는지에 대한 증거를 제시하게 된다. 그리고 일반적인 개념을 특수한 경우에 적용하는 것을 연습하며, 이를 통해 판단력이 강화된다. 이 방법 또한 성취에 대한 평가에 기여한다.

3. 예시와 개념 간의 상호관계는 교수법적 관점에서 특히 흥미로운 것이다. 왜냐하면 보다 자세히 살펴보면 특수와 일반의 관계는 결코 명백하지 않기 때문이다. 뷔트겐쉬타인의 언어유희론에 따르면 일상적인 언어가 명확하지 않기 때문에 정확한 개념정의가 불가능하다.[30] 그래서 예시의 기능이 변하여, 정립된 의미로 안내하거나 그러한 의미를 단지 입증하는 것이 아니라, 오히려 예시를 사용하여 개념의 암묵적으로 전제되어 있는 의미를 비판하고 변경시킴으로써 예시가 논증적인 기능을 갖게 된다. 그래서 예시에서 이야기들이 말해지면서 내러티브적인 논증으로 기능한다.[31]

철학수업이나 도덕수업을 위해서는 예시가 비판적 기능을 가질 수 있다. 학생은 예시의 도움을 받아 일반적인 진술의 진리를 검증하고 수정하는 것을 배운다. 여기서 정의(定義)나 규칙이 불충분하다는 것이 밝혀질 수 있다.

---

30 Ludwig Wittgenstein, *Das blaue Buch. Eine philosophische Betrachtung*, Frankfurt/M. 1969; Luiz Antonio Marcuschi, *Die Methode des Beispiels*, Erlangen 1976; Matthias Kross, "Philosophieren in Beispielen. Wittgensteins Umdenken des Allgemeinen", in: Hans Julius Schneider/Matthias Kross(Hg.), *Mit Sprache spielen. Die Ordnungen und das Offene nach Wittgenstein*, Berlin 1999, S. 169 ff.; Gabriel, "Logik und Rhetorik der Beispiel", a.a.O. (Anm. 29) 참조.

31 이 책의 "수업에서 철학하기의 문학적 형식" 부분, S. 206-209 참조.

칸트의 윤리학에서 이것이 입증될 수 있다. "정언명법"은 추상적인 규칙으로는 타당해 보이며, 그 정의상(per Definitionem) 모든 경우에 적용될 수 있는 것처럼 보인다. 그렇지만 이 규칙을 선택된 예시에서 검증해보면, 추상적인 규칙으로는 그것을 해결하기에는 충분하지 못하는 예측하지 못했던 이해갈등과 가치충돌이 나타난다. 위에서 구성된 경우와 관련해서 학생은 거짓약속으로 돈을 빌린다는 준칙의 찬반을 명확하게 결정할 수 없는 이야기들을 생각해 낼 것을 요구받게 된다.

변증법과 수사학

위상학 외에도 아리스토텔레스는 변증법으로부터 수사학이 하나의 '새싹'처럼 생겨날 수 있다고 보았다.[32] 변증법이 대화를 이끄는 기술인 대화술과 관련이 있는 한에서는 이것은 옳을 것이다. 철학적인 대화는 플라톤 이래로 방법론적으로 양식화되어서 대화상대자가 말(Rede, These)과 그에 대한 대답(Gegenrede, Antithese)을 통해 숨겨진 진리에 다가가게 된다.[33] 그래서 논증적인 확신의 기본 모델이 태어나게 된다.

수사학적인 전통에서 이 모델은 화자의 독백으로 전승되었다. 한 사람이 혼자서 상호 모순된 논증을 말함으로써 변증법적인 대화에 맞게 내면화한다. 내적인 대화는 그래서 사유의 진행과 동일한 논리에 따른다.

---

32 Aristoteles, *Rhetorik*, a.a.O. (Anm. 14), I 2, 1356a.

33 Ruediger Bubner, *Zur Sache der Dialektik*, Stuttgart 1980, S. 124 ff.; ders., *Dialektik als Topik*, Frankfurt/M, 1990. S. 9 ff.

이 모델은 텍스트의 쓰기에도 적합하다. 그래서 "변증법적 작문"은 국어 수업의 기본에 속한다.[34] 여기서 5문장법이라고 알려진 특정한 형식이 생겨났다.[35] 다섯 '문장'은 변증법의 세 입장과 도입, 그리고 결론으로 구성된다:

도입(Einleitung)
주장(Hauptteil)
정립과 반정립(These — Antithese)
종합(Synthese)
결론(Schluss)

5문장법의 형식은 연쇄선상에서나 변하는 입장에서 혹은 비교나 대립의 측면에서 주장함으로써 여러 가지 방식으로 변할 수 있다. 여기서는 국어수업을 반복하지는 않겠다. 철학과 도덕의 교수법에서 변증법적 작문은 그저 타협으로 끝내는 것이 아니라 그 이름에 걸맞게 이뤄져야 한다. 문제는 정립과 반정립의 구성보다는 철학적으로 어려운 종합을 이끌어 내는 데 있다.[36]

---

34 그동안에는 '변증법적'이라는 말을 피하고 '찬-반 서술'이라고 하였다. Ulf Abraham u.a., *Praxis des Deutschunterrichts*, Donauwoerth 1998, S. 97 ff.; Juergen Baurmann/Otto Ludwig, "Die Eroerterung - oder: ein Problem schreibend eroertern?", in: *Praxis Deutsch*, 17. Jg. (1990), S. 16 ff.; Eva-Maria Kabisch, *Aufsatz 9/10 kurzgefasst*, Stuttgart 1990, S. 11.

35 Helmut Geissner, "Zum Fuenfsatz", in: Joachim Dyck(Hg.), *Rhetorik in der Schule*, Kronberg 1974, S. 32 ff.

36 이 책의 "전도된 세계 - 비판 방법으로서의 변증법", S. 118-121 참조.

다시 자유라는 개념을 가지고 논의해보자: 자유는 구체적인 생각과 결합시켜보면 우선 적극적인 가치로 고정된다. 그렇지만 보다 깊이 생각해보면, 자유는 '강제로부터의 자유'로서의 소극적인 의미, 즉 결정론이 없이는 생각될 수 없다는 결론을 얻게 된다. 여기서 작문은 '최대한 많은 자유를, 필요한 만큼의 많은 강제를'이라는 표어에서처럼 피상적인 'A도 B도'로 구성될 수 있는 위험이 있다. 이에 대해 자유와 필연성을 보다 상위의 관계하에서 고찰해 봄으로써 변증법적 전환을 하는 것이 중요하다. 이에 대해서는 '필연성에 대한 통찰로서의 자유'라는 고전적인 형식에서부터 '책임의 윤리'에 이르기까지 매우 다양한 가능성이 있다.

이 모델에 따라 교사는 학생에게 변증법적 방법으로 작문할 수 있도록 안내해줄 수 있다. 이를 위해 모순이 인식될 수 있는 주제들은 다음과 같다:

인간 인식에서의 진리와 오류

이론과 실천

인간 행위에서의 좋음과 나쁨

의무와 충동

육체와 정신

이성과 감정

남성적인 것과 여성적인 것

자연과 문화

역사에서의 진보와 파멸

수사학의 양식에 속하는 역설은 이에 상응하는 예시로서 적합하다. 역설은 논증으로 해결하기 위해서는 인식해야만 하는 모순이 있는 진술을 가지고 있다:

　　비정치적으로 행동하는 것도 정치의 일종이다.

　　선택하지 않는 것도 선택이다.

　　결정할 수 없다는 것도 결정의 하나이다.

　　등등

제14장

철학자들은 농담하지 않는다
-철학수업과 도덕수업에서의 아이러니

아이러니는 일상생활에서 많이 접하게 된다. 광고에서 아이러니는 이미 항상 나타난다. 상대에게 여분의 신용카드를 발급하고 있는 여성근무자에게 은행이 다음과 같이 말하게 한다: "남자들도 역시 사람이야." 독일항공사인 저먼윙스(Germanwings)는 마드리드에서 다음과 같은 슬로건으로 광고한다: "19유로로 여행을. 우리는 농담하지 않아. 우리는 독일인이야."

상담관련 서적들에서도 아이러니는 번창하고 있다. 어떻게 하면 채팅을 잘할 수 있는지를 신문에서 알고 싶은 사람은 다음과 같은 팁을 얻는다: "애인에게 쉬지 말고 당신의 오펠 자회사의 판매의 어려움에 대해 이야기하시오." 그리고 자신의 돈을 어떻게 투자해야 할지 모르는 사람은 다음과 같은 조언을 듣는다: "돈을 침대 밑에 숨겨두시오." 그리고 '나쁜 감정을 갖기 위한 기술'이나 '불만족을 위한 지침'과 같은 책들이 추가된다.[1] 이런 영화 제목도 있다: '성적인 불만족을 위한 지침'[2]

진지한 언론사에서도 아이러니는 더 이상 어구주해나 '가장 뒷면'에서가 아니라 기사보고에서 오히려 더 많이 나타난다. 독일에서의 환경정책과 관련된 시사 주간지의 제목을 "속도 200 − 숲을 위하여(Tempo 200 − dem Wald zuliebe)"이라고 달았다.[3]

끝으로, 정치적인 행위도 아이러니일 수 있으며, 무엇보다도 그 행위가 반대를 표출하는 경우라면 더 그렇다. 사민당의 의장인 벡(Kurt Beck)이 어느 실업자에게 "취업하려고 지원하기 전에 먼저 세수하고 면도해요"라는 도발적인 충고를 하자, 며칠 후에 마인쯔에 있는 그의 사무실에 취업을 요청하는 '세수하고 면도한' 수백 명의 실업자들이 모여들었다.

아이러니는 분명히 조금씩 나아진다. 아이러니는 그동안에 항상 존재한다. 아이러니적인 굴절이 없다면, 하나의 진술이 무미건조할 것이다. 아이러니를 더 이상 알아채지 못하지만, 그것이 없을 경우 김빠진 기분이 들

---

1 Dan Geenberg, *Die Kunst, sich schlecht zu fuehlen*, Berlin 2002; Paul Watzlawick, *Anleitung zum Ungluecklichsein*, Muenchen 2005.

2 http://filmweltverleih.de/aktuell/profil.php?ID=110232900133cfe2a9dd8ef2.

3 *Vanity Fair* vom 7. Februar 2007.

게 된다. 언어적 유희는 삶의 형식이 된다.

아이러니는 무엇인가? 어떤 철학사전에는 화자가 의도했던 것과 달리
말할 때, 청자가 그 차이를 알아채는 경우와 같은 표현방식을 아이러니하다
고 말한다.[4] 아이러니는 그래서 지성을 요구하며, 주의와 홍미를 제공한다.
그리고 아이러니가 누군가를 다치게 하지 않도록 사용되는 한, 아이러니가
갈등을 완화시키고 편안한 분위기를 만드는 데 기여할 수 있다면, 유머처럼
작용하기도 한다.

특히 아이러니는 철학에서 중요한 역할을 수행한다. 왜냐하면 아이러
니는 많은 철학자들의 중요한 주제이며 동시에 철학 텍스트에서 널리 쓰이
는 양식이기 때문이다. 여기서는 아이러니가 일상적인 것에 대한 앎, 문학
그리고 철학의 경계영역에서 인간적인 숙고의 기본태도에 속한다는 것을
보여줄 것이다.[5] 이러한 다양한 가능성이 철학수업이나 도덕수업에서조차
도 실현될 수 없다면 웃기는 일일 것이다.

---

4 *Enzyklopaedie Philosophie und Wissenschaftstheorie*, Bd. 2, hg. vm Juergen Mittelstrass,
S. 295-297; Marika Mueller, *Die Ironie. Kulturgeschichte und Textgestalt*, Wuerzburg 1995,
Einleitung o.S.; Martin Hartung, *Ironie in der Alltagssprache. Eine gespraechsanalytische
Untersuchung*, Wiesbaden 1998, S. 11 f.

5 이 주제에 대해서는 이 책의 "수사학과 철학 교수법"이라는 주제로 다뤘다. S. 213-227;
Volker Haase, "Ironie im Ethikunterricht", in: *Zeitschrift fuer Didaktik der Philosophie und
Ethik*, 27. Jg. (2005), Heft 2, S. 137-144.

아이러니와 교수법

아이러니가 철학이나 도덕의 교수법에 지금까지 거의 등장하지 않았다는 것은 아마도 일반적인 교수법적 사유와 관련되어 있다. 오랫동안 교육학자들은 자기 것이 아닌 말하기의 위험을 경고해왔다.[6] 실제로 이러한 두려움은 옳지 않다. 왜냐하면 양날의 검이기 때문이다. 아이러니가 진술을 약화시킬 수도 있지만 또한 강화시킬 수도 있다. 아이러니는 상황을 진정시킬 수도 있고 또 동시에 첨예하게 만들 수도 있다. 아이러니는 어떤 사람을 배려할 수도 있지만 이 사람을 해칠 수도 있다. 이러한 손상의 위험 때문에 아이러니를 사용하는 교사는 동료와 학생들에게 자주 경멸당했다. 아이러니는 학생을 웃음거리로 만들 의도를 가지고, 무엇보다도 냉소와 조롱 안에 포함된다면, 인지적이고 사회적인 숙고의 표현으로 이해된다. 그래서 학생들은 아이러니적인 주목에 모욕감을 느끼면서 쫓겨난 듯한 기분을 느낀다. 이를 통해서 의사소통은 깨질 위험에 처하고, 그래서 교사와 학생의 관계는 아마도 영원히 깨질 것이다.

최근에 들어와서 아이러니에 대한 교육적 평가가 새롭게 이뤄지고 있다. 무엇보다도 학생의 연령대가 좀 있고 동시에 여러 분야의 문제들에 대해 준비가 되어 있는 직업학교들이 아이러니의 집단역학적 가능성을 발견

---

6 Norbert Groeben und Birgit Scheele (Hg.), *Produktion und Rezeption von Ironie*, Bd. I, Tuebingen 1985, S. 16; 이에 대한 다른 참고 문헌으로는 Mueller, *Die Ironie. Kulturgeschichte und Textgestalt*, a.a.O., (Anm. 4), S. 121; Haase, "Ironie im Ethikunterricht", a.a.O. (Anm. 5), S. 137f. 참조.

하고 있다.[7] 갈등을 해결하기 위해 아이러니 개념을 언급하지 않고 분명하게 간접적인 말하기의 수단을 고려해본다. 다음의 예는 17세와 19세 사이의 학생들의 학급에서 일어난 경우이다:

> 여학생이 수업에 지각하여 아무런 말도 없이 자기 자리에 앉는다. 여선생님은 생각한다: '참 뻔뻔하구나, 제 시간에 오지 않고도 한 마디 사과도 없다니! 혼내야겠군. 그렇게 하지 않으면 내가 진지하게 받아들일 수가 없겠어.' 그러고는 그 학생에게 말한다. "좋아, 네가 다음 시간에 첫 번째로 오겠다는 것이 아니라 지금 같이 공부하고 싶다고 결정했다는 거군." 그러자 여학생은 웃고는 시간 내내 열심히 수업에 임한다. 그러고 나서 그 학생은 선생님에게 와서 사과한다.

이런 종류의 아이러니가, 이제 설명되겠지만, 성공적이라면, 다른 종류의 학교와 학급에서 사용될 수 있는지에 대해서 물어야 한다. 교사가 9학년에서 "더 크게 말할래?"를 말해서는 안 된다. 무엇보다도 학생은 유희적인 관계에서 아이러니를 의미 있게 사용하고 이해하는 것을 배워야 한다.

이 장에서는 아이러니를 생산적으로 바꾸는 것을 제안하고자 한다. 잘 처방된 독은 치유 효과를 가질 수 있다는 모토를 가지고, 아이러니적인 말

---

7 Dagmar Elisabeth Vogel, "Der Blick ins Klassenzimmer. Systemisch-konstruktivistisches Arbeiten mit Schuelern", in: *Die berufsbildende Schule*, 56. Jg. (2004), Heft 2, S. 48; 직업학교에서 다루는 도덕 교과의 교과서에서 아이러니적인 텍스트와 삽화들이 자주 등장한다는 관찰이 나오고 있다.

하기 방식을 완전히 포기해야 할 근거를 오용의 위험에서 찾을 수는 없다. 아이러니가 다루기 어렵기 때문에 아이러니의 도움으로 무언가를 배운다는 것이 기대될 수 있다. 지적인 장애물이 있을 때 더 높은 단계의 숙고에 도달한다. 어려운 상황이 아이러니적인 방식으로 숙달되면 논쟁이 보다 완화될 수 있다. 아이러니는 의식적으로 그리고 의도적으로 숙고와 갈등 극복을 매개해주기 위하여 사용될 수 있다. 이런 방식으로 아이러니는 지적이고 사회적인 능력에 기여한다. 따라서 이 장의 실제적인 제목은 '아이러니로의 입문'이 될 것이다.

철학수업과 도덕수업의 특별한 기회는 의사소통적인 기능을 설명하기 위해서 아이러니를 주제로 삼는 데 있다. 여기서 매개하는 능력으로서의 아이러니와 철학하기의 대상으로서의 아이러니가 구분될 수 있다.

아이러니를 사용할 수 있는 사람의 능력은 자신만의 발화상황에 대해 숙고하는 데 있으며, 그런 사람은 아이러니를 외부에서 보고 습관적인 신념을 무너뜨리면서, 익숙하지 않은 방식으로 아이러니를 구성한다. 아이러니를 이해할 수 있는 사람의 능력은 낯설거나 낯설게 만들어진 관점을 적절하게 파악하는 데 있으며, 그런 사람은 상황의 맥락 속에서 아이러니를 해석한다.

철학에서 주제는 고대부터 현대에 이르기까지 아이러니이다. 소크라테스의 아이러니로부터 시작해서 이것이 아리스토텔레스에게서 변형된다. 특히 아이러니는 고대 로마와 중세에서 수사학적인 수단이다. 아이러니는 독일 낭만주의에서 정점을 이루며, 19세기에는 키에르케고르(Søren

Kierkegaard), 그리고 20세기에 와서는 로티(Richard Rorty)의 포스트모던 철학에서 잘 찾아볼 수 있다.[8] 그러나 여기서는 그러한 이념이나 개념의 역사를 살펴보고자 하는 것이 아니다.[9] 그 대신에 교과교수적인 결과를 도출해내기 위해 키에르케고르의 예에서 아이러니의 생철학적인 차원을 살펴보고자 한다. 키에르케고르의 출발점은 철학 교수법에서 대화형식의 모범이 되는 소크라테스이다.

소크라테스적 아이러니

키에르케고르는 소크라테스적 아이러니에 대한 근대적 발견자이다.[10] "나는 아무것도 모른다는 것을 나는 알고 있다"라는 핵심문장이 아이러니적으로 생각된 것임을 보여주었다. 변증법적인 표현방식은 이러한 무지의 종류를 항상 앎(知)이 된다는 것을 의미한다. 실제로 소크라테스는 모든 것을 알고 있다고 믿는 자들에게 반대할 때 아는 자로 등장한다. 그가 겉으로 보기에는 모르는 자처럼 보이지만 실제로는 그의 대화 상대자보다 더 많은

---

8 이에 대해서는 다음 글 참조. Urs Thurnherr, "Pluralismustauglichkeit und Bildung. Ueber die Kunst Pluralitaet auszuhalten und zu leben", in: Johannes Rohbeck/Volker Steenblock (Hg.), *Philosophische Bildung und Ausbildung*, Dresden 2006, S. 61 f.; ders., "Die Bildung der Selbstironie", in: *Zeitschrift fuer Didaktik der Philosophie*, 29. Jg. (2007); Haase, "Ironie im Ethikunterricht", a.a.O. (Anm. 5), S. 138, S. 142.

9 *Historisches Woerterbuch der Philosophie*, Bd. 4, S. 578-582; *Historisches Woerterbuch der Rhetorik*, Bd. 4, S. 599-624; *Aesthetische Grundbegriffe*, Bd. 3, S. 196-244; Mueller, *Die Ironie. Kulturgeschichte und Textgestalt*, a.a.O. (Anm. 4), S. 1-102 참조.

10 Sören Kierkegaard, "Ueber den Begriff der Ironie mit staendiger Ruecksicht auf Sokrates" (1841), in: *Gesammelte Werke*, hg. v. Emanuel Hirsch u.a., Guetersloh 1991, Abt. 31, Erster Teil: "Der Standpunkt des Sokrates verstanden als Ironie", S. 5-203.

것을 알고 있다. 그는 물어지는 사람에게 모른다고 하면서 무지한 자로 연기하는 열등한 사람인 것처럼 군다. 교묘한 사기꾼처럼 그는 열등한 사람처럼 굴면서 당혹감을 보여준다. 역으로 물어진 사람들은 아는 자의 역할을 표면상으로는 하고 있다. 소크라테스가 '현자 일거라는' 비방에 대한 소크라테스의 변론조차도 아이러니적인 잠재된 의미를 갖는다.[11]

소크라테스부터 시작하는 것은 소크라테스적 대화가 철학수업의 가장 중요한 모델에 속하기 때문이라는 것은 분명하다. 그럼에도 소크라테스적 아이러니는 철학의 교수법에서 어떤 역할도 하지 않는다.[12] 오늘날의 소크라테스주의자들은 소크라테스 스스로 자신의 방법이라고 말했던 '산파술'에 초점을 맞추며, 이것을 현재의 수업 안으로 가지고 온다. 이들은 소크라테스적으로 그리고 소크라테스와 무관하게 열려진 대화를 가능하게 하기 위해서 이러한 소크라테스의 진술을 단어적으로만 받아들인다.

그렇지만 실제적인 학교의 일상에서는 소크라테스적인 아이러니의 계기들이 있기 마련이다. 물음을 통해 확장되는 수업대화에서 교사가 물음을 던질 때 마치 그가 대답을 미리 가지고 있지 않은 것처럼 하는 아이러니적인 태도를 갖는다. 이것은 경험상 대학에서 강의할 때에도 그렇다. 이탈리

---

11 Platon, "Apologie des Sokrates", 23a. − 이런 태도는 아리스토텔레스에 의해 입증되었고, 존중되었다: *Nikomachische Ethik*, 1108a, 1127a-1128a; Rhetorik, III 18, 1419b.

12 아이러니의 개념은 단지 부수적이며 부정적인 의미로 언급되고 있다: Ekkehard Martens, *Dialogisch-pragmatische Philosophiedidaktik*, Hannover 1979, S. 75; Gisela Raupach-Strey, *Sokratische Didaktik*, Muenchen 2002, S. 138 참조.

아에서 어떤 학생이 "교수님인데도 왜 학생들에게 물음을 던지세요?"라고 물은 적이 있다. 구술시험의 대화에서도 아이러니한 상황이 벌어진다. 평균 이상의 좋은 시험대상자와 토론하면서, 자주 "이것은 '진짜' 질문이야"라고 말하곤 한다.

이런 딜레마로부터 어떤 결과가 발생할까? 묻고 답하는 놀이를 진지하게 하는 것은 문제가 있다. 이와 반대로 수업 상황의 아이러니한 것들을 다 보여주고 알도록 하는 것이 보다 솔직한 것처럼 보인다.

삶의 철학으로서의 아이러니

키에르케고르는 이를 넘어서 고유하고 독창적인 입장을 전개했는데, 이것을 '자제된 아이러니(beherrschte Ironie)'라고 하였다. 그는 아이러니에 대한 자신의 개념을 두 측면으로 구분하였다. 그는 쉴레겔(Friedrich Schlegel)의 낭만적 철학과 관련되는 '소비적으로 돌진하는' 아이러니에 반대하였다.[13] 이것은 아이러니를 인간 현존의 한계와 유한성을 파악하게 해주는 '철학적인 능력'이라고 보았다. 현실 세계는 이상적인 것의 완성을 추구하기 위해 넘어서야 하는 것으로 간주되었다.

---

13 Friedrich Schlegel, "Kritische Fragmente91769-1801)", in: *Kritische Friedrich-Schlegel-Ausgabe*, Bd. 2, hg. v. Ernst Behler, S. 147-272.

쉴레겔의 철학은 헤겔을 '실제성에 대한 두려움'이라고 비판하였다.[14] 낭만적인 아이러니는 그에게 있어서 너무나 주관적이고 비현실적이었다. 자기 부정의 경향 안에서 그는 파괴적인 경향을 보았다. 이에 반해 그는 무한한 것에 대한 동경을 유한한 실재성과 생동적인 이성으로 조정하려고 하였다.

키에르케고르는 헤겔적인 입장과 연결된다; 그렇지만 아이러니의 긍정적인 잠재력을 주장함으로써 그러한 논쟁을 피한다.[15] 아이러니가 '제한'되고 '통제'된다면, 학문에서의 필연적인 의심을 촉진할 뿐만 아니라 '개인적인 삶을 위해서'도 촉진적으로 작용할 것이다. 이런 전제 하에서 아이러니는 경계를 보여주고 제한을 설정하는 데 기여한다. 그래서 아이러니는 삶의 '엄격한 교사' 그리고 '길안내자'로 기능한다. 아이러니는 바다에서의 짧은 목욕과 같아서, 이로부터 우리는 정화되고 원기가 생겨 다시 안전한 육지로 나아갈 수 있게 해준다.

수업에서 익숙한 인간의 이성과 일상적인 삶의 습관들에 대해 문제가 제기되는 예시들이 모여질 수 있다. 아이러니는 그렇다면 생활세계와의 소

---

14 Georg Wilhelm Friedrich Hegel, "Vorlesungen ueber die Aesthetik", in: *Werke in zwanzig Baenden*, Bd. 12-14, hg. v. Eva Moldenhauer und Karl Markus, Frankfurt/M. 1970, hier: Zweiter Teil, Bd. 14, S. 127 ff.

15 Kierkegaard, "Ueber den Begriff der Ironie mit staendiger Ruecksicht auf Sokrates", a.a.O. (Anm. 10), Zweiter Teil: "Ueber den Begriff der Ironie", S. 245-335, insbes. das Kapitel "Ironie als beherrschtes Moment", S. 328-355; Susanne Schaper, *Ironie und Absurditaet als philosophische Standpunkt*, Wuerzburg 1994, S. 33f. 참조.

박한 공생, 즉 자기 만족과 적응에 대하여 비판의 입장에 서 있다. 일치에
반하는 이런 종류의 저항은 학생들에게 필요하다.

철학적 텍스트에서의 아이러니한 비판

아이러니는 철학의 주제일 뿐만 아니라 철학자들은 아이러니를 하나의
쓰기 양식으로 사용한다. 철학 텍스트 안에서 아이러니를 인식하지 못하는
사람은 텍스트를 이해할 수 없다.[16] 그래서 아이러니한 구성을 간파하는 것
이 학생의 기본적인 읽기 역량에 속한다.

글 쓰는 스타일이 훌륭하다고 알려진 안더스(Guenter Anders)의 글을 예
시로 이를 보여주고자 한다.[17]

---

16 아이러니는 피사(PISA)연구에서도 과제에 속한다. 학생은 아이러니, 유머 그리고 논리
적인 구성처럼 텍스트의 특성을 비판적으로 평가하고 그 영향을 이해할 수 있어야 한다:
Max Planck Institut Berlin, www.mpib-berlin.mpg.de/pisa/KurzFrameworkReading.pdf;
Volker Steenblock, "Bildungstradition und Bildungssysteminnovation – Skizzen zu einer
gegenwaertigen Problemlage philosophischer Bildung", in: *Philosophische Bildung und
Ausbildung*, a.a.O. (Anm. 8), S. 11-42.

17 Guenter Anders, *Die Antiquiertheit des Menschen*, Bd. 1, Muenchen 1987, S. 31-35; 이외에
도 *Zeitschrift fuer Didaktik der Philosophie*, 14. Jg. (1992), Heft 3.

권터 안더스(Guenter Anders): 인간의 진부함

미국인 공군 교관이 자신의 직무상 자연이 그를 한 번 만들었던 그런 인간이 되라고 그의 생도, 즉 '부실공사(faulty construction)'에게 가르쳤다.

진지하게 했거나 농담으로 했는지에 상관없이 '탈영'을 위한 더 나은 증언은 생각되어질 수 없다. 왜냐하면 구성, 특히 결함 있는 구성으로서 인간은 자연히 장치의 일종으로 여겨진다. 이 범주가 보편적으로 적용될 수 있을 뿐만 아니라 창의적인 것으로 승인될 경우에만, 새로운 해석이 가능하며, 구성되지 않은 것이 잘못된 구성으로 나타날 수 있다.

힘, 속도, 정확성과 관련된 것을 인간이 자신의 기계 하에 두려고 하는 것, 즉 자신의 사유의 성취가, 자신의 '컴퓨팅 머쉰'과 비교하여, 나쁜 결과가 된다는 것은 논쟁의 여지가 없다. 그의 (장치에게 빌린) 관점으로부터 교관은 옳았다. [⋯]

기계의 힘, 속도 그리고 정밀도의 우위가 항상 유지된다는 것도 분명하다. − 사물은 굳어 있고 확정적인 것이다. 반면에 우리 인간은 − 물론 이것이 우리의 존엄성을 구성해준다 − 살아 있고, 모형을 만들 수 있고, 적응력있고, 탄력적이고, 또한 자유롭다. 그러나 이것을 이 공군교관은 부정할 것이다. "반대로!"라고 그가 외칠 것이다. "내가 인간을 '부실공사'라고 부른다면, 우리가 사물과 비교해볼 때 인간은 경직되어 있고 자유롭지 못하기 때문이야![⋯]"

지금 우리의 몸은 어제의 몸이지, 오늘 우리 부모의 몸도, 우리 조상의 몸도 아니다. 로켓공학자들의 몸은 빙하시대의 혈거인의 몸과는 구분되지 못한 것이나 다를 바 없다. 몸은 형태적으로는 같다. 도덕적으로 보면, 자유롭지 못하고, 반항적이며 고집불통이다. 장치의 관점에서 보면, 기계의 상승 속에서 보수적이고, 진보적이지 않으며, 낡았고, 수정불가능하고, 무거운 것이다. 짧게 말해서 자유와 부자유의 주체는 바뀐다. 사물이 자유롭고, 인간은 자유롭지 못하다.

(Muenchen 1987, § 4, S. 31-35)

354 철학·도덕 교육의 교수법−철학함으로 도덕 가르치기

안더스는 다양한 관점들로부터 그리고 여러 수준에서 아이러니를 다룬다. 공군 교관이 자신의 소견을 '진지하게 했거나 농담으로 했는지', 즉 아이러니하게 생각했는지에 대해서는 열어둔다. 인간이 실제로는 '부실공사'이며, 자신의 기술적인 기계 하에 놓여 있으며 전개과정에서 '자유롭지 않다'고 주장하는 그가 옳다고 말함으로써, 그러한 아이러니를 부정한다. 이 주장에는 고유하면서도 실제적인 아이러니가 들어있다. 왜냐하면 실제로 그는 공군교관이 기계의 관점에 서 있다고 비판한다. 안더스는 기술의 지배가 그동안 사실로 되어 버렸음을 인정하지만, 이러한 사실을 인간의 관점에서 판정한다. 그의 아이러니로 그는 인간과 기술의 전도와 더불어 현대 문명에서의 소외와 사물화에 대하여 절망적인 비판을 구성하고 있다.

이 텍스트 읽기와 연결하여 다음 과제가 제기될 수 있다:
- 이 글에서 아이러니적인 전환을 분석하시오.
- 안더스에게서 아이러니의 기능을 설명하시오.
- 명료한 글로 재구성하여 아이러니를 고쳐 쓰시오.
- 유사한 주제에 관한 아이러니한 글을 쓰시오.

일상생활에서의 아이러니

도입부분에서 언급했듯이 아이러니는 광고나 참고용 문헌에서처럼 일상에서 보다 큰 역할을 한다. 철학수업과 도덕수업에서는 아이러니를 다루기 위한 넓은 영역이 있다. 물론 예를 들어 캐리커처도 기본적인 목록에 들어가지만, 모든 재치있는 표시도 이미 아이러니하다. 그 밖에도 이런 관계에서 아이러니를 숙고할 가능성이 제공된다. 이것을 예시로 설명하기 전에 아이러니를 어떻게 알아볼 수 있는지에 대해 명료해져야 한다.

1. 어떻게 아이러니를 알 수 있는가?

아이러니에서는 인간의 의사소통의 복잡한 형식이 중요하며, 이 형식은 화자와 청자에게 특정한 지적 능력을 요구한다. 왜냐하면 아이러니는 화자가 진리라고 생각하는 것을 말해야 한다는 규칙을 위반하는 것이기 때문이다. 그렇지만 거짓말과 달리 화자는 말해진 것과 의도된 것과의 차이를 알아차리게 해야 한다. 화자는 "조심해, 그것은 아이러니하게 의도된 거야!"라는 것을 보여주는 신호를 정한다.[18]

그럼에도 불구하고 진리로부터 벗어나는 것은 청자에 의해 극복되어야 할 불안전성을 만들어낸다. 청자가 말해진 것을 의도된 것과 다시 합쳐서 이해한다면, 의사소통의 장해물은 제거된다. 청자가 언어적으로 들은 것의 배후에 의도된 의미를 추론해낼 수 있다면 그는 아이러니를 이해한 것이다.

---

18 Harald Weinrich, *Linguistik der Luege*, Heidelberg 1974, S. 61 ff.; Dragan Stojanović, *Ironie und Bedeutung*, Frankfurt/M. 1991, S. 107 ff.; Mueller, *Die Ironie. Kulturgeschichte und Textgestalt*, a.a.O. (Anm. 4), S. 103 ff.; Hartung, *Ironie in der Alltagssprache. Eine gespraechsanalytische Untersuchung*, a.a.O. (Anm. 4), S. 69 ff.

아이러니를 말하기뿐만 아니라 아이러니를 이해하기도 그 맥락, 특히 구체적인 상황과 같이 고려해야 기능한다. 이를 위해서는 무엇보다도 매개의 관계와 관련된 선지식(Vorwissen)이 필요하다.

언어적인 의사소통에서 상황을 직접 체험했기 때문에 그것은 보다 쉬울 것이다. 여기에는 눈짓이나 공감적인 목소리 혹은 억양처럼 아이러니의 신호들이 부가된다. 문어적인 이해는 이에 달리 저자와 독자가 분리되어 있기 때문에 보다 위험스럽다. 부가적인 아이러니 신호로서 여기서는 앞에 나왔던 안더스의 글에서 볼 수 있는 것처럼, 따옴표, 인용표, 줄표, 방점이나 이탤릭체 등이 사용된다. 양식화된 신호는 과장된 표현, 모험적인 은유, 반복 내지 과장된 표현들이다. 아이러니의 신호는 화자가 거짓말쟁이가 아니라는 것을 알려주는 데 기여한다. 중요한 것은 청자가 이 신호를 이해하는 것이다.

이런 기능방식은 수업에서 처음에 언급되었던 광고 표현들의 예에서 밝혀질 수 있다. 이 표현들은 특정한 맥락에 대한 암시를 가지고 있으며, 의도된 것을 이해하기 위해서는 사람들이 알아야만 하는 것이다. '남자도 역시 사람이야'라는 슬로건은 '우리는 모두 사람이야'라는 상투적인 말을 암시할 뿐만 아니라 특히 '여자도 사람이야'라는 것에 대한 남성중심주의적인 버전을 암시한다. 경력 있는 여성이 전형적인 남성의 역할을 하면서 그렇게 행동하는 그런 남성들에게 잘못을 알게 함으로써 이 버전은 여기서 아이러니스럽게 바뀐 것이다. 이런 방식으로 판에 박힌 관념들이 낯설어지면서 의식하게 만든다. 이 배후에는 물론 많은 여성이 경력 쌓는 것을 가능하게 해주는 '새로운' 페미니즘이 있다.[19] 이런 관계는 어쨌든 잘 알려져 있으며, 이 말에 대해 웃을 것이다.

저먼윙스의 광고에 나온 '우리는 농담하지 않아. 우리는 독일인이야'라는 표현은 문화 간의 맥락을 암시한다. 외국에서 독일인들은 유머스럽지 않다고 여기진다. 이러한 편견이 여기서는 제안이 참이라는 것에 대한 주장으로 기여한다. 그렇지만 동시에 이 편견이 아이러니하게 상대화된다. 왜냐하면 농담하지 않는다고 스스로 트집 잡는 것이 농담처럼 의도되었기 때문이다. 이러한 세련된 자기아이러니(Selbstirionie)로 동시에 동감이 얻어진다. 이 경우에서도 아이러니를 이해하기 위해서는 편견을 알아야만 한다.

아이러니가 어떻게 위험할 수 있는지를 학생에게 보여주기 위해서 건강 계몽을 위한 국가의 광고시리즈가 적절하다. 이와 관련하여 학생들은 '흡연은 안정시켜준다' 혹은 '흡연은 강하게 만들어 준다'와 같은 표어로 묘사된다. 경험 연구에 따르면, 설문된 청소년의 40%만이 이 표어의 아이러니를 이해하였다. 30%의 청소년은 담배회사의 광고라고 생각하였다. 그로 인해서 이 표어는 사용되지 못했고, 단지 교사들에게만 사용되었다. 이 예시는 맥락 그리고 그에 상응하는 신호가 충분히 명확하지 않을 때 아이러니가 어떻게 실패할 수 있는지를 보여준다.

---

19 Mueller, *Die Ironie. Kulturgeschichte und Textgestalt*, a.a.O. (Anm. 4), S. 183 f.; 80년대에 나온 이 예시는 아직도 현실적이다.

수업에서 이런 실험은 반복될 수 있다. 이와 연결하여 아이러니의 신호를 체계적으로 배울 수 있다. 흡연이 강하게 하거나, 성장하게 하거나, 섹시하게 만들어주지는 않는다는 것은 관찰자의 선지식에 해당한다. 이외에도 좌파적인 진술은 단조롭고 과장되게 구성된다. 다음과 같은 것, 즉 확실한 의미로 된 쉬운 글을 통해 반대로 바뀌지는 것이 아이러니에 적합하다. 조명이 잘 갖춰지지 않은 사진도 실제로 부정적으로 작용하게 된다. 금연하라는 명백한 메시지가 법 아래에 있다.

2. 아이러니는 무엇을 위한 것인가?

그래서 아이러니한 글과 그림들을 다룬다는 것이 수사학적인 양식의 연습으로 국한되는 것이 아니며, 아이러니가 어떤 기능을 하는 것인지에 대해 더 물어야 한다. 화자가 의도한 것을 왜 간단히 말하려 하지 않을까? 그가 달리 말해서 얻는 것은 무엇인가? 그는 아이러니로 어떤 결과를 목표로 하는가? 이 물음에 답하기 위해 아이러니를 심리 현상으로 간주해본다.

심리학에서는 대체로 아이러니의 네 유형을 구분한다. 첫째, 사실적인 열세와 동시에 지적인 우월의 상황에서 저항하면서도 보호하는 아이러니, 둘째, 서로 이해를 갖고 있거나 동감이 느껴지는 동등한 위치에 있는 사람들 사이에서 구성주의적-비판적인 아이러니, 셋째, 간접적으로 적극적인 입장을 가지는 애정 어린 아이러니, 넷째, 상대를 깎아내리기 위해 숙고를 입증하면서 교만스러운 아이러니들이 있다.[20]

---

20 Groeben/Scheele, *Produktion und Rezeption von Ironie*, a.a.O. (Anm. 6), S. 244.

이런 아이러니 유형을 수업에서 전개하고 시험해보기 위해서는 역할놀이가 적합하다. 아이러니는 갈등의 해결에 기여할 수 있으며, 특히 앞의 세 가지 유형들이 그렇다. 상황을 완화시키는 아이러니는 유모어와 공통된다. 아이러니를 잘 쓰는 사람은 소통을 잘하고, 사회적이며 외교적일 수 있다. 여기에 직업학교의 교수법에서의 예시가 있다.[21]

한 학생이 여러 차례 매우 피곤한 상태로 등교한다. 수업을 따라가기 위해 노력을 많이 한다. 눈이 자꾸 감긴다. 그는 좌석에 머리를 대고 잠이 든다. 여러 차례의 경고 끝에 교사는 아이러니한 반응을 보여주기로 결정하였고 그래서 다음과 같이 말한다. "지금부터 내 수업에서 자는 것을 허락할게." 학생은 "농담하지 마세요!", 교사는 "아니야, 진심이야.", 학생은 "그렇다면 더 이상 자지 않아요! 선생님이 자는 것을 허락해주면, 저는 더 잘 수 없어요!"라고 말한다. 학생은 수업에서 더 이상 잠을 자지 않았다.

교사가 적용한 이 방법은 '역설적 개입(paradoxe Intervention)' 속에 있다. 이 경우에 실제로는 혼날 만한 것인데도 수업시간에 자는 것이 허용된다. 그러나 이 허용은 효과적이다. 그렇게 자극받으면 예전처럼 더 이상 할 수 없으며, 자신의 행동을 고치게 된다.

이 과정을 심리학자인 봐쯔라빅(Paul Watzlawick)이 발전시켰다.[22] 그는

---

21 Vogel, "Der Blick ins Klassenzimmer. Systematisch-konstruktivistisches Arbeiten mit Schuelern", a.a.O. (Anm. 7), S. 49.

22 Paul Watzlawick, *Menschliche Kommunikation*, Bern 1990, S. 220 ff.; ders., *Muenchhausens Zopf- und Psychotherapie und Wirklichkeit*, Muenchen 2006.

치료적인 목적으로 사용하는 '징후 증서(Symptomverschreibung)'라는 기술이라고 불렀다. 어떤 행동을 의도적으로 그리고 의식적으로 변경하려는 요청이 대체로 효과가 없기 때문에, 치료자는 환자에게 자신의 징후를 의도적으로 표현할 것을 요청한다. 교사가 학생에게 수업시간에 자는 것을 허용함으로써, 그가 더 이상 자지 않도록 한 것처럼, 원치 않는 불면증에 대한 충고는 다음과 같다: "잘 수 있기 위해서는 가능한 한 깨어 있도록 해라."

봐쯔라빅의 『불행의 지침서』에서는 이런 관계에서 아이러니라고 부를 수 있는 기술이[23] 발견되는데, 다음의 충고들이 다시 나온다:

- 놓친 기회를 슬퍼해라.
- 목표를 최대한 높이 잡아 실현할 수 없게 하라.
- 자기충족적 예언을 믿어라.
- 나를 사랑하는 사람과 어떤 것도 일치하지 마라.
- 너 자신의 행동거지를 정상적인 것으로 간주해라.

이런 아이러니한 규칙에 대하여 학생은 이야기를 적어둘 수 있다. 학생은 스스로 그러한 규칙을 세울 수 있다. 이와 반대로 상응하는 진지하게 의도된 글이 쓰일 수도 있다.

기본적인 규칙은 그럼에도 불구하고 다음과 같다: "행복이나 행복해

---

23 Watzlawick, *Anleitung zum Ungluecklichsein*, a.a.O. (Anm. 1).

지는 것이 추구할 만한 삶의 목적이라고 말해주는 수천 년간 내려온 오래된 이야기로 정리하는 것이 가장 좋은 때이다. 행복 추구가 결국 행복을 가져다줄 것이라고 너무 오랫동안 들어왔고, 그리고 우리가 진심으로 믿었다."[24] 이런 아이러니한 진술 속에는 다음과 같은 삶의 지혜가 들어있다. 바로 행복을 전력을 다해 추구하지 않는 사람은 실제로 행복해질 수 있는 더 큰 기회를 갖는다. 이 역설에 대하여 '행복'이라는 주제를 다루는 수업시간에서 논의될 수 있다. 아마도 표준이나 교과서에 나와 있는 수많은 좋은 의도의 지침들보다 가르치기 쉬울 것이다.

삶을 위한 아이러니의 교수법적 유용성에 대하여

무엇보다도 도덕수업에서는 많은 아이러니가 잘 쓰일 것이다. 1학년부터 12학년까지 도덕을 가르쳐 본 사람, 초등학교에서 김나지움 졸업시험 때까지 가치 교육을 해 본 사람, 끊임없이 좋은 삶, 행복, 사랑, 우정, 도덕적 책임, 사회 정의, 문화 간의 이해 등등을 다뤄본 사람은 적어도 10학년 이후에는 어느 정도의 권태를 느낀다. 지속적인 도덕화는 반발을 불러일으킬 위험이 있다. 얼마 전부터 Betroffenheitspaedagogen*, Gunmenschen*, Softies*, Frauenversteher*과 같이 이런 종류의 거부감을 표현하는 아이러

---

24 위의 책. S. 10.

* 【역자 주】 좌절한 교육학자.
* 【역자 주】 정치적 정당성의 의미에서 스스로를 무비판적으로, 과장되게, 신경질적 등이라고 느끼는 방식으로 행동하며, 정치적 정당성을 위해 몰입하는 사람을 가르키는 경멸적 용어.
* 【역자 주】 약하고, 매력적이고, 감수성 있는 사람.
* 【역자 주】 여성에 대하여 매우 감정이입을 잘하고 이해를 잘하는 남자.

니적인 말이 있다. 이를 극단적으로 표현해 보면, "너무 많은 윤리학은 도덕을 해친다."[25]

이런 이유로 윤리학을 수업에서 철학적으로 심화시키는 것뿐만 아니라 학생들의 삶의 방향 설정에 도움을 줄 수 있는 철학의 다른 내용들로 도덕 수업을 풍부하게 하는 것이 필요하다.[26] 본질적으로 '윤리학의 비판'과 '도덕의 비판'이 여기에 속한다. 작센 주의 교육과정위원회가 이에 상응하여 예를 들어 니체(Friedrich Nietzsche) 같은 저자들이 읽혀야 하는 수업시간을 계획했을 때, 교육부의 통과가 취소되었다. 분명히 작센 주의 청소년들에게 도덕적인 해악이 발생할 것이라고 두려워했다.

그렇지만 실제로 정반대이다. 이 비판은 도덕의 강자와 약자를 강조하는데 기여한다. 왜냐하면 도덕은 물론 소극적인 결점을 가지고 있기 때문이다. 도덕은 정당하지 못한 통치를 정당화하고, 심리적인 왜곡을 가져오거나 의도된 것의 반대로 작용할 수 있다. 철학적 윤리학 내지 철학의 과제는 특히 도덕의 한계를 알려주는 데 있으며, 그렇지 않다면 도덕수업이 의도하지 않게 교조적으로 흐를 수 있는 위험을 감수해야 한다.

이런 관계에서 아이러니는 생산적인 역할을 수행한다. 왜냐하면 키에

---

25 Eckhard Nordhofen, "Zuviel Ethik schadet der Moral", in: *FAZ* vom 13.11.1990.

26 이 책의 "수업에서 철학과 도덕" 참조; 이런 생각은 독일철학회(Deutsche Gesellschaft fuer Philosophie)와도 연결되는데, 콘스탄쯔선언(Konstanzer Erklaerung) 참조: *Zeitschrift fuer Didaktik der Philosophie und Ethik*, 20. Jg. (1998), Heft 3, S. 204, Ethik & Unterricht, 9. Jg. (1998), Heft 4, S. 44.

르케고르도 아이러니가 안정되면서도 비판적인 기능을 수행할 수 있는지를 입증했기 때문이다. '자제된 아이러니'의 개념을 따른다면, 기존의 질서를 변화시키는 것이 문제가 되는 것이 아니다. 오히려 '실제적인 삶'에서 방향을 설정하고 계획하는 것이 바로 과제이다. 그래서 동시에 지배적인 규범과 가치에 지나치게 순응적이지 않도록 아이러니가 이런 숙고를 깨어 있게 유지해야 한다.

여기서 아이러니는 놀라운 현실주의를 보여준다. 안더스(G. Anders)가 자신의 글에서 인간이 '부실공사'라는 아이러니하게 의도된 주장이 진리임을 고집하여, 기술의 지배가 냉정한 현실이라는 것을 알리려고 한다. 그는 이를 통해 인간이 실제로 '자유'롭다고 말하는 상투적인 도덕적 격언들이 이런 현상에 대해서 아무것도 변경할 수 없다고 주장한다.

그렇지만 아이러니가 현실에 동의한다는 것을 뜻하지는 않는다. 오히려 안더스는 자신의 견해에 따라 완전히 기술화된 세계를 참을 수 없어서 독자들을 흔들어 깨우기 위해 간접적인 비판을 이용한 것이다. 인간이 자율적인 존재라는 도덕적인 외침이 인간 자신의 무능과 절망만을 드러내 준다면, 지배적인 상태를 극복하기 위해서는 정치적인 힘이 동원되어야 한다.

봐쯔라빅(Watzlawick)은 자신의 환자들의 병리적인 태도를 강화시킴으로써 이와 유사한 방식으로 다룬다. 도덕적인 비난과 좋은 의도의 충고는 어쨌든 도움이 되지 않기 때문에 힘든 상황을 알게 만든다. 환자는 그 자신이 처해 있는 곳으로 데리고 가서, 자신의 현재의 고통을 진지하게 받아들이게 된다. 아이러니한 것은 우회의 방법으로 변화를 가져오는 이러한 시도이다.

그의 대중적인 저작 『불행의 지침서』의 성공은 대중들이 자기 도움의 제안을 이해했다는 증거로 보인다. 이 책의 모든 기술된 상황에서 독자는 자신의 '잘못된' 행동방식을 재발견하게 된다. 독자는 자신에 대하여 조소하며, 이를 통해 더 나은 길로 들어서게 된다.

이런 과정은 철학수업이나 도덕수업에서도 사용될 수 있다. 여기서도 학생의 책임의식에 대한 지속적인 요청이 성과가 없다는 위험이 존재한다. 소위 응용윤리가 매우 효과가 없다고 입증된 일반적인 경험은 학교에서 모르는 바가 아니다. 근본적으로 좋은 것에 대한 통찰로부터 직접적으로 좋은 행동이 나오지는 않는다는 근원적인 문제가 드러난다. 아이러니가 실제적인 실천을 출발점으로 취하면서, 여기에 아이러니가 도움이 된다. 보다 많은 아이러니를 도덕은 사용해야 한다.

출처

Politische Aufklaerung und Moralerziehung, in: *Zeitschrift fuer Didaktik der Philosophie*, 8. Jg. (1986), Heft 4, S. 241-249

Philosophie und Ethik im Unterricht, in: *Deutsche Zeitschrift fuer Philosophie*, Heft 12, 1992, S. 1449-1453

Philosophiegeschichte als didaktische Herausforderung, in: *Deutsche Zeitschrift fuer Philosophie*, Heft 1/2, 1992, S. 137-143

Methoden des Philosophie- und Ethikunterrichts, in: *Methoden des Philosophierens* (Jahrbuch fuer Didaktik der Philosophie und Ethik 1), herausgegeben von Johannes Rohbeck, Dresden 2000, S. 146-174

Didaktische Potenziale Philosophischer Denkrichtungen, in: *Zeitschrift fuer Didaktik der Philosophie und Ethik*, 22. Jg. (2000), Heft 2, S. 82-93

Philosophische Kompetenzen, in: *Zeitschrift fuer Didaktik der Philosophie und Ethik*, 23. Jg. (2001), Heft 2, S. 86-94

Proto-Philosophie. Eine konstruktivistische Methode - didaktisch angewendet, in: *Didaktische Transformationen* (Jahrbuch fuer Didaktik der

Philosophie und Ethik 4), herausgegeben von Johannes Rohbeck, Dresden 2003, S. 150-166

Verkehrte Welt - Dialektik als Methode in: *Denkstile der Philosophie* (Jahrbuch fuer Didaktik der Philosophie und Ethik 3), herausgegeben von Johannes Rohbeck, Dresden 2002, S. 29-62

Hegels Didaktik der Philosophie, in: *Hegel - Perspektiven seiner Philosophie heute*, herausgegeben von Bernhard Heidtmann, Koeln 1981, S. 122-137

Zehn Arten, einen Text zu lesen, in: *Zeitschrift fuer Didaktik der Philosophie und Ethik*, 23. Jg.(2001), Heft 4, S. 286-292

Philosophische Schreibstile, in: *Zeitschrift fuer Didaktik der Philosophie und Ethik*, 24. Jg. (2002), Heft 2, S. 98-105

Literarische Formen des Philosophierens, in: *Zeitschrift fuer Didaktik der Philosophie und Ethik*, 26. Jg. (2004), Heft 2, 2004, S. 90-101

Rhetorik und Philosophiedidaktik, in: *Zeitschrift fuer Didaktik der Philosophie und Ethik*, 27. Jg. (2005), Heft 2, S. 98-106

Philosophen scherzen nicht. Ironie im Philosophie- und Ethikunterricht, in: *Zeitschrift fuer Didaktik der Philosophie und Ethik*, 29. Jg. (2007), Heft 2, S. 82-90

철학·도덕 교육의 교수법 — 철학함으로 도덕 가르치기

초판 1쇄 발행일 2017년 1월 05일

지은이 Johannes Rohbeck
옮긴이 변순용
펴낸이 박영희
편집 김영림
디자인 박희경
마케팅 임자연
인쇄·제본 태광 인쇄
펴낸곳 도서출판 어문학사
　　　　서울특별시 도봉구 쌍문동 523-21 나너울 카운티 1층
　　　　대표전화: 02-998-0094/편집부1: 02-998-2267, 편집부2: 02-998-2269
　　　　홈페이지: www.amhbook.com
　　　　트위터: @with_amhbook
　　　　페이스북: www.facebook.com/amhbook
　　　　블로그: 네이버 http://blog.naver.com/amhbook
　　　　　　　다음 http://blog.daum.net/amhbook
　　　　e-mail: am@amhbook.com
　　　　등록: 2004년 4월 6일 제7-276호

ISBN 978-89-6184-428-4 93100
정가 22,000원

이 도서의 국립중앙도서관 출판예정도서목록(CIP)은 e-CIP홈페이지(http://www.nl.go.kr/ecip)와
국가자료공동목록시스템(http://www.nl.go.kr/kolisnet)에서 이용하실 수 있습니다.
(CIP제어번호: CIP2016031663)